乡村振兴
与农业可持续发展研究

张　静　著

中国商业出版社

图书在版编目(CIP)数据

乡村振兴与农业可持续发展研究 / 张静著. -- 北京 ：
中国商业出版社， 2025. 6. -- ISBN 978-7-5208-3476-6

Ⅰ. F323

中国国家版本馆 CIP 数据核字第 2025SY7944号

责任编辑：王 彦

中国商业出版社出版发行
（www.zgsycb.com 100053 北京广安门内报国寺 1 号）
总编室:010－63180647 编辑室:010－63033100
发行部:010－83120835/8286
新华书店经销
北京虎彩文化传播有限公司印刷

*

787 毫米×1092 毫米 16 开 13.25 印张 236 千字
2025 年 6 月第 1 版 2025 年 6 月第 1 次印刷
定价：45.00 元

* * * *

（如有印装质量问题可更换）

序　言

在实施乡村全面振兴战略的今天，农业农村现代化与农业可持续发展已成为政府战略部署与学术界前沿探索的核心议题。乡村，不仅是国家经济和社会发展的根基，为人类持续供应粮食、能源与原材料，更承载着千年文明积淀的文化基因，维系着生态平衡。然而，城市化的虹吸效应使乡村人口大量外流，资源闲置浪费现象凸显，基础设施滞后问题日益严峻。与此同时，全球环境危机持续加剧，气候变化带来的威胁如影随形，农业可持续发展已然成为关乎人类命运走向的关键命题。在这样的时代背景下，我的学生张静将研究视角投向这片广袤的大地，试图为乡村发展寻找一条融合传承与创新的突围之路。

作为一名长期从事"三农"领域研究的教育工作者，看到年青一代以知识为舟、以热忱为桨，在乡村振兴的浩瀚海洋中奋力探索，内心满是欣慰与感动。《乡村振兴与农业可持续发展研究》正是张静深入田间地头、潜心理论钻研的心血结晶。全书以乡村振兴与农业可持续发展的理论概述开篇，层层递进，分别围绕乡村产业振兴、生态振兴、人才振兴、文化振兴与科技振兴五大维度，深入剖析其与农业可持续发展的内在关联和实践路径，力求为学界与业界提供全面且具有启发性的研究参考。

本书的创作从理论体系的系统学习，到田间地头的实地走访，再到研究成果的精心打磨，作者张静深刻领悟到：乡村振兴绝非书斋里的理论空谈，而是理论与实践的深度交融、政策导向与乡土民情的精准对接。令我倍感欣慰的是，她在研究过程中，灵活运用经济学、生态学、社会学等多学科理论工具，始终怀揣着对农民生活的深切关怀与对乡土大地的炽热深情。

诚然，作为青年学者的初次学术探索，本书仍存在提升空间。例如，对国际乡村发展成功经验的借鉴可更为深入，部分区域性问题的分析也有待更多实证数据的支撑。但学术研究的价值，不仅在于给出无懈可击的答案，更在于提出具有前瞻性与现实意义的问题，激发更多智慧的碰撞与思想的共鸣。

乡村振兴是一场永不停歇的接力长跑，需要政府、学者、企业与全体公民携手并肩、接续奋斗。愿这本书能够化作一盏微光，照亮每一位心系乡村、热爱土地的追光者前行的道路。更期待我的学生永葆这份赤子之心，无论未来行至何处，都能铭记曾为这片土地倾注的热忱与思考，在时代的浪潮中继续书写乡村发展的崭新篇章。

2025年4月

目　录

第一章　乡村振兴与农业可持续发展概述 …………………………………… 1

第一节　乡村振兴的内涵 ………………………………………………… 1

第二节　农业可持续发展的基本概念 ………………………………… 11

第三节　乡村振兴与农业可持续发展的关系 ………………………… 19

第二章　乡村产业振兴与农业可持续发展 ……………………………… 27

第一节　现代农业产业体系构建 ……………………………………… 27

第二节　特色农业产业发展 …………………………………………… 36

第三节　农村一、二、三产业融合发展 ……………………………… 44

第四节　新型农业经营主体培育 ……………………………………… 52

第三章　乡村生态振兴与农业可持续发展 ……………………………… 61

第一节　农业可持续发展的生态环境需求 …………………………… 61

第二节　生态友好型农业技术与模式 ………………………………… 71

第三节　乡村生态环境治理与保护 …………………………………… 79

第四节　生态宜居乡村建设规划 ……………………………………… 87

第四章　乡村人才振兴与农业可持续发展 ……………………………… 96

第一节　乡村人才的类型与需求分析 ………………………………… 96

第二节　乡村本土人才培养与开发 ………………………………… 103

第三节　乡村人才引进与留用机制 ………………………………… 114

第四节　乡村人才激励与发展机制 ………………………………… 122

第五章　乡村文化振兴与农业可持续发展 …………………………… 130

第一节　乡村传统文化的保护与传承 ……………………………… 130

第二节　乡村文化创新与发展 ……………………………………… 138

第三节　乡村文化与乡村旅游融合 …… 146
第四节　乡村文化建设与农民精神文明提升 …… 155
第六章　乡村科技振兴与农业可持续发展 …… 163
第一节　农业科技创新体系建设 …… 163
第二节　关键农业技术创新与应用 …… 170
第三节　农业科技成果转化与推广 …… 178
第四节　农业科技创新与农村创新创业 …… 186
第七章　乡村振兴与农业可持续发展成果支持 …… 192
第一节　基于中国式现代化的农业强国内涵解析与实现路径研究 …… 192
第二节　“一道路两精神”融入思想政治理论课教学研究 …… 198
参考文献 …… 203

第一章　乡村振兴与农业可持续发展概述

第一节　乡村振兴的内涵

一、乡村振兴战略的总体目标

（一）经济发展目标

推动农村经济结构转型，促进农业与二、三产业的融合发展，是实现乡村振兴的核心任务之一。通过引导农村经济结构的优化调整，能够有效地提高农业的附加值和市场竞争力。在这一过程中，农业与工业、服务业的深度融合，将为农村经济发展注入新的活力和动能。尤其是通过发展农产品加工业、乡村旅游业等，能够有效拓宽农民的增收渠道，形成多元化的经济发展格局。这种融合不仅有助于提升农村经济的整体水平，还能为城市提供更为丰富的产品和服务，促进城乡经济的协调发展。

提升农民收入水平，确保农民在经济发展中受益，是乡村振兴战略的重要目标之一。通过多种途径增加农民收入，可以有效改善农民的生活质量，增强其幸福感和获得感。具体措施包括提高农产品的市场价格，拓宽农民的经营性收入渠道等。此外，国家和地方政府也应加大对农民的政策支持力度，如提供农产品价格补贴、减免农业税费等，以确保农民在经济发展中能够获得实实在在的利益。这样的举措不仅能促进农村经济的可持续发展，还能增强农民对乡村振兴的信心和支持。

加大农业科技创新力度，提高农业生产效率和竞争力，是实现农业现代化的关键。通过引进和推广先进的农业科技成果，可以显著提高农业生产的效率和质量。例如，应用现代化的农业机械、精准农业技术、生物技术等，可以有效降低生产成本，提高作物产量和品质。此外，农业科技创新还应注重本土化和实际应用，确保科技成果能够真正落地生根，服务于广大农民。只有这样，才能在激烈的市场竞争中占据优势，从而实现农业的高质量发展。

优化农村基础设施建设，改善乡村生产和生活环境，是推动乡村振兴的重要保障。完善的基础设施不仅能提高农业生产的效率，还能改善农民的生活条件，提高农村地区的吸引力。具体而言，应加强农村交通、水利、电力、通信等基础设施的建设与维护，确保其能够满足现代农业生产和农民生活的需求。同时，改善农村人居环境，推进农村环境整治和美丽乡村建设，也有助于提高农村居民的生活质量和幸福感。

鼓励绿色农业发展，推动可持续的生态环境保护与经济增长并行，是乡村振兴战略的重要组成部分。绿色农业强调在农业生产过程中，注重生态环境的保护和资源的可持续利用。通过推广有机农业、生态农业、循环农业等绿色生产模式，可以有效减少化肥、农药等化学投入品的使用，降低对环境的污染。此外，绿色农业还应注重保护和利用生物多样性，增强农业生态系统的稳定性和抗逆性。这样的发展模式不仅能实现农业的可持续发展，还能为子孙后代留下良好的生态环境。

（二）社会和谐目标

通过促进乡村社区的文化复兴，能够有效增强乡村居民的认同感和归属感。这一过程不仅涉及文化传统的传承与创新，还包括对乡村文化资源的保护与开发，以形成独特的乡村文化魅力。同时，文化复兴也有助于提升乡村居民的文化自信，增强社区凝聚力，推动乡村社会的全面发展。

提升农村教育资源是实现社会和谐目标的重要途径。教育公平是社会公平的重要组成部分，保障每个孩子都能接受良好的教育，是实现乡村振兴的基石。通过加大对农村教育的投入，改善教育基础设施，提升教师队伍素质，可以有效缩小城乡教育差距，促进教育公平发展。教育资源的提升，不仅可以为农村地区培养更多优秀人才，也能增强乡村居民的自我发展能力，为乡村社会的长远发展奠定坚实基础。

加强农村医疗卫生体系建设，提高农民的健康水平和生活质量，是实现社会和谐目标的重要方面。健康是农民幸福生活的基础，通过完善农村医疗卫生服务体系，提升医疗服务质量和可及性，可以有效改善农民的健康状况，减轻疾病负担。同时，健康水平的提高也能增强农民的劳动生产力，推动农村经济的发展。应通过健康教育和预防措施的普及，进一步提升农民的健康意识和自我保健能力，从而实现生活质量的全面提高。

推动乡村治理体系的完善，增强农民参与公共事务的能力和意识，是实现社会和谐目标的重要举措。乡村治理的有效性直接关系到乡村振兴的成效，通过建立健全乡村治理机制，增强村民自治能力，可以提高农民参与公共事务的积极性和主动性。通过民主选举、村民会议等形式，能充分发挥农民在乡村治理中的主体作用，提升农民的政治参与意识和能力，推动乡村社会的民主化进程。

促进农村社会服务体系建设，提升农民的生活便利性和幸福感，是实现社会和谐目标的最终体现。完善的社会服务体系能够为农民提供更加便捷的生活服务，满足其日常生活需求，从而提高生活质量和幸福感。通过加强农村基础设施建设，改善交通、通信等条件，提高公共服务的可及性和质量，可以有效提升农民的生活便利性。同时，丰富的社会服务也能增强农民的社会参与感和归属感，推动乡村社会的和谐发展。

（三）生态保护目标

生态保护目标的核心在于推动生态农业发展，促进农田生态系统的多样性和可持续性。生态农业的发展起源于对传统农业模式的反思，强调通过有机种植、减少化学投入品使用等方式，保护和利用生物多样性，维护生态平衡。通过发展生态农业，不仅能够提高农产品的质量和安全性，还能有效降低农业对环境的负面影响，促进农业的可持续发展。

加强水资源管理是实现生态保护目标的关键措施之一。在农业生产中，水资源的合理利用与管理直接关系到农业的可持续性。通过科学的灌溉技术和高效的水资源管理措施，可以在保障农业生产的同时，维护生态系统的健康。国内外的水资源管理实践表明，采用滴灌、喷灌等节水灌溉技术，不仅能提高水资源利用效率，还能有效减少对地下水的过度开采，确保农业灌溉与生态保护的平衡。

土壤保护是实现农业可持续发展的基础。实施土壤保护措施，防止土壤侵蚀和退化，提高土壤健康水平，是保障农业生产力的重要手段。土壤的健康状况直接影响到农作物的生长和产量，通过合理的耕作制度、轮作种植以及有机肥料的使用，可以有效改善土壤结构，提高土壤肥力，防止土壤退化。历史背景显示，土壤保护是农业可持续发展的长期目标，需要持续的投入和科学的管理。

在农业生产过程中，鼓励农民采用可再生能源，是减少碳排放的重要途径。农业是温室气体排放的主要来源之一，通过推广太阳能、生物质能等可再生能源，可以有效降低农业生产中的碳足迹。这不仅有助于减缓气候变化的影响，还能降低农民的能源成本，提高农业生产的经济效益。未来趋势显示，随着技术的进步和政策的支持，可再生能源在农业中的应用将更加广泛。

建立乡村生态监测体系，是实现生态保护目标的重要保障。通过定期评估生态环境状况，可以及时掌握环境变化趋势，为政策调整提供科学依据。生态监测体系的建立，不仅有助于发现和解决生态问题，还能增强公众的生态保护意识，促进政府、企业和农民的共同参与。案例分析表明，成功的生态监测体系能够显著提高生态治理的效率，推动乡村生态环境的持续改善。

二、乡村振兴战略的要求

（一）产业兴旺

在全球化背景下，农业产业链的各环节要紧密衔接，以实现资源的最优配置和价值的最大化。通过加强农产品加工技术的研发与应用，可以有效提升农产品的附加值，降低损耗，优化储运条件，提高市场供应的稳定性与质量。与此同时，完善的销售网络和渠道建设能够确保农产品顺利进入市场，有效对接供需两端，提升农民的经济收益。

鼓励发展乡村特色产业是实现产业兴旺的重要途径。乡村地区拥有丰富的自然资源和独特的文化遗产，这些都为其发展特色产业提供了坚实的基础。通过深挖地方资源与文化优势，可以打造具有地方特色的产业品牌，吸引更多的市场关注和消费者青睐。这不仅能够增加农民收入，还能带动相关产业链的发展，创造更多的就业机会，从而促进乡村经济的多元化和可持续发展。特色产业的发展需要政府政策的大力支持和引导，以确保其健康、有序地成长。

加强农业科技的推广与应用是推动产业兴旺的关键措施之一。现代农业的发展离不开科技的支撑，通过引入先进的农业技术和管理模式，可以显著提高农民的生产技能和管理水平，进而提升农业生产的智能化和现代化程度。农业科技的推广不仅能够提高生产效率和农产品质量，还能有效应对气候变化等外部环境的挑战，确保农业的可持续发展。因此，政府和科研机构应加大对农业科技的投入力度，建立健全科技推广体系，促进科技成果的转化与应用。

推动农村合作社与农业企业的合作是实现产业兴旺的重要策略之一。通过建立利益共享机制，可以增强农民的市场竞争力与议价能力，确保他们在市场经济中获得公平的利益分配。合作社和企业的合作能够整合资源，优化生产和销售流程，提高整体运营效率。同时，合作社作为农民的组织形式，可以更好地代表农民的利益，协调与企业的合作关系，确保合作的长期稳定性和可持续性。通过这种合作模式，能够有效提升农村经济的活力和竞争力。

（二）生态宜居

生态宜居的核心在于通过构建生态友好的生活环境，提高乡村居民的生活质量。生态宜居的实现不仅需要改善乡村的自然环境，还需注重人居环境的可持续性。通过合理规划和科学设计，使乡村成为一个宜居、宜业、宜游的美丽家园。生态宜居的实现，依赖政府、社会和个人的共同努力，形成一个多元参与、协同发展的良好格局。

推动生态友好的建筑设计是实现乡村生态宜居的重要途径。通过应用绿色建筑理念，使用可再生材料和节能技术，不仅可以降低建筑对环境的负面影响，还能提升居住环境的舒适度和可持续性。绿色建筑设计注重因地制宜，应结合当地气候特点和自然资源，最大限度地利用自然采光和通风系统，减少对人工能源的依赖。此外，鼓励乡村建筑在设计中融入当地文化元素，既保留乡村特色，又提升建筑的美学价值。

公共绿地和生态景观的建设是提高乡村环境质量的重要措施。通过增加绿地面积和优化生态景观布局，可以有效改善乡村的生态环境，增强其美观性和生态功能。绿地不仅能为居民提供休闲娱乐的场所，还能改善空气质量，调节小气候，促进生物多样性，提高居民的身心健康水平。通过科学规划和精细管理，将乡村的自然景观与人文景观有机结合，打造出同时具有生态价值和观赏价值的乡村环境。

实施垃圾分类与资源回收体系是推动乡村生态文明建设的重要举措。通过建立完善的垃圾分类制度，促使居民养成良好的垃圾分类习惯，从源头上减少环境污染。资源回收体系的建立，可以有效提高资源利用效率，实现废弃物的再利用和循环利用。在此过程中，需要加强对居民的环保意识教育，提高其参与积极性，形成全民参与的良好氛围，推动乡村环境的可持续发展。

乡村旅游的发展为实现生态宜居提供了新路径。通过合理利用乡村的自然和人文资源，乡村旅游不仅能带动当地经济发展，还能促进生态保护。发展乡村旅游需要注重可持续性，避免过度开发对生态环境造成破坏。通过将生态保护与经济发展相结合，提高乡村居民的生活质量，使他们在获得经济收益的同时，享受到良好的生态环境和丰富的文化体验，从而实现乡村的全面振兴。

（三）乡风文明

传统文化作为乡村精神的载体，承载着丰富的历史记忆和社会价值。在推进乡村振兴过程中，应注重传统文化的挖掘和保护，通过文化活动、教育宣传等方式，使乡村居民在潜移默化中增强对自身文化的认同感，形成强大的文化自信。这种文化自信不仅是乡村发展的内在动力，也是抵御外来文化冲击的重要屏障。

乡风文明的建设还包括促进乡村道德建设，倡导文明礼仪，提升居民的社会责任感。道德建设是社会文明的重要标志，乡村作为社会的基本单元，其道德水平直接影响到整个社会的和谐与稳定。在乡村振兴过程中，应积极倡导文明礼仪，通过道德模范评选、文明家庭创建等活动，可以提升居民的道德素养和社会责任感。通过这些活动，乡村居民不仅能够在道德层面得到提升，也能够在社会交往中更加自信和从容，形成良好的社会风尚。

推动乡村文化活动的多样化，是丰富居民精神生活与文化体验的重要途径。乡村文化活动不仅是居民娱乐和休闲的方式，更是文化传承和创新的平台。在乡村振兴战略中，应鼓励和支持多样化的文化活动，如乡村戏剧、民俗表演、文化节庆等，让居民在参与中感受文化的魅力，激发文化创造力。这些活动不仅能够满足居民的精神文化需求，还能增强社区凝聚力，促进乡村的和谐与稳定发展。

加强乡村文化设施建设，为居民提供良好的文化服务与活动空间，是乡风文明建设的基础。文化设施是文化活动的载体，其完善程度直接影响到文化活动的开展和文化氛围的营造。在乡村振兴过程中，应加大对文化设施的投入，建设图书馆、文化广场、活动中心等公共文化设施，为居民提供便利的文化服务和活动空间。这些设施不仅是文化活动的重要场所，也是居民交流和学习的重要平台，能够有效促进乡村文化的传承与发展。通过设施的完善，乡村文化生活将更加丰富多彩，居民的文化获得感和幸福感也将得到显著提升。

（四）生活富裕

拓宽农民的收入来源，是实现生活富裕的关键路径之一。当前，农村经济正面临转型升级的挑战，这就要求我们多元化发展农村经济，鼓励农民参与合作社、创业和就业，以增强家庭收入的稳定性和多样性。通过合作社，农民可以更好地利用集体力量，降低生产成本，提高市场竞争力；而创业和就业机会的增加，则为农民提供了更多的收入来源和发展空间。

完善农村社会保障体系是实现生活富裕的重要方面。建立健全养老、医疗、失业等保障机制，不仅能提升农民的生活安全感和幸福感，还能为农村居民提供更为完善的社会保障网络。养老保障的完善，能够解决农村老龄化带来的压力；医疗保障的健全，则能为农民提供基本的健康保障；失业保障的建立，可以在经济波动时为农民提供必要的生活支持。这些措施的落实，将有助于提高农民的生活质量，增强他们对未来生活的信心。

推动农村金融服务体系建设，是支持农民实现生活富裕的重要举措。通过提供更多的信贷支持和金融产品，农民能够更容易地获得发展资金，进而促进家庭经济的发展。农村金融服务的完善，可以帮助农民克服资金短缺的难题，支持他们进行农业生产、创业投资和家庭消费。此外，金融产品的创新和普及，还能为农民提供更多的理财选择，提高他们的财务管理能力和风险抵御能力。

加强农村基础设施建设，是提高农村居民生活便利性和生活质量的基础保障。改善交通、供水、供电等基本服务设施，不仅能提高农村居民的生活条件，还能促进农村经济的发展。便利的交通条件，能够促进农产品的流通和市场的开拓；稳定的供水和供电服务，则为农业生产和农村生活提供了基本保障。通过基础设施的不断完善，农村居民的生活环境将得到显著改善，生活质量也将随之提高。

三、乡村振兴战略的重要意义

（一）促进城乡融合

通过推动农村与城市之间的资源共享，可以实现人力、物力和资金的有效流动，进而最大化经济效益。在这一过程中，农村地区可以吸引城市的资金和技术投资，推动农业现代化和乡村产业升级，增强农村经济的活力。与此同时，城市资本的注入不仅能够提高农业生产效率，还能促进农村经济结构的转型和优化，为农村居民提供更多的就业机会和收入来源。通过这种方式，城乡之间的经济差距有望逐步缩小，实现共同发展。

加强基础设施的互联互通是促进城乡融合的重要方面。通过提高农村交通、通信等服务水平，可以有效拉近城乡之间的距离，增强区域之间的联系。这不仅有助于提高农村居民的生活质量，也为农村经济的发展提供了坚实的基础。交通的便捷化和通信的现代化，使农村与城市之间的信息交流更加顺畅，资源配置更加高效。这种基础设施的改善，不仅能够吸引更多的城市居民到农村旅游和投资，还能促进农村产品的外销，扩大市场范围。

城乡公共服务的均衡发展是实现城乡融合的重要保障。确保农村居民享有与城市居民同等的教育、医疗和社会保障资源，是实现社会公平的重要体现。在教育方面，通过加大农村教育资源的投入，提高农村学校的教学质量，能够有效提升农村人口的整体素质。在医疗方面，完善农村医疗基础设施，增加医疗服务的可及性，可以有效提高农村居民的健康水平。此外，通过完善社会保障体系，能够为农村居民提供更为全面的保障，增强其生活的稳定性和安全感。

鼓励城市资本和技术向农村投资，是推动农业现代化和乡村产业升级的关键。通过引导城市的先进技术和管理经验进入农村，可以加速农业生产方式的转变，提高农业的科技含量和附加值。这不仅能够提升农业的整体竞争力，还能推动乡村产业的多元化发展，形成新的经济增长点。农村经济的活力增强，不仅能够带动当地的就业和收入增长，还能吸引更多的年轻人返乡创业，形成良性循环。

提升农村文化与城市文化的交流，有助于丰富乡村文化内涵，增强城乡居民的相互理解与认同感。通过文化交流活动，可以促进城乡之间的文化互动和融合，提升农村居民的文化自信。同时，城市文化的引入，也为农村文化的发展注入了新的活力，推动了乡村文化的传承与创新。在这一过程中，城乡居民通过相互学习和借鉴，能够更好地理解彼此的生活方式和价值观，形成和谐共生的社会氛围。

（二）提高农民生活质量

提升农村基础教育资源是关键一步。使每位农民的子女都能接受优质教育，不仅是社会教育公平的体现，更是增强未来发展潜力的重要途径。优质的教育资源能够为农民子女提供更广阔的视野和更多的发展机会，使他们能够更好地融入现代社会，推动农村的整体进步。

改善农村医疗卫生设施也是提高农民生活质量的重要措施。提供更全面的健康服务，不仅能有效提高农民的健康水平，还能显著提高他们的生活质量。健康是美好生活的基础，只有在健康的身体条件下，农民才能更好地参与生产活动和社会活动。因此，加强农村医疗卫生设施的建设，确保农民能够获得及时、有效的医疗服务，是乡村振兴战略中不可或缺的一部分。

推动农村文化活动的丰富性，对于提高农民的精神生活质量具有重要意义。丰富多彩的文化活动可以增强社区的凝聚力和农民的文化认同感，使农民在繁忙的生产生活之余，能够享受到精神上的愉悦和满足。文化活动不仅是精神生活的调剂品，更是传承和发展农村文化的重要载体，还有助于增强农村社区的活力和吸引力。

加强农村社会保障体系建设，是确保农民在遇到生活困难时能获得及时支持与帮助的重要保障。健全的社会保障体系可以为农民提供安全感，减轻他们在面对意外事件时的经济压力。通过建立完善的社会保障制度，确保每一个农民都能在需要时获得必要的帮助，是实现乡村振兴的基本要求。

促进农村金融服务的普及，帮助农民获得更多的融资渠道，是提升经济独立性的有效途径。金融服务的普及可以为农民提供更多的创业和发展机会，支持他们实现经济上的独立和自主。通过建立健全农村金融服务体系，确保农民能够方便、快捷地获得资金支持，是推动农村经济发展的重要保障。这不仅能够提高农民的收入水平，还能有效促进农村经济的多元化发展。

（三）保护传统文化

保护乡村传统手工艺，鼓励非物质文化遗产的传承与发展，是增强地方特色和文化认同感的重要途径。传统手工艺是技艺的传承和文化的载体，承载着乡村的历史记忆和文化积淀。通过保护和发展这些传统手工艺，可以有效增强乡村农民的文化自信和认同感，促进乡村社会的和谐发展。

乡村传统节庆活动是保护传统文化的重要形式。通过举办丰富多彩的乡村节庆活动，可以促进社区的凝聚力和文化交流，增强农民的参与感和归属感。这些活动不仅是文化的展示，也是农民情感交流的重要平台。在节庆活动中，农民通过共同的庆祝和参与，增强了对乡村的归属感和认同感，同时促进了不同文化群体之间的交流与理解，推动了乡村社会的和谐发展。

建立乡村文化传承基地是推动传统文化可持续发展的有效手段。通过提供培训和支持，吸引年轻人参与传统文化的学习与传播，可以有效解决传统文化传承断层的问题。年轻人的参与不仅为传统文化注入了新的活力，也为乡村文化的创新发展提供了动力。通过文化传承基地的建设，可以系统地保护和传承乡村的文化遗产，确保传统文化在现代社会中的延续和发展。

推动乡村文化创意产业的发展，是将传统文化与现代设计相结合的创新实践。通过提升文化产品的市场竞争力，可以实现传统文化的现代转型和经济价值的提升。乡村文化创意产业不仅是经济发展的新增长点，也是文化保护和发展的重要途径。通过文化创意产业的发展，可以有效促进乡村经济的多元化发展，增强乡村的经济活力和文化影响力。

加强乡村文化资源的保护与管理是确保传统文化可持续发展的基础。制定相关政策和措施，确保传统文化在现代化进程中的传承和发展，是乡村振兴战略的重要任务。通过加强文化资源的保护，可以有效防止文化遗产的流失和破坏，为乡村文化的可持续发展提供保障。政策的支持和管理的加强，是传统文化在现代社会中健康发展的重要保障。

四、乡村振兴与农业强国的关联

（一）以建设“四个现代化”为重要特征

我国农业强国建设依据中国式现代化建设思路以中国式现代化中提出的“四个现代化”为重要特征。第一，农业强国与我国 14 亿多人的生存问题息息相关，粮食生产始终在农业生产中占据主要位置，保障粮食安全是中国式现代化建设的关注重点，农业强国建设必须着眼于我国庞大的人口规模，着眼于我国 14 亿多人的口粮问题，保障粮食安全、加快实现农业强国目标、推进中国式现代化是党和国家基于全国人民生存发展利益作出的最佳战略选择。第二，农业强国建设能够巩固我国脱贫攻坚成果，使广大人民共同迈向富裕小康之路，有利于实现全体人民共同富裕的中国式现代化。城乡差距过大是困扰我国社会主义现代化建设的一大难题，虽然我国在统筹城乡发展、缩小城乡居民收入差距、推动农业产业发展方面取得了较大的成绩，但城乡差距仍然存在，实现共同富裕及中国式现代化最艰巨最繁重的任务依旧与农业发展相关，建设农业强国作为中国特色社会主义新阶段的重要战略部署，在优化农业产业结构、帮助农民实现增收、推动农村全面振兴方面具有不可替代的作用。第三，农业强国建设不仅涉及物质层面的建设，还涉及精神层面的建设，这与中国式现代化中的“物质富足”“精神富有”一脉相传，只有在传承和保护农耕文明和农业文化的前提下推进农业强国建设，才能保证农业多重功能价值的发挥，才能把我国建设成真正的农业强国。第四，农业强国建设始终遵循“人与自然和谐共生”的理念，这也是中国式现代化对农业现代化提出的内在要求，营造良好的生态环境氛围和注重农业资源的保护性利用是农业可持续发展的基础，对我国农业健康发展具有深刻的现实意义。农业的高质量发展必然离不开绿色发展，也唯有绿色发展，才能把我国建设成人与自然和谐共生的农业强国。

（二）以实现乡村全面振兴为价值指向

乡村振兴与农业强国之间有着密不可分的联系，实现乡村全面振兴是建设农业强国的重要目标和价值指向，而农业强国建设同样离不开乡村振兴的人力、物力、财力保障，正确把握二者关系，是推动二者协同发展、共同进步的基本前提。农业强国建设依托乡村全面振兴并服务于乡村全面振兴，农村产业优化、农民发家致富、农业转型升级是乡村全面振兴的第一要务，而乡村全面振兴又能够促进我国农业经济的稳定健康发展、巩固脱贫攻坚成果、提高农村治理水平、提高农民生活质量，这为我国经济社会的稳定创造了良好的条件，也为农业强国目标的实现奠定了坚实基础。农业强国离不开乡村全面振兴，当前，乡村全面振兴的总体目标是实现农村农业的现代化，而农村农业现代化建设又会在很大程度上助力农业强国建设。可以说，农业强国与乡村全面振兴是通过农村农业的现代化搭建起联系的，因此，农业强国建设要牢牢把握乡村全面振兴的有利条件，以中国式现代化为核心要义，加速农村农业现代化建设，实现强国强农。农业强国以乡村全面振兴为价值归宿，致力于实现农业大发展大繁荣的美好蓝图，农业强国目标是乡村全面振兴目标的细化和深化，把我国建设成农业强国是乡村全面振兴的价值指向，这不仅是基于我国人口大国和农业大国的现实情况作出的统筹安排，而且是在考虑了其他国家农业强国建设经验和共同特征基础上作出的战略部署。

第二节　农业可持续发展的基本概念

一、农业可持续发展的定义

（一）定义的历史演变

最初，农业可持续发展的概念主要关注农业生产的经济效益，强调增产增收。然而，随着全球环境问题的加剧和资源短缺的日益突出，农业可持续发展的定义逐步扩展到包括生态保护和社会公平的综合平衡。这一核心理念强调在实现经济效益的同时，必须注重生态系统的健康和社会的和谐。通过这种综合平衡，农业可持续发展旨在确保农业的长期健康发展，为人类提供稳定的粮食供应和可持续的生计。

农业可持续发展的核心理念强调经济效益、生态保护和社会公平的综合平衡，以实现农业的长期健康发展。经济效益是农业可持续发展的基础，能够确保农民和农业企业获得足够的收入和利润，以维持生产的可持续性。生态保护是农业可持续发展的重要组成部分，旨在保护土壤、水资源和生物多样性，防止环境退化和资源枯竭。此外，社会公平也是农业可持续发展的关键因素，关注农村社区的发展和农民的福祉，确保农业发展的成果能够公平地惠及全社会。

可持续农业关注资源的合理利用，强调在满足当前需求的同时，不损害未来世代的资源和环境。这一理念要求在农业生产过程中，合理利用土地、水、能源等资源，避免过度开采和浪费。通过采用先进的农业技术和管理措施，如精准农业、轮作制度和有机农业等，减少对自然资源的过度依赖。此外，可持续农业还提倡循环利用农业废弃物，减少污染物的排放，以实现资源的高效利用和环境的可持续保护。

农业可持续发展倡导采用生态友好的生产方式，减少化学肥料和农药的使用，以保护土壤和水资源的健康。传统的农业生产方式往往依赖大量的化学投入品，导致土壤退化、水体污染和生物多样性减少。为此，可持续农业提倡使用有机肥料、生物农药和生态种植技术，以减少化学品的使用和对环境的负面影响。同时，通过保护和恢复生态系统的功能，如土壤肥力和水质净化能力，增强农业生态系统的自我调节和恢复能力，从而实现农业生产的可持续性。

可持续农业的实施需要多方合作，包括政府、农民、科研机构和社会组织，共同推动政策制定和技术创新。政府在可持续农业发展中扮演着重要的角色，通过制定和实施相关政策法规，提供资金支持和技术指导，鼓励和引导农民采用可持续的生产方式。农民作为农业生产的主体，需要积极参与可持续农业的实践，采用新技术和新方法，提高生产效率和环境友好性。科研机构则通过技术创新和知识传播，为可持续农业提供科学支持和技术解决方案。此外，社会组织也在推动可持续农业中发挥着重要作用，通过宣传教育和社区参与，提高公众对可持续农业的认识和支持。

（二）现代定义的内涵

现代农业可持续发展的内涵在于强调资源的循环利用。通过鼓励农民使用有机肥料和生态种植技术，现代农业减少了对化学品的依赖，从而保护了土壤和水源的质量。这种方法不仅有助于维护生态平衡，还能提高农产品的安全性和质量。在资源循环利用的框架下，农民能够通过合理的资源管理和创新的农业实践，实现农业生产的可持续性。这种模式不仅对环境有益，还能提高农业的经济效益，为农民创造更高的经济收入。

可持续农业的另一个重要内涵是注重多样性。通过倡导种植多种作物和养殖多种动物，农业系统的生态韧性和生产力得以提高。这种多样化的农业模式能够有效减少单一作物带来的风险，降低病虫害的发生率，并增强农业系统对气候变化的适应能力。此外，多样化的农业生产还可以满足市场对多样化农产品的需求，进而提高农民的经济收益。多样性不仅是生态系统健康的保障，也是农业可持续发展的核心策略。

农业可持续发展还强调社会公平。这意味着在农业生产和市场竞争中，小农户和弱势群体应当能够平等参与，并获得合理的经济回报。通过政策支持和技术培训，可以确保这些群体在农业产业链中拥有平等的机会和权利。这种社会公平的实现，不仅能改善农村的经济状况，还能促进社会的和谐与稳定。在实现农业可持续发展的过程中，社会公平是不可或缺的一环，它能确保发展成果惠及所有人。

现代农业可持续发展倡导科技创新。通过支持研发新技术和管理模式，农业生产效率和资源利用率得以提高，推动了农业的绿色转型。科技创新在农业中发挥着关键作用，它不仅能提高产量，还能降低对环境的影响。通过引入先进的农业技术和设备，农民能够更高效地管理土地和资源，从而实现更高的经济效益。科技创新为农业的可持续发展提供了强大的动力和保障，是实现绿色农业转型的重要途径。

二、农业可持续发展的特征

（一）生态友好性

生态友好性强调通过优化农业实践来保护自然资源。减少化学肥料和农药的使用是实现生态友好的关键步骤，它不仅能改善土壤和水资源的质量，还能促进整个生态系统的健康发展。通过减少化学投入，农业生产活动对环境的负面影响得以降低，生态平衡得以维护，从而为未来的农业活动奠定了良好的基础。

在农业实践中，推广有机农业和生态农业技术是实现生态友好的重要途径。这些技术通过提升土壤的生物多样性和肥力，确保了农业生产的可持续性。生物多样性不仅能提高土壤的健康水平，还能增强作物对病虫害的抵抗力，从而减少对化学农药的依赖。此外，富有生物多样性的土壤更能保持水分和养分，为作物提供稳定的生长环境。

农业可持续发展强调资源的循环利用，这一理念在农作物与养殖业的有机结合中得到了充分体现。通过这种结合，农业废弃物可以被有效地转化为养殖业的饲料，而养殖业的废弃物则可以成为农作物的肥料，实现了资源的高效利用和废弃物的再利用。这种循环利用的模式不仅提高了资源的利用效率，还减少了环境污染，为生态系统的可持续发展提供了保障。

支持农民采用多样化的种植和养殖模式是增强生态系统韧性的有效策略。通过多样化的生产模式，农民可以降低对单一作物的依赖，从而减少因市场波动或自然灾害带来的风险。这种多样化的策略不仅能提高农业生产的稳定性，还能促进生物多样性的增加，为生态系统的健康发展提供支持。

在农业生产中，推广节水和节能技术是确保资源合理利用的重要措施。通过采用先进的节水技术，农民可以有效减少水资源的浪费，确保农业生产的可持续性。与此同时，节能技术的应用能提高能源的利用效率，减少对化石燃料的依赖，更好地推动绿色发展目标的实现。通过这些措施，农业生产活动不仅能满足当前的需求，还能为未来的可持续发展奠定基础。

（二）经济可行性

为了在竞争激烈的市场中占据一席之地，农业必须具备较强的市场适应性。通过提高农产品的质量和市场定位，农民可以有效提高经济收益。此外，市场适应性还要求农业生产能够灵活应对市场需求的变化，这不仅提高了农产品的市场占有率，还增强了农业经济的稳定性和抗风险能力。

推动农业与相关产业的联动发展是提升农业经济整体效益的重要途径。通过产业链的延伸和升级，农业可以实现与加工、物流、销售等环节的有效衔接，形成完整的产业链条。这种联动发展不仅提升了农业产品的附加值，还促进了区域经济的协调发展。在此过程中，农业的可持续性得到了增强，因为这种模式能够实现资源的高效利用和经济效益的最大化。

实施农业可持续发展需要合理的投资回报机制，这是吸引资金投入的关键。农业科技创新和基础设施建设是农业可持续发展的重要支撑，而这些领域的投入通常需要较长的回报周期。因此，合理的投资回报机制可以激励更多资本进入农业领域，推动农业技术的进步和基础设施的完善，从而为农业可持续发展提供坚实的物质基础。

鼓励农民参与合作社和集体经济组织是提高农业经济可行性的重要策略。通过集体经济的规模效应，农民可以有效降低生产成本，提高市场竞争力。合作社的运作模式不仅增强了农民的议价能力，还促进了资源的共享和技术的交流。这种集体经济形式为农民提供了更广阔的销售渠道和更强的抗风险能力，从而为农业可持续发展奠定了基础。

建立健全农村金融服务体系是支持农业可持续发展的重要保障。多样化的信贷产品和服务可以满足不同规模农户的融资需求，尤其是对农业可持续发展项目的支持。通过提供灵活的金融服务，农民可以获得必要的资金支持，用于改善生产条件和引进先进技术。这种金融支持不仅促进了农业的可持续发展，还为农村经济的整体振兴提供了动力。

（三）社会公平性

农户在农业体系中占据重要地位，他们的生产能力和市场竞争力直接影响农业的整体发展。因此，确保他们能够平等地参与农业生产活动，不仅有助于提升农业的整体效能，还能促进农村经济的稳定增长。通过拓宽小农户的生产资料和技术获取渠道，农业可持续发展能够实现更广泛的社会公平。

建立公平的市场机制是实现农业社会公平性的关键措施。在市场交易过程中，农民的合法权益需要得到充分保障，以防止不公平的市场操控和价格压制对其利益造成损害。只有在一个公平透明的市场环境中，农民才能够根据自身的生产能力和市场需求进行合理的生产和销售，进而提高其经济收益和生活质量。市场机制的公平性不仅是农民个体利益的保障，更是整个农业经济健康发展的基石。

推动农业政策的透明化和参与性同样是实现社会公平性的重要路径。通过让农民参与政策的制定和执行过程，能够增强其在社会经济中的话语权，确保政策的实施更符合其实际需求。农民作为政策的直接受益者和执行者，参与政策制定过程不仅能提高政策的有效性，还能增强农民的主人翁意识，推动农业可持续发展的深入开展。政策透明化和参与性是实现农民权益保障和农业持续发展的双赢的有效途径。

针对弱势群体的支持政策在农业社会公平性中扮演着不可或缺的角色。通过提供专项培训、资金和技术支持，能够帮助这些群体提升生产能力，提高生活水平。这些政策不仅是对弱势群体的直接帮助，更是对整个农村社会公平环境的优化。通过扶持弱势群体，能够实现资源的合理分配和利用，促进社会的和谐稳定发展。

加强社会保障体系建设是确保所有农民在面临风险和困难时能够获得必要支持的重要措施。农业生产面临着自然灾害、市场波动等多种风险，完善的社会保障体系能够为农民提供基本生活权益的保障，减少其在风险面前的脆弱性。社会保障的健全不仅是农民生活稳定的保障，更是农业可持续发展的重要支撑。通过构建完善的社会保障体系，能够为农业生产提供更加坚实的基础。

三、农业可持续发展的基本原则

（一）资源高效利用

资源高效利用旨在通过提高资源的使用效率，实现农业生产的长期稳定发展。推动农业生产过程中的资源循环利用是这一原则的重要体现。通过引入循环经济理念，可以减少资源浪费，提高资源使用效率。例如，农作物的秸秆和副产品可以转化为有机肥料，重新投入农业生产中，形成良性循环。此外，废水的处理和再利用也能有效减少水资源的浪费，提高水资源的使用效率。

多样化的种植模式在实现土地资源的最优配置和利用中扮演着重要角色。通过合理的轮作、间作和套作等种植模式，可以有效提高土地的利用率，减少病虫害，提高作物的产量和质量。这不仅有助于保持土壤的肥力，还能增加生物多样性，提升生态系统的稳定性。鼓励农民采用多样化的种植模式，不仅是资源高效利用的体现，也是实现农业可持续发展的重要路径。

精准农业技术的实施，通过数据分析优化水、肥等资源的使用，是提高农业生产效益的重要手段。利用现代信息技术，如遥感、地理信息系统（GIS）和全球定位系统（GPS），可以实现对农田的精确管理。通过对土壤、气候和作物生长状况的数据分析，精准施肥、灌溉和病虫害防治，能够有效减少资源的浪费，提高资源的使用效率，降低生产成本。

农业基础设施建设的加强，尤其是在灌溉和排水设施方面的提升，对于资源的高效利用至关重要。现代化的灌溉系统，如滴灌和喷灌技术，可以显著减少水资源的浪费，提高水资源的利用效率。同时，完善的排水系统能够防止土壤盐碱化，提高土地的生产力。通过政府和社会资本的投入，提升农业基础设施的水平，是实现农业可持续发展的重要保障。

推广可再生能源在农业生产中的应用，能够有效降低对化石能源的依赖，实现能源的可持续利用。太阳能、风能和生物质能等可再生能源的应用，不仅可以降低农业生产的能源成本，还能减少温室气体的排放，减缓气候变化对农业造成的影响。鼓励农民和农业企业使用可再生能源，是实现资源高效利用和农业可持续发展的重要举措。

（二）生物多样性保护

通过推动生态农业实践，农民可以采用多样化的种植和养殖方式，增强生态系统的稳定性和抵御外部冲击的能力。多样化的农业实践有助于减少对单一作物或牲畜的依赖，从而降低由于病虫害或气候变化带来的风险。这种多样化策略不仅支持了农业的可持续发展，还为生物多样性的保护提供了重要的途径。

实施农田生态系统的保护措施是生物多样性保护的重要组成部分。通过维护和恢复自然栖息地，可以有效促进本地物种的生存与繁衍。这些措施包括植被恢复、湿地保护以及河流和湖泊的生态修复等。通过这些努力，不仅能够为野生动植物提供栖息地，还能改善土壤质量和水资源管理，进一步支持农业的可持续发展。这种方法强调了人与自然和谐共生的重要性，体现了可持续农业发展的生态理念。

保护遗传多样性是提升农业生产适应性与可持续性的关键。鼓励农民采用传统和地方品种，不仅有助于保护遗传多样性，还能提高农业系统对环境变化的适应能力。传统品种通常具有较强的抗逆性和适应性，能够在多变的环境条件下保持稳定的产量。通过保护和利用这些品种，农民可以在面对气候变化和市场波动时，保持生产的稳定性和多样性，进而支持乡村振兴目标的实现。

加强生物多样性监测与评估体系是确保农业活动对生态环境影响最小化的关键。定期评估农业活动对生态环境的影响，可以帮助及时调整管理策略，避免对生态系统造成不可逆转的损害。通过建立科学的监测与评估体系，农业生产者和政策制定者可以更好地理解农业活动与生态系统之间的关系，制定出更加合理和可持续的农业政策。

推动农业与自然保护区的协同发展，是探索农业生产与生态保护双赢模式的有效途径。通过这种协同发展模式，可以实现生态与经济的和谐共生。农业生产者可以通过参与自然保护区的管理与保护工作，获得更多的生态补偿和市场机会。同时，自然保护区也可以通过农业的可持续发展，获得更多的资源支持和保护成果。这种协同发展模式不仅有助于保护生物多样性，还能促进农村经济的发展，助力乡村振兴。

（三）长期经济效益

通过促进农业投资的可持续性，可以为农业发展提供坚实的经济基础。稳定的政策环境是吸引长期资本投入的关键，只有在政策稳定的前提下，资本才愿意进入农业领域，从而确保农业基础设施和技术的持续更新与升级。这种更新不仅提高了农业生产的效率，也为农业的长期发展奠定了基础。

推动农产品的市场多样化是实现长期经济效益的重要途径。市场多样化可以增强农民对市场波动的抵御能力，提高收入的稳定性与可持续性。在全球化背景下，农产品市场变化无常，单一市场的依赖性会增加农民的经济风险。因此，通过拓宽多元化的市场渠道，农民可以在不同市场间灵活调配资源，降低市场风险，保障收入的持续增长。

实现农业生产的规模化与集约化是提升农业经济长期收益能力的有效手段。规模化生产可以通过提高生产效率和降低单位成本，增强农业的竞争力。在规模化的基础上，集约化经营能够更好地利用资源，实现资源的最优配置，从而提高农业的整体生产力。这种模式不仅有助于提升农产品的市场竞争力，也为农民带来了更高的经济收益。

鼓励农民采用创新的经营模式，如农业合作社和家庭农场，是提高资源配置效率和经济效益的重要举措。农业合作社通过集体的力量，实现资源的共享和利用效率的提高，降低了单个农户的经营风险。而家庭农场则通过灵活的管理和创新的经营方式，提高了农业生产的效益。这些创新模式不仅提升了农业的经济效益，也为农民提供了更加稳定的收入来源。

建立健全农业保险和风险管理机制，是保障农民长期经济利益的重要手段。农业生产面临着自然灾害和市场风险的双重挑战，完善的保险和风险管理机制可以为农民提供必要的经济保障。在发生自然灾害时，保险机制能够有效降低农民的经济损失，而风险管理机制则帮助农民在市场波动中稳步前行。这种保障机制不仅增强了农民的抗风险能力，也为农业的可持续发展提供了重要支持。

第三节　乡村振兴与农业可持续发展的关系

一、乡村振兴对农业可持续发展的引领作用

（一）资源整合与优化

乡村振兴战略通过整合各类资源，优化农业生产要素配置，提高农业生产效率和效益。这一过程是对现有资源的重新分配，更是对资源利用方式的创新与提升。通过科学的规划与政策引导，乡村振兴战略能够有效地整合土地、资金、人力等多方面资源，从而实现资源的最大化利用，推动农业的可持续发展。

乡村振兴战略特别注重推动农村土地资源的合理利用，鼓励土地流转与规模经营，实现农业生产的集约化和专业化。土地资源的这种优化配置，提高了土地的利用效率，促进了农业生产的规模化和现代化。通过土地流转，农民可以集中精力于更大规模的农业生产，提高产出效率，增加收入，同时为农业现代化提供了良好的基础。

此外，乡村振兴战略还着力促进农村金融资源的有效配置。通过政策支持和金融创新，提升农民获取资金的便利性，可以支持农业可持续发展项目的实施。这不仅解决了农业发展中的资金“瓶颈”问题，还为农业技术创新和产业升级提供了有力的资金保障。金融资源的有效配置，使得农业生产者能够更好地应对市场变化，提升农业生产的抗风险能力。

加强农村人力资源的培训与技能提升，是乡村振兴战略中另一项重要的资源整合措施。通过教育和培训，提高农民的生产能力和市场竞争力，推动农业现代化。技能培训不仅提高了农民的劳动生产率，还促进了农业技术的推广和应用，为农业的可持续发展注入了新的活力。通过人力资源的优化配置，乡村振兴战略为农业现代化提供了坚实的人才保障。

最后，通过政策引导和市场机制，促进乡村与城市之间的资源共享，实现城乡经济的协同发展。这种城乡资源的有效整合，不仅促进了乡村经济的发展，也为城市经济注入了新的活力。资源共享使城乡之间的经济联系更加紧密，形成了互利共赢的局面，为农业的可持续发展创造了良好的外部环境。

（二）产业结构调整

通过推动农业与二、三产业的深度融合，农业不再仅局限于传统的生产环

节，而是延伸到农产品加工、销售与乡村旅游等多元化产业的链条中。这种多样化的发展模式，不仅提高了农产品的附加值，还丰富了乡村经济的结构，增强了农村的经济活力。地方特色产业的培育与发展则是产业结构调整的重要方面。利用本地独特的自然资源和文化优势，地方特色产业能够提升产品的市场竞争力和品牌价值。这种战略不仅促进了地方经济的发展，还为农民提供了更多的就业机会和收入来源，增强了他们的经济独立性和生活质量。

实施农业产业链的延伸，完善从生产到消费的各个环节，是实现农业可持续发展的重要措施。通过优化产业链条，不仅提高了整体经济效益，还提高了资源利用效率。这种延伸不仅要求在生产环节中采用先进的农业科技，还需要在加工、运输、销售等环节中引入现代化的管理和技术手段。农业科技的创新与应用是推动产业结构调整的动力源泉。智能农业和精准农业技术的普及，不仅提高了生产效率，还增强了农业的可持续性。这些技术通过精确的资源管理和数据分析，帮助农民优化生产过程，减少资源浪费，减轻环境负担。

加强农村合作社与农业企业的合作，形成利益共享机制，是产业结构调整的组织保障。通过合作，农民可以更好地参与市场竞争，提升市场议价能力和参与感。这种合作机制不仅提高了农业生产的组织化程度，还增强了农民的集体经济实力，促进了农村社区的和谐发展。合作社和企业的结合，为农业提供了技术支持、市场信息和资金保障，增强了农业的抗风险能力和市场适应性。总之，产业结构调整是实现乡村振兴与农业可持续发展的重要路径，通过多方位的努力，能够为农村经济注入新的活力和动力。

（三）技术创新驱动

推动农业科技研发成为实现农业可持续发展的核心策略之一。通过鼓励高校和科研机构与农民合作，可以有效开发出适应当地环境的农业技术和新品种。这种合作不仅有助于提高农产品的产量和质量，还能增强农业生产的抗风险能力。通过技术创新，农业生产能够更好地应对气候变化和资源短缺等全球性挑战，为实现乡村振兴打下坚实基础。

加强农业信息化建设是提高农业管理效率的关键。利用大数据和物联网技术，可以实现精准种植和养殖，从而提高资源利用率。通过对土壤、气候和作物生长状况的实时监测，农民能够及时调整种植方案，减少化肥和农药的使用，降低环境污染。这不仅有助于提高农业生产效率，还能保护生态环境，实现经济效益与生态效益的双赢。信息化建设为农业的可持续发展提供了新的路径和可能。

智能农业设备的广泛应用正在改变传统农业的面貌。无人机、自动化灌溉系统等智能设备的推广，使农业生产的自动化和智能化水平得到了显著提升。通过这些智能设备，农民可以实现对大面积农田的高效管理，减少人力投入，降低生产成本。此外，智能设备的应用还可以提高作物产量和质量，增强农业生产的市场竞争力。这一技术进步不仅推动了农业现代化进程，也为乡村振兴提供了新的动力。

建立农业技术创新平台是促进技术交流与合作的重要举措。通过搭建这样的平台，可以有效促进农民、企业和科研机构之间的互动与合作，形成良好的创新生态。在这个过程中，各方可以共享技术资源和创新成果，加速农业技术的推广和应用。这种合作模式不仅有助于提高农业技术水平，还能推动农业产业链的整体升级与转型，为实现农业可持续发展提供强有力的支撑。

鼓励创新型农业企业的发展是推动农业产业技术升级的重要手段。通过政策支持和资金投入，可以激励企业在技术研发和应用方面的投入，推动农业产业链的技术升级与转型。创新型企业往往具备较强的市场敏感度和技术创新能力，能够快速响应市场需求，开发出具有市场竞争力的产品和技术。这种企业的发展不仅有助于提升农业产业的整体竞争力，也为乡村振兴和农业可持续发展注入了新的活力。

二、农业可持续发展对乡村振兴的支撑作用

（一）生态环境改善

通过实施生态友好的耕作方法，农业可持续发展减少了化学肥料和农药的使用。这种转变不仅有助于改善土壤质量，还能显著提升水源状况，从而促进生态系统的健康发展。土壤质量的提升是农业可持续发展的核心目标之一，通过减少化学肥料和农药的投入，土壤的自然恢复能力得以增强，使农业生产在更自然的状态下进行。

推动有机农业和生态农业的普及是实现生态环境改善的重要途径。有机农业通过不使用化学合成肥料和农药的方式，增强了土壤的生物多样性。这种做法不仅提高了土壤肥力，还改善了农业生产的生态环境，为乡村振兴提供了坚实的基础。生态农业则强调与自然的和谐共生，通过多样化的种植方式和生物防治手段，进一步提升了农业生态系统的稳定性和可持续性。

在农业生产过程中，资源循环利用和废弃物再利用技术的推广起到了减少环境污染的作用。这些技术的应用，不仅减轻了农业生产对环境的负担，还提高了农村生态环境的整体质量。通过有效管理农业废弃物，资源得以循环再生，减少了对新资源的依赖，也为农村经济带来了新的发展机遇。

精准农业技术的实施为水资源管理提供了新的解决方案。通过提高水资源的使用效率，精准农业确保了农业灌溉与生态保护之间的平衡。这种技术不仅提高了水的使用效率，还改善了农村的水环境，为农业的可持续发展提供了技术支撑。合理的水资源管理是实现农业与生态和谐发展的关键所在。

加强农村生态监测体系是确保生态环境可持续改善的重要措施。通过定期评估农业活动对生态环境的影响，能够及时调整管理策略，从而确保生态环境的持续改善。生态监测体系的完善，为农业可持续发展提供了科学依据，使乡村振兴的每一步都能在生态友好的框架下进行。这种科学的管理方式，能够确保形成农业生产与生态保护的双赢局面。

（二）农业生产效率提高

通过引入智能农业技术，可以显著提高作物管理的精准度。这些技术包括无人机监测、传感器网络和大数据分析等，能够实时监控作物生长状况，优化资源配置，从而提高单位面积的产出效率。这种技术的应用不仅提高了生产效率，还减少了对环境的负面影响，促进了农业的可持续发展。

推广农业机械化是提高农业生产效率的重要途径。机械化作业减少了对人力的依赖，降低了劳动成本，特别是在耕作、播种和收割等环节。现代农业机械的使用，不仅提高了生产效率，还提升了农业生产的稳定性和可靠性。通过机械化，农民能够更高效地管理大面积农田，从而实现规模经济效益，为乡村振兴提供了强有力的支持。

精准施肥和灌溉技术的实施，基于土壤和作物的具体需求，能够有效减少资源浪费。这些技术通过科学的土壤分析和作物需求评估，制定出精确的施肥和灌溉方案，最大限度地提高资源利用效率，减少化肥和水资源的过度使用。这不仅提高了农业生产的可持续性，也为乡村生态环境的改善作出了贡献。

鼓励农民采用多样化种植模式，增加作物的种类与轮作，是提升土壤健康的重要策略。多样化种植不仅提高了作物产量，还增强了土壤肥力，改善了生态系统的生产能力。通过合理的轮作制度，土壤结构得到优化，病虫害的发生率降低，农田的生态平衡得以维持。这种种植模式的推广，有助于实现农业的可持续发展，为乡村振兴提供了生态基础。

加强农业合作社的组织与管理，是提高农民集体经济效益的重要手段。通过合作社，农民可以实现资源共享、技术交流和市场对接，形成规模化生产。合作社的集约化经营模式，能够有效降低生产成本，提高农产品的市场竞争力，增加农民的收入。这种集体经济效益的提升，不仅推动了农业的可持续发展，也为乡村振兴注入了新的活力。

（三）农村经济多元化

可以充分利用当地的自然资源和文化优势，通过推动乡村特色产业的发展，创造出具有地方特色的产品和服务。这不仅能够丰富农村经济的内容，还能有效增加农民的收入。例如，许多地区依托独特的地理和气候条件，发展特色农产品，如有机茶叶、特色水果等，通过品牌化运作和市场推广，实现了农产品的高附加值，从而提高了农民的收益。

与此同时，农村旅游业的兴起为乡村经济注入了新的活力。结合乡村的自然风光和人文历史，发展乡村旅游可以吸引城市居民前来体验农村生活。这种体验式旅游不仅能够带动当地住宿、餐饮、交通等服务业的发展，还能促进农产品的销售，形成良好的经济循环。此外，乡村旅游还能够促进农村基础设施的改善，提高居民生活质量，从而为乡村振兴提供坚实的基础。

在信息技术飞速发展的今天，电子商务为农村经济的发展开辟了新的途径。鼓励农民参与电子商务，可以有效拓宽农产品的销售渠道，提升其市场竞争力。通过网络平台，农产品可以直接面对消费者，减少中间环节，降低交易成本，增加农民收入。同时，电子商务还能够提升农村经济的活力，吸引年轻人返乡创业，带动农村经济的全面发展。

此外，发展农产品的深加工产业是实现农村经济多元化的关键。通过提高农产品的附加值，推动农业与二、三产业的融合，可以实现经济结构的多元化。这不仅能够增加农民的收入，还能创造更多的就业机会，吸引人才回流，增强农村的经济实力和发展后劲。深加工产业的发展，还能够促进技术创新和产业升级，为乡村振兴提供源源不断的动力。

支持农村合作社和集体经济的发展是实现农村经济多元化的重要手段。通过集体力量实现资源共享，提升农民的议价能力和市场竞争力，可以有效提高农民的收入水平。合作社的成立，不仅能够降低生产成本，还能够提高生产效率，通过集体品牌的打造，提升产品的市场认可度。此外，集体经济的发展还能够增强农村的社会凝聚力，为乡村振兴提供组织保障。

三、实现乡村振兴与农业可持续发展协同推进的逻辑

（一）政策协调与支持

政策协调是确保农业、农村发展与生态保护政策有效衔接和实施的关键。建立跨部门协调机制，可以整合农业、环保、财政等多个部门的力量，形成合力，避免政策冲突和资源浪费。各级政府应加强对政策协调的重视，确保各项政策在制定和实施过程中，能够相互补充、相互促进，以实现乡村振兴与农业可持续发展的共同目标。

制定长期的支持政策是推动农业可持续发展的重要保障。通过提供财政补贴和税收优惠，政府可以激励农业可持续发展项目的投资与实施。这种支持不仅能减轻农民和农业企业的经济负担，还能增强他们对可持续农业实践的信心和积极性。同时，政府还应制定灵活的政策工具，以应对不同地区、不同发展阶段的农业可持续发展需求，确保政策的针对性和有效性。

地方政府在乡村振兴与农业可持续发展中扮演着不可或缺的角色。鼓励地方政府因地制宜地制定政策和措施，可以更好地适应当地的实际情况和发展需求。地方政府应在国家政策的指导下，结合自身的资源禀赋和发展条件，制订切实可行的发展规划和实施方案。通过加强地方政府的管理角色，能够更好地调动地方资源，激发地方活力，实现乡村振兴与农业可持续发展的目标。

推动农业科技创新政策是实现乡村振兴与农业可持续发展的重要途径。支持科研机构与农民的合作，能够促进新技术的推广与应用，提高农业生产效率和资源利用效率。政府应加大对农业科技创新的投入，鼓励科研机构与农业企业、农民开展合作研究，推动科技成果的转化和应用。同时，政府还应加强对农业科技创新的政策支持，为科研人员和农民提供良好的创新环境和条件。

建立健全农村金融服务体系，是支持农民和农业企业可持续发展的重要措施。通过提供多样化的金融产品和服务，能够满足农民和农业企业在生产、经营、技术改造等方面的资金需求。政府应促进金融机构加大对农村金融服务的投入，开发适合农村特点的金融产品，降低融资成本，提高金融服务的可获得性和便利性，从而为乡村振兴与农业可持续发展提供坚实的金融支持。

（二）社会参与与合作

通过鼓励农民参与决策过程，可以提升其对乡村振兴政策的认同感和参与感，增强政策实施的有效性。农民作为乡村的主体，其参与度直接影响政策的落实效果。因此，政府和相关机构需积极创造机制，让农民在政策制定和实施过程中发声，确保政策更贴近其实际需求。

推动社区组织的发展也是实现协同推进的重要途径。通过鼓励农民以合作社和社团的形式参与农业生产与管理，可以有效提高集体经济效益。这种集体化的生产模式不仅能够降低生产成本，还能通过规模效应提升市场竞争力。此外，合作社和社团的形式为农民提供了一个互助互利的平台，使他们在生产和销售过程中更具主动性和创造性，从而推动乡村经济的可持续发展。

在推进乡村振兴过程中，加强与非政府组织和社会企业的合作也是不可或缺的。这些组织和企业往往拥有丰富的专业知识和资源，能够在项目实施中提供技术支持和资金援助。通过与这些组织的合作，可以加速乡村振兴与农业可持续发展项目的落地和推广，进而提升项目的整体成效。同时，这种多方合作模式也为乡村发展注入了新的活力和动力。

建立农民培训与交流平台是提高农民生产技能和市场适应能力的重要措施。通过定期举办培训活动和经验交流会，农民可以学习到先进的农业技术和管理经验，从而提高生产效率和产品质量。此外，培训和交流平台也为农民提供了一个分享成功案例和解决问题的机会，还促进了知识的传播和创新的发展，为乡村振兴奠定了坚实的基础。

鼓励城乡居民的互动与合作有助于促进资源共享和文化交流，从而提升乡村的经济活力和社会凝聚力。城乡之间的合作不仅可以带动乡村经济的发展，还能促进城乡之间的文化融合，确保社会的和谐与稳定。通过城乡互动，乡村可以获得更多的资源和机遇，而城市居民也能在乡村找到新的发展空间和文化体验。这种双向互动为乡村振兴注入了新的动力和活力。

（三）机制创新与保障

在推动乡村振兴与农业可持续发展的过程中，金融机构应积极推出针对农业可持续发展的专属信贷产品，以满足农民和农业企业的资金需求。这不仅有助于缓解农业生产中的资金“瓶颈”，还能有效降低农业经营的风险。此外，金融产品的创新也能激发农民的生产积极性，推动农业生产向更高效、更环保的方向发展。通过这种方式，金融资源能够更有效地支持农业的可持续发展，为乡村振兴提供强有力的资金保障。

农业科技创新平台的建设是实现乡村振兴与农业可持续发展的重要途径。通过推动科研机构、高校与农民之间的合作，可以形成技术研发与应用的良性循环。科研机构和高校拥有丰富的技术和知识储备，而农民则在农业生产中积累了大量的实践经验。两者的结合不仅能够加速农业科技成果的转化，还能提高农民的技术水平和生产效率。通过科技创新平台的搭建，能够更好地实现农业技术的推广和应用，推动农业生产方式的现代化和可持续化。

完善农村土地流转制度是提高农业生产效率的重要手段。土地资源的有效配置是实现规模化和集约化经营的基础。通过合理的土地流转制度，能够激励农民进行规模化经营，进而提高农业生产的效率和效益。这不仅有助于优化土地资源的配置，也能促进农业生产的现代化进程。此外，土地流转制度的完善还能够为农业可持续发展提供更为坚实的基础，确保土地资源的合理利用和保护。

引导社会资本参与乡村振兴与农业可持续发展项目是资源高效利用的重要策略。通过公私合营（PPP）模式，可以实现资源的高效利用和风险的合理分担。社会资本的引入不仅能够为农业和乡村发展提供更多的资金支持，还能为其带来先进的管理经验和技术支持。PPP 模式的应用能够有效整合各方资源，形成合力推动乡村振兴和农业可持续发展。这种合作模式不仅提高了项目的成功率，也为乡村和农业发展注入了新的活力。

设立乡村振兴与农业可持续发展的评估体系是确保政策实施效果的重要保障。通过定期对政策实施效果进行评估与反馈，能够持续优化政策措施和推进机制。这种评估体系的建立不仅能够及时发现政策实施中存在的问题，还能为政策的调整和完善提供科学依据。通过系统的评估和反馈，能够确保乡村振兴与农业可持续发展政策的有效实施，推动政策目标的顺利实现。这种机制创新与保障为乡村振兴和农业可持续发展提供了坚实的制度基础。

第二章 乡村产业振兴与农业可持续发展

产业兴旺是农业强国的题中应有之义。从宏观层面看，只有发展农业产业，实现粮食安全、保证物价稳定，才能稳步实现中国式现代化；从微观层面看，阻碍我国农业强国目标实现的主要原因在于农业现代化水平低、生产效率低、经济效益低、市场竞争力低，而解决这些问题的主要方式是产业兴农。为此，我国农村地区应当根据当地产业发展的实际情况，以“产业兴农”为主线，依托地域农业资源优势，大力发展特色农业产业，增强产业核心竞争力，同时，健全农业生产经营体系、特色农业发展体系，为实现农业强国目标提供了强有力的保障。政府等相关部门应重视农业产业结构的转型升级问题，可联合金融机构、社会力量共同扶持农业优势产业发展、支持新型农业主体的生产经营行为，形成农户、企业、政府、社会力量多方合作，共同推进农业产业结构调整优化的良好局面。要建立健全特色农业发展体系，推动农业产业高质量发展，农村地区应当把握国家提供的有利条件，科学合理布局农业产业，借助政策红利不断推动特色农业发展，助力农业强国建设。

第一节 现代农业产业体系构建

一、种植业的现代化转型

（一）智能化种植技术

智能化种植技术是涵盖了利用信息技术、自动化设备和生物技术等多种科技手段，以提高农业生产效率和资源利用效率为目标的现代农业生产方式。在这一过程中，智能化种植技术不仅提高了农业生产的精确度和效率，还大幅降低了对自然资源的消耗和环境的负面影响。

传感器技术在智能化种植中的重要性不可忽视。通过传感器技术，农民能够实时监测土壤湿度、温度、养分含量等关键农业参数。这些数据为农作物的精准灌溉、施肥和病虫害防治提供了科学依据，从而实现农业生产的智能化管理。此外，传感器技术还可以帮助农民预测天气变化，提前采取应对措施，减少自然灾害对农业生产的影响。

数据分析与决策支持系统在种植过程中的应用，使农业生产的每一个环节都能够基于数据进行科学决策。通过对大量农业数据的采集和分析，决策支持系统可以为农民提供种植计划、病虫害防治方案、收获时间预测等建议。这不仅提高了农作物的产量和质量，还优化了农业资源的配置，降低了生产成本，提升了农业生产的整体效益。

无人机与自动化设备在农业生产中的使用，极大地提高了农业生产的机械化和自动化水平。无人机可以用于农田巡视、喷洒农药、播种等多种作业，不仅提高了作业效率，还减少了人工投入。自动化设备则可以实现对农业生产全过程的自动化管理，从耕地、播种到收获，均可通过自动化设备完成。这些技术的应用，使得农业生产更加高效、精准和可持续。

智能化种植技术对资源利用效率的提高具有显著作用。通过精准的农田管理和资源配置，智能化种植技术能够有效减少水、肥料、农药等资源的浪费，降低环境污染。同时，通过提高作物产量和质量，智能化种植技术也提升了农业生产的经济效益和社会效益。这些技术的应用，为实现农业可持续发展和乡村产业振兴提供了有力支持。

（二）绿色农业实践

绿色农业强调在生产过程中减少化学投入，降低对环境的负面影响，同时提升农产品的质量和安全性。绿色农业的定义不仅限于无污染的生产过程，还包括对自然资源的合理利用和保护。这种实践在全球范围内受到广泛关注，因为它不仅能保护环境，还能提高农产品的市场竞争力，满足消费者对健康食品的需求。

绿色农业的定义及其重要性体现在其对生态平衡的维护和农业资源的可持续利用上。绿色农业通过减少化肥和农药的使用，保护土壤和水资源，促进生物多样性，进而实现农业的可持续发展。其重要性还在于能够保障农产品的安全性，提高农产品的附加值，为农民带来更高的经济收益。此外，绿色农业还为解决全球粮食安全问题提供了新的思路，成为应对气候变化和资源短缺的重要手段。

生态农业模式的实施与推广是绿色农业实践中的关键环节。这种模式强调农业生产与生态环境的协调发展，通过多样化的种植结构和生物措施，减少对环境的压力。生态农业不仅关注产量，更注重农业生态系统的健康和稳定。这一模式在国内外的成功案例显示出其在提高土地利用效率、提高农产品质量和增强农民收入方面的成效显著，也是推动乡村产业振兴的重要途径。

有机农业的标准与认证体系是绿色农业实践的核心组成部分。通过严格的标准和认证体系，有机农业确保了农产品在生产过程中不使用化学合成的农药和肥料，从而保障了农产品的安全性和生态友好性。这一体系不仅提升了消费者对有机产品的信任度，还为农产品进入国际市场提供了重要保障。在国内外比较中，有机农业的标准和认证体系在推动绿色农业发展中也发挥了重要作用。

农业循环经济的构建与实践是实现农业可持续发展的创新路径。通过农业废弃物的循环利用和资源化处理，农业循环经济不仅提高了资源的利用效率，还减少了环境污染。这一实践在国内外差异中展现出不同的实施路径，但其共同目标都是实现资源的高效利用和环境的可持续发展。农业循环经济的成功实施为绿色农业提供了新的发展空间和动力。

可持续农业技术的创新与应用是绿色农业实践的技术支撑。通过引入先进的农业技术，如精准农业、智能农业和生物技术，绿色农业能够更有效地利用资源，减少环境影响。这些技术的创新与应用不仅提高了农业生产的效率，还为绿色农业的发展提供了新的动力和方向。在未来发展中，持续推动技术创新将是实现农业可持续发展的重要保障。

（三）高效水资源管理

灌溉技术的创新与应用是高效水资源管理的关键环节。现代灌溉技术，如滴灌和喷灌系统的优化，显著提高了水资源的利用效率。这些技术通过精确控制水的输送和分配，大幅减少了水的浪费，同时提高了作物的产量和质量。滴灌技术以其精准的水分输送和节水效果，成为干旱和半干旱地区农业生产的理想选择；而喷灌系统的改进则在大面积作物种植中发挥了重要作用，通过均匀的水分覆盖，确保了作物的均衡生长。

雨水收集与利用技术的实施是提高水资源可持续性的有效手段。通过建设雨水收集系统，可以在雨季有效储存水资源，并在旱季进行合理利用，从而缓解农业用水的季节性压力。这种技术不仅降低了对地下水和地表水的依赖，还为农业生产提供了稳定的水源保障。雨水利用技术的推广，有助于实现农业水资源的多元化和可持续性，为乡村振兴提供了坚实的水资源基础。

水资源监测与管理系统的建设是确保水资源合理配置的重要措施。通过现代化的监测技术，可以实时掌握水资源的动态变化，优化水资源的调度和分配。这些系统不仅提高了水资源管理的科学性和精准性，还为决策者提供了可靠的数据支持，促进了水资源的高效利用。水资源监测系统的完善，使农业用水的管理更加智能化，并为可持续农业发展提供了技术保障。

农业水利用效率的提高是实现水资源高效管理的最终目标。推广水肥一体化技术，是提高农业水利用效率的重要途径。该技术通过将灌溉与施肥相结合，确保作物在生长过程中获得所需的水分和养分，显著提高了资源的利用效率。同时，水肥一体化技术减少了化肥的使用，降低了农业生产对环境的影响，推动了农业的绿色发展。这一技术的广泛应用，不仅提高了水资源利用效率，还为农业的可持续发展提供了有力支持。

二、畜牧业的可持续发展路径

（一）环保型饲养模式

环保型饲养模式强调利用自然资源的可持续性，减少污染物排放，提升畜牧业的经济和环境效益。通过合理的土地利用和水资源管理，环保型饲养模式不仅能减少温室气体排放，还能有效维护生态平衡。这一模式的实施需要政策支持和技术创新，以实现畜牧业的绿色转型。

环保型饲养模式是指在畜牧业生产过程中，采用一系列环保技术和管理措施，以减少对环境的影响。其核心理念包括资源的有效利用、污染物的减量化以及生态系统的保护。通过优化饲养环境和提高生产效率，环保型饲养模式不仅能提高畜产品的质量和安全性，还能增强畜牧业的可持续性。该模式的推广需要多方参与，包括政府、科研机构和农户的共同努力，以实现经济效益与生态效益的双赢。

生态友好型饲料的研发与应用是环保型饲养模式的重要组成部分。通过使用可再生资源和减少化学添加剂的使用，生态友好型饲料可以降低对环境的负面影响，并提高动物的健康和生产性能。这种饲料的研发需要结合生物技术和农业科学，以确保其在营养价值和环境影响方面的最佳平衡。推广生态友好型饲料不仅能减少畜牧业的碳足迹，还能推动绿色农业的发展。

畜禽废弃物的资源化利用技术是实现环保型饲养模式的关键。通过先进的处理技术，这些废弃物可以转化为有机肥料或生物能源，从而减少环境污染并创造经济价值。技术的应用不仅能有效降低畜禽养殖场的废弃物排放，还能为农业生产提供优质的有机肥料，促进土壤健康和作物生长。资源化利用技术的推广需要政策支持和市场引导，以实现畜牧业的可持续发展。

动物健康管理与福利提升是环保型饲养模式的核心要素。通过科学的管理措施和良好的饲养环境，动物的健康和福利可以得到显著改善。这不仅能提高畜产品的质量和安全性，还能增强消费者对畜牧业产品的信任。科学的管理措施的实施需要综合考虑动物的生理和行为需求，并结合现代科技手段，以实现畜牧业的可持续发展和动物福利的提升。

可再生能源在畜牧业中的应用与推广是实现环保型饲养模式的重要途径。通过利用太阳能、风能和生物质能等可再生能源，畜牧业可以大幅减轻对化石能源的依赖，降低碳排放。这不仅能节约能源成本，还能提高畜牧业的环境友好性。可再生能源的应用需要技术创新和政策支持，以推动畜牧业的绿色转型和可持续发展。

（二）资源循环利用

资源循环利用的核心理念是通过资源的不断循环和再生，减轻对环境的负担，从而实现生态与经济的双重效益。资源循环利用的基本概念在于将农业生产过程中产生的废弃物和副产物，通过科学技术手段转化为可再利用的资源，形成一个闭环的生产系统。这样的循环不仅降低了资源的浪费，还能有效减少农业生产对自然环境的负面影响。尤其在畜牧业中，资源循环利用可以通过多种方式得以实现，从而对整个农业产业的可持续发展产生积极影响。

推广农业废弃物的资源化处理技术是实现资源循环利用的重要途径之一。目前，堆肥和生物气化是两种主要的技术手段。堆肥技术通过微生物的分解作用，将有机废弃物转化为有机肥料，不仅提高了土壤肥力，还减少了化肥的使用。而生物气化技术则利用厌氧发酵将有机废弃物转化为可燃气体，在提供清洁能源的同时减少了废弃物的排放。这些技术的应用，提高了资源利用效率，为农业生产提供了新的经济增长点，推动了农业生产的绿色转型。

在农业生产中，水资源的循环利用策略同样至关重要。随着水资源短缺问题的日益严重，如何有效利用和管理水资源成为农业可持续发展的关键。污水处理与再利用技术在此背景下应运而生，通过先进的处理工艺，将农业生产中产生的污水进行净化处理，转化为灌溉用水或其他用途。这不仅缓解了水资源短缺的压力，还减少了水体污染，促进了农业生态环境的改善。同时，水资源的高效循环利用也为农作物的生长提供了稳定的水源保障。

农作物与畜禽废弃物的联动利用模式是资源循环利用的重要实践之一。通过将农作物秸秆和畜禽粪便进行联动处理，可以实现资源的高效利用。农作物秸秆可以作为畜禽饲料或垫料，而畜禽粪便则可以通过堆肥或生物气化等技术转化为有机肥料或能源。这种联动利用模式不仅提高了资源的利用率，还形成了一种生态农业的良性循环，有助于提升农业生产的整体效益。

政策支持与激励机制在资源循环利用中起着关键作用。政府通过制定相关政策和提供财政补贴，鼓励农业生产者采用资源循环利用技术和模式。这些政策支持和财政补贴不仅减轻了农民的经济负担，还提高了他们的积极性和参与度。此外，政府还可以通过技术培训和示范项目，提高农民的技术水平和意识，为资源循环利用的推广和实施提供有力保障。这些政策措施的实施，将为农业可持续发展提供强有力的支持和动力。

三、渔业的生态化与高效化发展

（一）生态养殖技术

生态养殖技术的核心在于通过优化养殖环境和管理措施，最大程度地减少对自然生态系统的负面影响。这种技术不仅关注养殖产量的提高，更强调养殖过程的生态效益和资源的可持续利用。其重要性在于，它能够在满足人类对水产品需求的同时，维护和改善水域生态环境，为渔业的长远发展奠定良好基础。

生态养殖技术的定义涉及多方面内容，主要包括在渔业中应用生态学原理和技术手段，以实现资源的高效利用和环境的有效保护。生态养殖系统的设计原则主要围绕生物多样性和生态平衡的维护展开。这要求在养殖过程中，合理配置生物种群，确保各类生物之间的相互依存关系得以维持，从而形成一个稳定的生态系统。此外，生态养殖还强调减少人类活动对自然环境的干扰，以实现养殖业与自然生态的和谐共存。

在生态养殖中，饲料管理是一个关键环节。生态养殖提倡使用天然饲料，减少或杜绝化学添加剂的使用，以降低对水体和生物的潜在危害。天然饲料不仅能够满足养殖生物的营养需求，还能减少对环境的污染，从而提高养殖产品的质量和安全性。此外，合理的饲料管理还能有效降低养殖成本，提高经济效益。

水质管理与监测技术在生态养殖中具有重要作用。通过对水质的实时监测和调控，可以确保养殖环境的健康和稳定。水质管理不仅包括对水体的物理和化学性质的监测，还涉及对生物指标的评估。通过科学的水质管理，能够有效预防和控制水体污染，保护养殖生物的健康，并促进水域生态系统的恢复和可持续发展。

生态养殖技术在保护和恢复水体生态系统方面具有显著作用。这种技术通过减少对环境的污染和破坏，促进了水体生态系统的自我修复和更新能力。生态养殖不仅能够提高水体的生物多样性，还能增强其生态服务功能，为人类提供更加优质的生态水产品和服务。通过生态养殖技术的推广和应用，渔业不仅能实现可持续发展，还能为乡村振兴和农业现代化提供有力支持。

（二）渔业资源管理

渔业资源管理的目标在于通过科学的管理手段，确保渔业资源的可持续利用，以支持乡村经济的长效发展。有效的资源管理能防止过度捕捞，保护海洋生态系统的完整性，从而为未来的渔业发展奠定坚实基础。

渔业资源管理的基本概念包括资源的评估、利用和保护。其在可持续发展中的重要性体现在确保资源的长期可用性和生态环境的稳定性。渔业资源的可持续管理需要综合考虑生态、经济和社会因素，以实现渔业的长远发展目标。这一过程不仅涉及科学技术的应用，还需要政策和法律的支持，以确保管理措施的有效性和可执行性。

渔业资源评估与监测技术是资源管理的基础。通过对生物量和种群结构的分析，管理者可以掌握资源现状，预测未来的资源变化趋势。这些技术手段包括声呐探测、遥感监测和数据模型分析等，能够提供精确的数据支持，为制定科学的管理决策提供依据。这些技术的应用有助于优化捕捞策略，减少对生态系统的负面影响。

可持续捕捞管理措施的制定与实施是保护渔业资源的关键。配额制度通过限制捕捞量，防止资源的过度开发，而禁渔期则通过限制捕捞时间，保护鱼类的繁殖周期。这些措施的成功实施依赖科学的资源评估和严格的法律执行。通过这些措施，渔业资源得以恢复和维持，确保渔业的长期收益和生态平衡。

渔业生态系统的保护与恢复策略是实现渔业可持续发展的重要组成部分。栖息地保护通过维护海洋环境的健康，支持鱼类的生存和繁殖。生物多样性维护则通过保护多样的物种结构，增强生态系统的稳定性和适应性。这些策略需要与其他管理措施相结合，以实现生态保护和经济发展的双赢。

有效的渔业资源管理离不开政策框架与法律法规的支持。政策框架为管理措施提供指导，而法律法规则确保措施的顺利执行和遵从。这些法规需要根据科学研究和国际标准进行制定，并通过有效的监督机制加以实施。政策和法律的完善能够促进资源的合理利用，保护渔业资源的可持续性，为乡村产业振兴提供有力保障。

（三）水产养殖创新

智能化水产养殖系统的构建是当前水产养殖创新的重要方向之一。通过引入自动监测和调控水质的技术，养殖户能够实时掌握水体环境的变化，并迅速采取相应措施，确保水产品的健康生长。这种智能化系统不仅提高了水产品的养殖效率，还减少了人力成本和环境污染，成为现代水产养殖的标志性技术。此外，智能化系统的应用也推动了渔业的数字化转型，使养殖过程更加透明和可控。

新型饲料的研发与应用是水产养殖创新的重要组成部分。现代水产养殖饲料的研发强调营养成分的优化与环境友好性，通过科学的配方设计，能够满足水产品生长的营养需求，并最大限度地减少对水体的污染。这种饲料的应用不仅提高了水产品的生长速度和质量，还为实现水产养殖的可持续发展奠定了基础。新型饲料的研发也反映了农业科技进步对传统产业的深刻影响。

水产养殖中的生物安全管理措施对于预防疾病传播和提高养殖效率至关重要。通过建立科学的生物安全管理体系，养殖户可以有效地控制病原体的传播途径，减少疾病的暴发风险。这些措施包括定期的水质监测、生物隔离和疫苗接种等，旨在构建一个健康的养殖环境，提高水产品的安全性和市场竞争力。生物安全管理的加强，也为水产养殖业的长期可持续发展提供了保障。

水产养殖与可再生能源的结合是未来发展的重要趋势。通过探索利用太阳能和风能进行养殖，水产养殖业可以大幅降低对化石能源的依赖，实现绿色生产。这种结合有助于降低生产成本，减少温室气体的排放，符合现代农业可持续发展的要求。可再生能源的应用为水产养殖业提供了新的发展机遇，也为乡村振兴注入了新的活力。

四、农产品加工业的升级与创新

（一）加工技术革新

先进设备的引入是提高加工效率和产品质量的关键。现代化设备的应用可以显著缩短加工时间，提高生产线的运作效率，减少人为操作失误，进而提高产品的一致性和质量。这些设备不仅优化了生产流程，还为产品的多样化和精细化提供了可能。此外，设备的更新换代也推动了企业在技术创新上的持续投入，形成良性循环，助力产业的长远发展。

智能化生产线的构建与应用是现代农产品加工技术革新的重要方向。通过引入自动化和信息化技术，智能化生产线能够实现对加工过程的精准控制和实时监测。这不仅提高了加工过程的自动化水平，还减少了人为干预，降低了生产成本。智能化生产线的应用使企业能够快速响应市场变化，灵活调整生产策略，既满足不同消费者的个性化需求，又提升了整个产业的灵活性和适应性。

绿色加工技术的推广是推动农产品加工业可持续发展的重要措施。通过采用节能环保的技术手段，绿色加工技术有效减少了加工过程中的资源消耗与环境影响。这不仅符合国家对可持续发展的要求，也满足了消费者对环保产品的需求。绿色加工技术的应用为企业带来了双重效益：一方面降低了生产成本，另一方面提升了企业的社会形象和市场竞争力。

农产品加工过程中的质量控制与标准化管理措施是确保产品安全和质量的基础。通过建立完善的质量控制体系和标准化管理流程，企业能够有效监控产品的各个生产环节，确保产品符合国家和国际标准。这不仅提高了产品的市场认可度，还增强了消费者的信任。标准化管理措施的实施也为企业的规模化生产和国际化发展奠定了基础，推动了农产品加工业的持续升级与创新。

（二）品牌化战略

品牌化战略通过一系列有计划的营销活动，建立和推广独特的品牌形象，以增强产品的市场竞争力。在农产品加工业中，品牌化战略的重要性体现在其能够提高产品的附加值，增强消费者的忠诚度和信任感，从而推动产业的可持续发展。通过品牌化营销，企业可以在激烈的市场竞争中脱颖而出，实现差异化经营，提升企业整体盈利能力。

品牌定位与目标市场的明确是品牌化战略成功的基础。明确的品牌定位有助于企业在市场上找到属于自己的独特位置，并吸引特定的消费群体。通过深入的市场调研，企业可以识别目标市场的需求和偏好，从而制定相应的营销策略，提升消费者的认知度和品牌忠诚度。在品牌化过程中，精准的市场定位可以帮助企业更有效地分配资源，最大化品牌影响力和市场渗透率。

品牌形象的塑造与传播策略是品牌化战略的核心环节。通过精心设计的视觉识别系统和引人入胜的品牌故事，企业可以在消费者心中建立起鲜明的品牌形象。视觉识别包括品牌标志、包装设计和广告风格等，这些元素共同构成了品牌的视觉传达语言。而品牌故事则通过情感共鸣和价值观传递，增强消费者对品牌的认同感和情感连接。有效的传播策略能够将品牌信息准确传达给目标受众，扩大品牌影响力。

品牌价值的提升与维护是品牌化战略的长期目标。通过严格的质量保证体系和积极的消费者反馈机制，企业可以不断提升品牌的价值感知。在质量保证方面，企业需要确保产品符合相关标准和消费者期望，同时建立透明的生产流程和质量追溯系统。消费者反馈则为企业提供了改进产品和服务的宝贵建议，有助于品牌的持续优化和创新。通过不断提升品牌价值，企业可以在市场中建立起稳固的竞争优势。

品牌合作与联合营销是拓宽市场渠道与增加品牌曝光的重要手段。通过与其他品牌的合作，企业可以共享资源和渠道，扩大市场覆盖面。联合营销活动不仅可以增加品牌的曝光率，还能通过跨界合作吸引更多的潜在消费者。通过与知名品牌的合作，企业可以借助其影响力提升自身品牌的知名度和美誉度，从而在竞争激烈的市场中占据有利地位。

第二节　特色农业产业发展

一、特色农产品的资源挖掘与开发

（一）开发技术应用

现代生物技术在特色农产品开发中有着广泛的应用，尤其是基因编辑与育种技术。这些技术不仅能够提高农产品的抗病虫害能力，还能改善其营养成分和口感，从而满足消费者日益增长的健康需求。基因编辑技术的应用，使特色农产品能够更好地适应气候变化和环境压力，增强其在国内外市场的竞争力。同时，育种技术的进步也为特色农产品的多样化发展提供了新的可能性，进一步推动了农业的可持续发展。

农产品深加工技术的创新是提升特色农产品附加值与市场竞争力的重要途径。通过对传统加工技术的改进和创新，特色农产品被赋予更高的附加值。例如，应用现代化的加工技术，可以延长农产品的保质期，提升其品质和安全性。此外，这些创新技术还能够开发出更多的农产品衍生品，拓宽市场销路，增加农民收入，进而推动乡村经济的全面振兴。

信息技术在特色农产品开发中的作用不可忽视。大数据分析与市场预测技术的应用，使农产品的生产和销售更加精准高效。通过对市场需求的精确预测，生产者可以调整种植结构和产量，避免资源浪费。同时，信息技术还可以帮助农户和企业建立更为紧密的供应链关系，提高市场响应速度。信息技术在特色农产品开发中的应用，有助于实现农业生产的智能化和现代化。

可持续开发理念是特色农产品开发的核心，主要强调生态保护与资源合理利用。在开发过程中，必须坚持生态优先的原则，确保资源的可持续利用。通过应用生态友好的技术手段，可以减少对环境的负面影响，保护生物多样性。可持续开发理念的实践，不仅有助于维护生态平衡，还能为后续的农业发展奠定坚实的基础。这种理念的贯彻，将为乡村产业的长远发展提供持久动力。

（二）市场需求分析

市场需求的基本特征通常包括消费者对产品质量、价格、品牌以及服务的关注程度。尤其是在农业领域，消费者对于绿色、有机、健康等特性的关注日益增加，这一变化直接影响了特色农产品的市场走向。通过分析这些特征，企业可以更准确地定位目标市场，从而制定相应的营销策略，以满足不断变化的市场需求。

消费者偏好的变化对特色农产品市场的影响不容忽视。随着生活水平的提高，消费者对农产品的品质要求越来越高，这种变化促使生产者在产品质量和安全性上加大投入。同时，消费者对于农产品的多样性和独特性的需求也在增加，这为特色农产品提供了更广阔的市场空间。生产者需要密切关注这些变化，及时调整生产和营销策略，以保持市场竞争优势。在全球化的背景下，消费者的偏好也逐渐受到国际市场的影响，这进一步加剧了市场竞争。

市场细分在特色农产品销售中的应用能够有效提升市场占有率。通过市场细分，生产者可以将市场划分为不同的消费群体，根据不同群体的需求特点进行产品定位和营销策略的制定。这种方法不仅可以提高营销的针对性和有效性，还能帮助企业更好地利用资源，降低市场风险。市场细分的成功应用需要深入的市场调研和消费者分析，以确保产品能够满足特定消费群体的需求，达到理想的销售效果。

线上销售渠道对特色农产品需求的推动作用日益明显。在数字化时代，电子商务平台为特色农产品提供了新的销售渠道，扩大了市场覆盖面。通过线上平台，生产者能够直接与消费者进行互动，了解他们的需求和反馈，从而更好地调整产品和服务。此外，线上销售还可以降低传统销售渠道的成本，提高产品的市场竞争力。随着互联网技术的不断发展，线上销售渠道将成为特色农产品市场营销的重要组成部分。

品牌影响力在特色农产品市场需求中的重要性不可忽视。强大的品牌影响力可以增加产品的市场认可度和消费者的忠诚度，从而提升销售业绩。品牌建设需要长期的投入和积累，包括产品质量的持续提升、良好的客户服务以及有效的市场推广策略。通过打造具有文化内涵和地域特色的品牌，特色农产品可以在激烈的市场竞争中脱颖而出，赢得更多消费者的青睐。品牌影响力的提升不仅能带动产品的销量，还能增强企业的市场地位和发展潜力。

二、特色农业品牌建设与推广

（一）品牌定位策略

品牌定位策略是特色农业品牌建设的第一步，旨在通过明确的市场定位和独特的品牌形象来吸引目标消费者。品牌定位不仅要考虑产品本身的特性，还须结合市场环境和消费者心理，以确保品牌在市场中的独特地位。通过精准的市场细分，品牌能够更好地识别其核心受众，并制定相应的营销策略。由于品牌定位的成功与否直接关系到特色农业品牌在竞争激烈的市场中能否脱颖而出，因此需要全面而深入的市场调研和分析。

品牌定位的核心理念不仅在于产品的功能性特征，更在于赋予产品以文化和情感的附加价值。目标市场的明确是品牌定位的关键所在，通过对消费者群体的深入分析，品牌能够精准地识别市场的潜在需求及其变化趋势。明确的目标市场有助于品牌在资源有限的情况下，集中精力和资源进行精准营销，提高品牌的市场竞争力和影响力。在特色农业中，品牌的核心理念常常与地方文化、传统技艺及生态环境密切相关，这些因素共同构成了品牌的独特性和吸引力。

品牌价值主张是品牌定位的核心，它不仅要传达产品的基本功能，还要突出其独特性和差异化优势。对于特色农产品而言，品牌价值主张往往与产品的地域特色、生产工艺和生态价值密切相关。通过强调这些独特性，品牌能够在消费者心目中建立起鲜明的形象和认同感。品牌价值主张的构建需要从产品的实际特点出发，同时结合消费者的情感需求和价值观，使品牌能够在市场中形成独特的竞争优势。

消费者需求分析是品牌定位过程中不可或缺的一环，它能够帮助品牌准确把握市场动向和消费者偏好。通过对消费者需求的深入分析，品牌可以制定更具针对性的营销策略，从而提高市场占有率。在特色农业品牌建设中，了解消费者对产品品质、文化背景及生态价值的需求尤为重要。这种分析不仅有助于品牌准确定位其目标市场，还能指导品牌在产品开发、营销传播等方面的策略制定，提高品牌的市场竞争力。

品牌传播渠道的选择与优化对品牌信息的有效传达至关重要。在特色农业中，品牌传播不仅要利用传统媒体，还需积极探索新兴数字媒体，以实现更广泛的市场覆盖和更精准的目标受众触达。通过多元化的传播渠道，品牌能够更有效地传递其核心价值和独特性，提高消费者的品牌认知和忠诚度。传播渠道的优化需要根据目标市场的特点和消费者的媒介使用习惯进行调整，以确保品牌信息能够高效、准确地传递给目标受众。

品牌形象设计是品牌建设的重要组成部分，它通过视觉、听觉等多感官的传达方式，塑造品牌的整体形象。对于特色农业品牌而言，品牌形象设计不仅要体现出产品的独特性，还需传达品牌的文化内涵和价值主张。通过精心设计的品牌形象，品牌能够在消费者心目中建立起强烈的认同感和信任感。品牌形象的塑造需要从消费者的认知和情感出发，结合品牌的核心理念，以提升品牌的市场竞争力和消费者对品牌的认可度。

（二）品牌传播渠道

一个有效的品牌传播策略可以帮助农业企业在市场上建立和维护良好的品牌形象，提升品牌知名度，并促进消费者与品牌之间的互动。通过整合多种传播渠道，企业能够更好地传达品牌价值，吸引目标消费者的关注和参与，从而在竞争激烈的市场中脱颖而出。品牌传播渠道的选择和组合需要基于对目标市场和消费者行为的深入理解，以实现最佳的传播效果和市场覆盖。

社交媒体平台的利用是现代品牌传播中不可或缺的一部分。通过精准营销策略，企业可以在社交媒体上与消费者进行直接互动，提升品牌知名度和消费者的参与度。利用大数据分析，企业能够精准识别目标消费者的偏好和行为模式，从而制定更加个性化和有针对性的营销活动。这种互动不仅有助于增强消费者对品牌的认同感，还能通过用户生成内容和口碑传播，进一步扩大品牌影响力。在社交媒体上，品牌可以通过创意内容和互动活动，建立一个充满活力和吸引力的品牌社区。

传统媒体广告的整合仍然是品牌传播的重要组成部分。尽管数字媒体的兴起改变了传播渠道，但电视、广播和印刷媒体依然具有广泛的覆盖面和强大的影响力。通过整合传统媒体广告，企业可以在不同的受众群体中提升品牌的可见性和认知度。电视广告可以通过生动的视觉效果和故事情节吸引观众的注意力，而广播广告则能够通过声音的力量传递品牌信息。印刷媒体，如报纸和杂志，提供了深度报道和分析的机会，使消费者能够更全面地了解品牌的背景和价值观。

线上电商平台的合作为特色农业品牌拓展市场提供了新的机遇。通过与电商平台的合作，企业能够在更广泛的市场中推广产品，突破地域限制，提高销售额。电商平台不仅提供了便利的购物体验，还通过数据分析支持企业优化产品组合和定价策略。此外，电商平台的用户评价和反馈机制有助于品牌了解消费者的需求和期望，从而不断改进产品和服务，提升消费者满意度和品牌忠诚度。

参与行业展会和博览会是展示品牌形象与产品的有效途径。这些活动为企业提供了与潜在客户、合作伙伴和同行交流的机会，还能增强市场影响力。在展会上，企业可以通过精心设计的展位和互动活动，吸引观众的注意力，并通过面对面的交流，传递品牌价值和产品优势。展会还为企业提供了了解行业趋势和竞争对手动态的机会，有助于制定更具竞争力的市场策略。

社区活动与农产品体验活动的组织能够增强消费者对品牌的认同感与忠诚度。这些活动通过与消费者的直接互动，建立起情感连接，使消费者能够亲身体验产品的质量和品牌的承诺。通过组织农场参观、产品品鉴会和社区公益活动，企业能够在消费者心中树立起积极的品牌形象，增强品牌的亲和力和可信度。这种基于体验的营销策略，不仅有助于提升品牌的知名度，还能通过口碑传播，吸引更多消费者的关注和购买。

三、特色农业产业集群的培育

（一）产业链整合

在特色农业产业的发展中，产业链整合指的是通过优化和协调产业链上各个环节的资源和活动，使其形成一个有机整体，从而提升产业的整体效益。在特色农业中，产业链整合不仅能提高农业生产的效率，还能增强农产品的市场竞争力。通过整合，可以实现从生产到销售的无缝对接，减少中间环节的损耗和成本，从而为农户和企业创造更高的附加值。

产业链各环节的协同作用是提高整体效率与效益的关键。在特色农业产业链中，各环节包括生产、加工、物流、销售等，每一个环节的优化都能对整体效益产生积极影响。通过加强各环节之间的协作，可以实现信息的及时共享和资源的合理配置，从而减少资源浪费，提高整体生产效率。此外，协同作用还能够快速响应市场需求变化，提高产品的市场适应性和竞争力。

识别和优化特色农业产业链中的关键环节是实现整合的核心策略。特色农业产业链中，某些环节如加工和物流可能是影响整体效益的“瓶颈”。通过对这些关键环节的识别和优化，可以显著提高整个产业链的效率。例如，在加工环节引入先进技术，提高加工效率和产品质量；在物流环节，通过优化运输路线和仓储管理，降低物流成本。这些优化策略不仅能提升产业链的整体效益，还能增强产业的可持续发展能力。

产业链整合对资源配置有显著影响，能够促进资源的高效利用。在特色农业中，资源的高效利用是实现可持续发展的重要前提。通过产业链整合，可以实现对土地、水、劳动力等资源的最优配置，减少资源浪费。同时，整合还能够推动资源的循环利用和再生利用，降低对环境的负面影响，促进生态农业的发展。

政策支持在特色农业产业链整合中发挥着重要作用。政府的政策引导和支持是推动产业链整合的重要保障。通过制定和实施相关政策，可以为产业链整合提供必要的资金、技术和信息支持。例如，政府可以通过补贴政策鼓励企业和农户进行技术升级和设备更新；通过税收优惠政策，吸引更多的社会资本投入产业链整合中。政策的支持不仅能加快产业链整合的步伐，还能为特色农业的发展创造良好的外部环境。

（二）创新合作机制

创新合作机制的核心在于通过整合多方资源，打破传统合作的局限，促进资源的优化配置与共享。创新合作机制的定义涉及多方利益相关者的深度参与，通过合作实现信息的高效传播与资源的有效整合，进而推动特色农业产业的可持续发展。尤其是在全球化背景下，特色农业产业的发展需要借助创新合作机制，提升整体竞争力和抗风险能力。

多方利益相关者的参与是创新合作机制的关键。通过加强政府、企业、科研机构和农民等多方的合作，可以实现资源的共享与信息的互通，进而推动产业的快速发展。这种多方参与的合作模式不仅有助于打破信息壁垒，还能促使各方在资源配置中发挥各自的优势，实现互利共赢。例如，政府可以通过政策引导和资金支持，企业则可以提供市场导向和技术支持，而科研机构则能够贡献最新的研究成果和技术创新。

建立产学研合作平台是推动技术创新与成果转化的重要途径。通过搭建这样的合作平台，可以有效地将科研成果转化为生产力，推动特色农业产业的技术进步。产学研合作不仅能够提升产业的技术含量，还能加速新技术的应用和推广，缩短技术创新的周期。这样的合作机制可以为特色农业产业注入新的活力，提升其市场竞争力和创新能力，为乡村振兴提供强有力的技术支撑。

地方政府、企业与农民之间的合作是形成合力的基础。地方政府通过政策支持和制度创新，可以为企业和农民提供良好的发展环境，而企业则可以通过市场化运作和技术创新，带动农民增收和产业升级。农民作为生产主体，通过与企业的合作，可以获得更好的市场信息和技术支持，提高生产效率和产品质量。这样的合作机制不仅能提升产业的整体效益，还能有效推动乡村经济的发展。

探索跨区域合作模式是提升特色农业产业整体竞争力的有效途径。通过跨区域合作，可以实现资源的优化配置和市场的拓展，提升产业的规模效应和竞争优势。跨区域合作能够打破地域限制，实现资源的互补和协同发展，从而提升特色农业产业的整体竞争力。这种合作模式不仅能推动区域经济的协调发展，还能为乡村产业振兴提供新的发展动力。

四、特色农业与地域文化的结合

（一）文化元素融入

通过深入挖掘和分析地域文化元素，可以更好地彰显地方特色在农业生产中的重要性。地域文化不仅是历史的积淀，也是现代农业发展的重要资源。在农业生产中融入文化元素，不仅能够提升农产品的附加值，还能在市场中形成独特的竞争优势。通过对地域文化元素的深刻理解和应用，农业生产者可以创造出更具吸引力的产品，从而满足消费者对文化和质量的双重需求。

传统农业技艺的传承与创新是实现文化与农业深度融合的关键。传统技艺不仅是农业生产的基础，更是文化传承的重要载体。在现代农业发展中，如何在保留传统技艺精髓的基础上进行创新，是一个重要的课题。通过现代科技的应用，传统技艺可以焕发新的活力，促进农业生产效率的提高。同时，这种传承与创新的结合，也为文化的延续提供了新的途径，使农业不仅是经济活动，更成为文化传承的重要一环。

农产品的文化符号化是提升消费者对地方特色产品认知与偏好的有效手段。在全球化的市场环境中，消费者对产品的选择不仅基于质量和价格，文化符号化的产品往往也能够引发更深层次的情感共鸣。通过将地域文化符号与农产品相结合，可以赋予产品更深的文化内涵，使其在竞争激烈的市场中脱颖而出。这种策略不仅能够增强产品的市场竞争力，还能促进消费者对地域文化的了解和认同。

社区参与的文化活动对于增强农民对传统文化的认同感与自豪感具有重要意义。在农业发展过程中，社区文化活动不仅能够丰富农民的精神生活，还能增强他们对自身文化的认同感和自豪感。通过文化活动的开展，农民不仅能够更好地理解和传承传统文化，还能在参与中提升自身的文化素养。这种文化认同感的增强，不仅有助于传统文化的保护和传承，还能在一定程度上促进农业的可持续发展。

文化与农业品牌的联动是利用地域文化提升品牌形象与市场竞争力的重要策略。一个成功的农业品牌，往往能够将地域文化与产品特色紧密结合，形成独特的品牌形象。在品牌建设过程中，地域文化的融入不仅能够提升品牌的辨识度，还能赋予品牌更深的文化内涵。这种联动效应，不仅能够增强品牌的市场竞争力，还能在一定程度上促进地域文化的传播和发展。通过文化与品牌的结合，可以让农业企业在激烈的市场竞争中立于不败之地。

（二）地域特色推广

地域特色产品的市场推广策略需要强调通过精准定位与品牌化，提升消费者的认知度。定位不仅是识别产品的独特性，更是将这种独特性与消费者的需求相匹配，从而在市场中占据一席之地。品牌化则是通过持续的市场活动，建立产品的品牌形象，使其在消费者心中占据稳定的位置。品牌化的成功与否，直接影响到地域特色产品在市场上的接受度与忠诚度。

利用地方文化节庆活动进行特色农业产品的宣传，是增强消费者参与感与认同感的重要手段。节庆活动不仅是地方文化的展示平台，更是产品推广的绝佳机会。在这些活动中，消费者可以通过亲身体验，深入了解产品的生产过程与文化背景，从而增强对产品的认同感与信任度。这种体验式营销策略，不仅能够拉近产品与消费者之间的距离，还能在潜移默化中提升产品的市场影响力与美誉度。

结合地方特色进行线上线下联动营销，是拓宽销售渠道与市场覆盖面的有效策略。在线上，通过电商平台与社交媒体的结合，可以实现广泛的市场覆盖与精准的用户触达；在线下，通过实体店铺与体验活动，可以增强消费者的购买体验与产品黏性。线上线下的联动营销，能够实现销量的提升，为消费者提供更加多样化的购买选择与服务体验，从而提升地域特色产品的市场竞争力。

建立区域特色农业的认证体系，是提升产品可信度与市场竞争力的关键。认证体系通过对产品质量与生产过程的严格把控，确保产品的优质与安全，为消费者提供可信赖的购买选择。认证标识不仅是产品质量的保证，更是品牌价值的重要体现。通过认证体系的建立，可以有效提升产品的市场公信力，增强消费者的购买信心与品牌忠诚度。

通过社交媒体与数字营销手段，增强地域特色产品的传播效果与影响力，是现代营销的重要策略。社交媒体平台的广泛使用，为产品的传播提供了低成本、高效率的渠道。通过内容创意与互动设计，可以实现产品信息的快速传播与广泛覆盖。同时，数字营销手段的运用，可以实现精准的用户定位与个性化的市场推广，从而提升产品的市场影响力与销售业绩。

第三节　农村一、二、三产业融合发展

一、农业与农产品加工业的融合

（一）加工技术创新

现代农业的发展离不开生产技术的提高，需要在加工环节进行技术突破，以提高整体产业链的效率和效益。新型加工技术的引入大大提高了农产品的加工效率，通过优化工艺流程和设备配置，使资源利用更加合理，生产成本显著降低。智能化生产线的应用进一步提高了加工过程的自动化水平，减少了人工干预，提高了生产的精准度和一致性，促进了农产品加工业的现代化进程。

新型加工技术的引入对提高农产品加工效率产生了深远影响。通过技术创新，可以实现更高效的机械化操作，减少人力资源的浪费，并缩短生产周期。这不仅有助于提高生产效率，还能增强企业在市场中的竞争力。智能化生产线的应用，尤其是物联网和人工智能技术的结合，使生产过程的监控和管理更加精细化，从而极大地提高了生产的灵活性和响应速度。这样的技术进步为农产品加工提供了更为广阔的发展空间，同时推动产业链的高效运作。

绿色加工技术的推广在减少资源消耗与环境影响方面发挥了重要作用。通过引入环保技术，农产品加工过程中的能源消耗和污染排放得以有效控制，促进了可持续发展目标的实现。这些技术不仅减轻了对环境的负担，也为企业带来了新的发展机遇。通过采用可再生资源和循环利用技术，加工企业能够在提高产品附加值的同时，履行其社会责任，树立良好的企业形象，从而获得更多消费者的认可和支持。

农产品加工过程中的质量控制措施与标准化管理是确保产品质量的关键。通过建立严格的质量管理体系，企业可以在生产的各个环节进行有效的监控，确保最终产品符合市场和消费者的需求。标准化管理不仅提升了产品的一致性和可靠性，还为企业在国际市场上的竞争提供了有力支持。先进设备的引入进一步提高了农产品加工产品的质量，自动化检测和控制系统确保了产品的高品质输出，增强了企业的市场竞争力和品牌影响力。

（二）品牌建设与推广

品牌建设的核心在于明确品牌定位，突出特色农产品的独特性与市场需求的匹配。这不仅需要对农产品本身的品质进行严格把控，还需深入了解目标市场的动态与消费者的偏好。通过精准的市场定位，农业企业能够在激烈的市场竞争中脱颖而出，形成独特的品牌形象。这一过程要求企业不仅关注产品的物理特性，还要注重品牌的精神内涵，以增强品牌的市场吸引力。

通过有效的品牌传播策略，企业可以利用多种渠道提升品牌知名度与消费者互动。传统的广告宣传与现代化的数字营销相结合，能够实现对不同消费群体的广泛覆盖。社交媒体平台的兴起，为品牌提供了与消费者直接沟通的机会，增强了品牌的亲和力与互动性。与此同时，企业还可以通过举办线下活动、参与展会等方式，增加品牌曝光率，吸引潜在客户的关注。这种多渠道的传播策略，有助于建立品牌的多维度形象，提高市场认知度。

建立品牌故事是增强消费者对品牌的情感认同与忠诚度的重要手段。一个成功的品牌故事不仅能够传达品牌的价值观与使命，还能激发消费者的情感共鸣，提升品牌的附加值。通过挖掘产品背后的文化内涵与历史背景，企业可以构建出一个富有吸引力的品牌故事，增强消费者的品牌归属感。这种情感连接不仅能够提高消费者的购买意愿，还能促使他们成为品牌的忠实拥护者，从而实现品牌的长远发展。

实施品牌价值评估机制是品牌建设过程中不可或缺的一环。通过定期的市场调研与消费者反馈收集，企业可以及时获取市场变化的信息，优化品牌策略以适应市场变化。这种动态的评估机制能够帮助企业识别品牌建设中的不足，及时调整营销策略，始终保持品牌的市场竞争力。此外，品牌价值评估还可以为企业的战略决策提供数据支持，指导企业的品牌发展方向。

通过品牌合作与跨界营销，企业可以拓宽市场渠道，提升品牌影响力与竞争力。与其他品牌的合作，不仅可以实现资源共享，还能够通过互补优势，创造出更大的市场价值。跨界营销则为品牌注入了新鲜的活力，吸引了更多的消费者关注。这种创新的营销模式，不仅能够扩大品牌的市场份额，还能增强品牌的市场适应能力，为企业的可持续发展提供有力支持。

二、农业与乡村旅游、休闲农业的融合

（一）旅游资源开发

乡村的旅游资源主要包括自然景观、文化遗产和农业体验等多种类型。自然景观如山水、森林和田园风光，为游客提供了亲近自然的机会；文化遗产则展示了乡村的历史和文化传承，增强了游客的文化体验；农业体验则通过参与农事活动，使游客更深入地了解农业生产过程。这些多元化的资源类型为乡村旅游的发展提供了丰富的素材和广阔的空间。

在开发乡村旅游资源时，必须遵循可持续性原则，以确保生态保护与资源的合理利用。生态保护是旅游资源开发的基础，只有在保护环境的前提下，旅游资源才能长久地吸引游客。资源的合理利用则要求在开发过程中注重节约和高效，以减少对环境的负面影响。通过科学规划和管理，可以实现旅游资源的可持续开发，进而促进乡村的可持续发展。这种开发模式不仅有利于环境的保

护，也为乡村带来了经济收益。

创新的旅游产品设计是提升游客体验的重要手段。结合地方特色与农产品，可以开发出独具特色的旅游产品。例如，将当地的农产品融入旅游活动中，游客可以在享受美景的同时，品尝地道的农产品，参与农事活动。这种创新的旅游产品设计，不仅丰富了游客的体验，还提高了旅游的吸引力。此外，通过开发具有地方特色的文创产品，也可以增强游客的购买欲望，进一步推动地方经济的发展。

社区参与在旅游资源开发中具有重要意义。通过鼓励当地居民参与旅游开发，可以增强他们的经济收益与文化认同感。社区参与不仅能够为旅游开发提供人力资源，还能通过当地居民的视角，提供更加贴近实际的开发建议。这种参与模式不仅提高了旅游开发的效率，还增强了乡村居民对旅游业的认同感和自豪感。此外，通过社区参与，还可以促进当地文化的传承与发展，形成良性循环。

市场营销策略的制定是吸引游客的重要环节。利用数字平台和社交媒体推广乡村旅游资源，可以有效地吸引更多游客。通过精准的市场营销，乡村旅游资源可以在更大范围内得到推广，吸引更多城市居民前来体验乡村生活。数字平台和社交媒体的运用，不仅提高了推广的效率，还降低了成本。此外，通过与旅游平台的合作，还可以实现资源的共享与互通，进一步扩大乡村旅游的影响力。

（二）农业体验项目设计

农业体验项目设计理念强调结合地方特色与文化，以提升参与者的沉浸感和认同感。每个地区都有其独特的自然资源和文化传统，设计者需要深入挖掘这些元素，将其融入体验项目中。例如，利用当地的传统农耕方式和独特的农产品，设计出具有地方特色的体验活动，使游客不仅能享受自然之美，还能感受到浓厚的文化氛围。这种结合不仅提高了项目的吸引力，还增强了参与者对当地文化的认同感，从而促进了乡村旅游的可持续发展。

多样化的农业体验活动是吸引不同游客群体的关键，包括采摘、耕作、农事体验等，都能够满足不同游客的需求与兴趣。采摘活动可以让游客亲身体验收获的乐趣，而耕作和农事体验则可以让他们了解农业生产的基本过程和技术。这些活动不仅为游客提供了亲近自然的机会，还能帮助他们在轻松愉快的氛围中获取农业知识。此外，通过设计不同难度和主题的活动，能够吸引家庭、学生、专业人士等不同群体，满足他们的多元化需求，进而提升项目的市场竞争力。

农业体验项目的教育功能是其重要的附加价值，通过互动式学习提高游客对农业生产过程的理解与认知。在设计过程中，项目应注重教育内容的科学性和趣味性，通过讲解、示范和动手操作等多种方式，让游客亲身参与到学习中。例如，安排专业人员讲解农作物的生长周期、生态种植技术等知识，使游客不仅是简单地参与活动，还能够在活动中获得新的知识和技能。这种寓教于乐的方式，不仅提高了游客的体验质量，还增强了他们对农业的兴趣和关注。

体验项目的安全管理措施是确保参与者在活动中安全与健康的重要保障，能够增强游客的信任感。项目设计者需要全面评估活动中可能存在的风险，并制订详细的安全管理方案，包括提供必要的安全设备、进行风险提示和紧急救援培训等。此外，合理安排工作人员和参与者的比例，确保在活动中能够及时提供帮助和指导。通过这些措施，可以有效降低安全隐患，提升游客的安全感和信任度，从而提高项目的整体质量和口碑。

项目的市场推广策略是吸引更多游客参与体验活动的关键，利用社交媒体和线上平台进行宣传是当前的主要方式。通过发布高质量的图片和视频，展示项目的独特性和吸引力，能够在短时间内吸引大量关注。此外，借助网络平台的广泛传播能力，可以快速扩大项目的影响范围，吸引更多潜在游客。同时，通过与旅游平台、旅行社等合作，推出优惠活动和套餐，进一步提升项目的市场竞争力和吸引力。这些策略的有效运用，将为农业体验项目带来更多的游客和更大的发展空间。

三、农业与电商、物流等服务业的融合

（一）电商平台建设

在推动农业与服务业的深度融合过程中，电商平台的建设成为关键一环。电商平台的构建不仅需要考虑技术层面的实现，更需注重用户体验的优化。一个界面友好、操作简便的平台能够极大地提升消费者的购买意愿和满意度。在此过程中，电商平台应当充分利用大数据分析技术，精准识别消费者的需求，进而优化产品推荐。这种精准营销策略不仅有助于提高销售转化率，还能有效地增强消费者的购物体验。

此外，电商平台的成功运作离不开完善的物流体系。高效的物流服务是确保农产品能够快速配送到消费者手中的重要保障。通过建立健全物流网络，电商平台可以大幅提升消费者的购物体验和满意度，进而增强平台的市场竞争力。同时，灵活的支付方式也是电商平台不可或缺的一部分。通过整合多种支付手段，平台可以为消费者提供多样化的支付选择，这不仅满足了不同消费者的需求，也促进了交易的便捷性。

电商平台的建设还需注重与地方特色农产品的深度合作。通过电商平台的推广，地方特色农产品的市场可见度和竞争力能够显著提升。这种合作模式不仅有助于地方品牌的推广，也为农产品生产者和消费者之间搭建了更为便捷的沟通桥梁。在全球化竞争日益激烈的背景下，电商平台的建设和发展将为乡村产业振兴和农业可持续发展注入新的活力。

（二）物流网络优化

在乡村振兴与农业可持续发展的背景下，物流网络的构建应充分考虑区域农业生产的特点，优化运输路线，以降低物流成本并提高配送效率。通过分析不同地区的农产品种类、产量和市场需求，制订有针对性的运输方案，能够有效减少不必要的运输环节，实现资源的合理配置。此外，合理的路线规划不仅有助于缩短运输时间，还能提高农产品的市场竞争力，增大农民的收益。

建立信息共享平台是实现物流网络优化的另一个重要步骤。通过该平台，可以实现物流各环节的实时监控和数据分析，这不仅提升了物流透明度，还提高了响应速度。现代信息技术的应用，使物流企业能够及时掌握运输车辆的动态、货物的状态以及市场的变化，进而作出快速反应，优化调度方案。这种信息化的管理方式，不仅提高了物流服务的效率，也为农产品的市场流通提供了有力保障。

在物流网络优化过程中，推广绿色物流理念尤为重要。采用环保运输方式和包装材料，可以有效减少物流过程中的碳排放和环境影响。通过引入新能源车辆、优化包装设计等措施，物流企业可以在减轻环境负担的同时，提升企业的社会责任感。此外，绿色物流不仅符合国家可持续发展的战略要求，也为企业赢得了良好的市场声誉，推动了农业与服务业的深度融合。

加强与地方农产品生产者的合作，是确保物流网络高效运作的重要保证。通过建立稳定的供应链关系，物流企业可以获得稳定的货源，而农产品生产者则可以享受到更为便捷的物流服务。这种互利共赢的合作模式，有助于提高整个供应链的效率和稳定性。通过定期沟通与合作，双方可以共同应对市场变化，实现资源的最优配置。

最后，利用先进的物流技术，如无人配送和智能仓储，可以进一步提高农产品流通的现代化水平和服务质量。无人配送技术的应用，可以在降低人力成本的同时，提高配送效率。而智能仓储系统则通过自动化的管理，实现了货物的高效存储和调度。这些技术的应用，提高了物流服务的现代化水平，也为农业与服务业的深度融合提供了技术支撑。通过不断引入创新技术，物流企业能够在激烈的市场竞争中占据优势地位。

四、产业融合对农业增效与农民增收的作用

（一）收入结构改善

通过多元化经营模式的推广，农村地区可以有效提升农民收入来源的多样性。这种多元化不仅减少了农民对单一农作物的依赖，也为其提供了更多的经济保障。在传统农业模式中，农民往往依赖单一作物的产出，面对市场波动和自然灾害时，经济收入极易受到影响。而通过引入多种经营模式，农民可以在不同的市场中获取收益，从而降低风险，提高收入的稳定性。

乡村旅游和休闲农业的发展为农民提供了增加非农收入的机会。这不仅提高了农村地区的整体经济水平，也丰富了农民的收入结构。乡村旅游作为一种新兴产业，吸引了大量城市游客，同时带动了当地服务业的发展。农民通过经营农家乐、参与旅游项目等方式，能够获取额外的经济收入。此外，休闲农业通过体验式消费和农业观光等形式，增加了农产品的附加值，为农民提供了新的收入来源。这些产业的兴起，不仅增加了农民的经济收益，也促进了农村经济的多元化发展。

推动农产品加工业的发展是提升农民在产业链中附加值的重要途径。通过对农产品进行深加工，不仅延长了产业链，也提高了产品的市场竞争力。农产品加工业的发展能够有效提升农产品的附加值，使农民在产业链中获取更多的经济收益。这种模式不仅提高了农产品的市场价值，也为农民创造了更多的就业机会和收入来源。在产业融合的背景下，农产品加工业成为农村经济增长的重要引擎，为农民增收提供了有力的支持。

农业与电商平台的结合为农产品拓宽了销售渠道，提高了市场覆盖率和销

售量。在互联网技术的推动下，农产品通过电商平台得以快速进入更广阔的市场。农民可以通过这些平台直接与消费者对接，减少中间环节，提高销售利润。同时，电商平台的推广也提高了农产品的品牌知名度，增强了市场竞争力。通过电商渠道，农民不仅能够实现产品的高效销售，也能及时获取市场信息，调整生产策略，从而实现收入的持续增长。

加强农业技术培训是提高农民技能水平和市场竞争力的重要手段。通过系统的技术培训，农民能够掌握先进的农业生产技术，提高生产效率和产品质量。技能水平的提高，不仅增强了农民在市场中的竞争力，也为其收入的稳定增长提供了保障。技术培训的普及，使农民能够更好地适应市场需求的变化，提升其在产业链中的地位和收益。在产业融合的背景下，技术培训成为农民增收的重要保障，为农业的可持续发展提供了坚实的基础。

（二）就业机会增加

产业融合在农村地区的实施不仅推动了农业增效，还显著增加了就业机会。随着产业融合的深入，农村地区出现了许多新型职业，如农产品电商运营、乡村旅游管理等。这些新兴职业为农村居民提供了更多的就业选择，不仅拓宽了就业渠道，还提升了农村劳动力的市场竞争力。此外，农业技术推广和培训项目的增多，提高了农民的技能水平，使他们能够胜任更高附加值的农业相关工作。这不仅增强了农民的就业能力，也为农业的现代化发展提供了坚实的人才储备。

乡村旅游和休闲农业的发展为农村地区带来了大量的游客，推动了当地服务行业的扩展。旅游业的兴起带动了餐饮、住宿、导游等服务行业的繁荣，这些行业的扩展创造了更多的就业机会，吸引了大量的农村劳动力参与其中。同时，农业与信息技术的结合，使农村地区对技术支持人员的需求增加，这不仅为当地居民创造了新的就业岗位，也促进了农村信息化的发展。信息技术的应用为农业生产和管理带来了新的可能性，进一步推动了农业的现代化进程。

农产品加工业的兴起也为农村地区的就业提供了新的增长点。加工业的发展需要大量的劳动力，特别是在加工、包装和物流等环节。这些环节的劳动力需求不仅为农村居民提供了更多的就业机会，也提高了他们的收入水平。通过参与农产品加工，农民不仅可以获得稳定的工资收入，还能通过技术培训提升自身技能，从而在劳动力市场中占据有利地位。总之，产业融合通过多种途径增加了农村的就业机会，为农业增效与农民增收提供了重要支持。

第四节　新型农业经营主体培育

一、家庭农场的创新发展

（一）经营模式创新

家庭农场经营模式的多样化，通过结合传统农业与现代科技，提高了生产效率与市场竞争力。随着科技的进步，家庭农场逐渐摆脱了传统农业的束缚，采用现代化的种植和养殖技术，大幅提高了产量和产品质量。在这种背景下，家庭农场需要不断探索新的经营模式，以适应市场变化和消费者需求。

在家庭农场的发展过程中，合作社模式的引入为其提供了新的发展路径。通过合作社，家庭农场实现了资源共享与风险分担，增强了集体经济实力。合作社的优势在于能够集中小农户的力量，形成规模效应，从而提高市场议价能力。同时，合作社还为家庭农场提供了技术支持和市场信息，帮助其更好地适应市场需求变化。这种模式不仅提高了农民的收入，还促进了农村经济的整体发展，为乡村振兴提供了坚实的基础。

智能农业技术的引入为家庭农场的管理水平与决策效率带来了质的飞跃。通过数据分析与远程监控，家庭农场能够实时掌握生产情况，快速作出科学决策。智能农业技术的应用，不仅提高了生产效率，还大大减少了人力资源的投入，降低了生产成本。与此同时，智能技术的应用也能帮助家庭农场更好地应对自然灾害和市场风险，提高了其抗风险能力。这种技术的应用，不仅是对传统农业的革新，也是农业现代化的必然趋势。

发展生态农业理念是家庭农场在现代农业发展中的重要方向。在生产过程中，家庭农场注重环境保护与可持续发展，提升了产品的附加值。通过采用有机种植、减少化肥和农药，家庭农场生产出高质量的绿色农产品，满足了消费者对健康食品的需求。此外，生态农业还强调循环利用和资源节约，减少了对环境的负面影响，促进了农业的可持续发展。这种理念的推广，不仅能改善生态环境，还能提高家庭农场的市场竞争力。

在销售渠道方面，家庭农场积极探索农产品直销模式。通过线上平台，家庭农场与消费者建立直接联系，提升了销售渠道与市场响应速度。直销模式的优势在于减少了中间环节，降低了销售成本，使农民能够获得更多的利润。同时，直销模式还增强了消费者对产品的信任度，提升了消费体验。在互联网技术的支持下，家庭农场能够更灵活地调整生产和销售策略，以应对市场的快速变化。这种模式的探索，为家庭农场的可持续发展提供了新的动力。

（二）技术应用提升

智能农业技术的引入，不仅显著提高了家庭农场的生产效率，还提高了资源利用率。这些技术通过自动化设备和传感器的应用，能够实时收集和分析农场数据，帮助农户更好地理解土壤和作物的需求，进而优化生产过程。智能灌溉系统和无人机的使用，减少了水资源和化肥的浪费，同时提高了作物的产量和质量。智能农业技术的普及，为家庭农场的现代化转型提供了坚实的技术支撑。

数据分析工具的应用，使家庭农场能够进行精准农业管理。通过分析气候、土壤、作物生长等数据信息，可以帮助农户作出更为科学的种植决策，优化种植结构和品种选择。这种数据驱动的决策方式，不仅提高了农场的经济效益，还减少了资源的过度消耗。精准农业管理的实施，使家庭农场能够更灵活地应对市场变化和自然环境的波动，提高了农场的抗风险能力和可持续发展水平。

远程监控系统的实施，为家庭农场的管理带来了前所未有的灵活性和响应速度。通过实时监测农场环境变化，农户能够及时发现问题并采取相应措施，减少损失。远程监控系统的应用，不仅提高了农场的管理效率，还提高了生产的安全性和可靠性。这种技术的普及，极大地解放了劳动力，使农户能够将更多的精力投入农产品的创新和市场开拓中。

生态农业技术的推广，是增强家庭农场可持续发展能力的重要举措。通过减少对化学品的依赖，生态农业技术不仅保护了土壤和水资源，还提高了农产品的安全性和市场竞争力。这些技术包括有机肥料的使用、生物防治措施的实施等，通过构建良性的农业生态系统，提升了农场的环境友好性和经济效益。生态农业技术的应用，促进了家庭农场的绿色发展，为农业的可持续发展提供了新路径。

信息化管理系统的建立，显著提高了家庭农场的运营效率和市场竞争力。通过整合生产、管理、销售等环节的信息流，信息化管理系统帮助农户实现了高效的资源配置和精准的市场对接。这种系统的应用，不仅简化了农场的管理流程，还提高了决策的科学性和及时性。信息化管理系统的普及，为家庭农场的经营模式创新提供了新的机遇，也推动了农业产业的现代化发展。

二、农民合作社的规范化与创新发展

（一）组织结构优化

合作社的组织结构应根据成员的具体需求进行灵活调整，以提高决策的效率和响应速度。通过这种灵活性，合作社能够更好地适应市场变化和政策环境的变迁，从而在激烈的市场竞争中保持优势。合理的组织结构不仅有助于资源的优化配置，还能有效减少内部摩擦，提高整体的运作效率。国内外的比较研究显示，成功的合作社通常在组织结构上具有较高的适应性和灵活性，这为其他合作社提供了重要的借鉴。

在合作社中，建立明确的角色分工和职责划分是确保每个成员在合作社中作用和贡献得到充分发挥的重要措施。通过明确的职责划分，合作社能够避免职责重叠和资源浪费，确保每一位成员都能在自己的岗位上发挥最大的潜力。这种明确的分工不仅提高了工作效率，也增强了成员的责任感和归属感。历史背景显示，许多成功的合作社都在这方面进行了积极探索，形成了一套行之有效的角色分工机制，为合作社的长远发展奠定了坚实的基础。

引入专业管理人才是提高合作社管理水平和运营能力的重要途径。专业管理人才的加入能够为合作社带来先进的管理理念和丰富的市场经验，帮助合作社在市场竞争中取得更大的优势。通过引入专业人才，合作社可以更好地进行战略规划和市场拓展，提高整体的管理效率和市场竞争力。未来趋势表明，随着市场环境的日益复杂化，合作社对专业管理人才的需求将进一步增加，这也为合作社的发展提供了新的机遇和挑战。

实施定期培训与学习机制是提高合作社成员专业技能和管理意识的重要手段。通过定期的培训，合作社成员可以不断更新自己的知识和技能，以适应快速变化的市场环境和技术进步。培训机制的建立不仅有助于提高成员的专业素养，也促进了合作社内部的知识共享和经验交流。历史演进显示，许多成功的合作社都非常重视成员的培训和学习，这也成为其持续发展的重要条件。

通过信息化手段建立透明的管理系统，是增强成员之间信任与合作的重要举措。信息化管理系统的应用可以提高合作社的透明度，减少信息不对称带来的误解和矛盾，促进合作社的和谐发展。信息化手段不仅提高了合作社的管理效率，也为成员之间的沟通和协作提供了便利。局限和挑战在于，如何在信息化过程中保护成员的隐私和数据安全，这也是合作社在信息化进程中需要重点关注的问题。

（二）经营管理提升

在当今农业发展背景下，建立科学的财务管理制度是提升经营管理的重要一环。通过确保资金流动的透明性与合理性，合作社能够提高财务健康水平，从而增强其市场竞争力。这一过程需要清晰的财务规划和严格的财务监督，以确保资金的高效使用和风险的有效控制。此外，科学的财务管理制度还能够为合作社的扩张和创新提供坚实的资金保障。

市场调研机制的有效实施是经营管理提升的关键方面。通过及时了解市场动态与消费者需求，合作社可以优化产品结构与定价策略，从而更好地满足市场需求。这不仅有助于提高合作社的市场反应速度，还可以通过精准的市场定位增强其市场竞争力。市场调研需要结合定量与定性的分析方法，以全面掌握市场变化趋势，并为合作社的产品开发和市场推广提供有力支持。

信息化管理是现代合作社提高经营管理水平的必然选择。引入先进的信息管理系统，可以显著提高合作社的信息化水平，进而提高运营效率与决策支持能力。信息管理系统的应用可以实现资源的优化配置，提高供应链管理效率，并通过数据分析为合作社的战略决策提供科学依据。同时，信息化管理还可以促进合作社内部信息的高效流通，提高组织的协作能力和创新能力。

建立健全风险管理体系是确保合作社可持续经营的基础。通过识别潜在风险并制定应对措施，合作社可以在复杂的市场环境中保持稳健发展。风险管理不仅涉及财务风险，还包括市场风险、运营风险以及法律风险等多个方面。有效的风险管理体系可以帮助合作社在危机中保持稳定，并通过风险的有效控制提升其市场信誉和长期发展能力。

最后，加强成员培训与技术支持是提升合作社竞争力的重要手段。通过系统的培训和技术支持，合作社成员的专业技能与管理水平可以得到显著提高。这不仅有助于增强合作社的整体竞争力，还可以通过知识和技术的共享促进合作社的创新发展。成员培训应结合实际需求，注重实用性和前瞻性，以确保培训效果的最大化和合作社的可持续发展。

（三）服务功能拓展

通过提供技术培训服务，合作社可以帮助成员提高农业生产技能和管理能力。这不仅增强了合作社整体的竞争力，还为农业可持续发展奠定了坚实的基础。技术培训的内容应包括先进的农业技术、现代化管理方法以及可持续发展的理念，以确保合作社成员能够在不断变化的市场环境中始终保持竞争优势。

为了更好地服务合作社成员，建立市场信息服务平台至关重要。平台应能及时向成员提供市场动态、价格信息以及消费者需求分析，帮助他们作出明智的生产和销售决策。准确的市场信息能够引导合作社成员调整生产计划，优化产品结构，避免盲目生产导致的资源浪费和市场风险。通过信息共享，合作社可以促进成员之间的协作，提升整体市场响应能力。

金融服务功能的拓展是农民合作社服务创新的重要方面。合作社应为成员提供贷款、保险和投资咨询等金融支持，以降低经营风险。金融服务的完善不仅可以缓解农民资金短缺的问题，还能为农业生产引入更多的资本和技术支持。通过与金融机构的合作，合作社可以为成员提供更为灵活和多样化的金融产品，助力农业生产实现规模化和现代化。

在提升产品市场竞争力方面，农产品质量检测与认证服务不可或缺。合作社应建立完善的质量检测体系，确保产品质量符合标准，从而提升消费者的信任度。通过严格的质量控制，合作社可以在市场中树立良好的品牌形象，增强产品的市场竞争力。认证服务不仅有助于提高产品的附加值，还能为农产品进入更广阔的市场提供保障。

最后，建立农业产品销售网络是合作社拓展服务功能的关键。通过拓宽线上线下销售渠道，合作社可以帮助成员提高农产品的市场覆盖率和销售额。线上平台的建设可以打破地域限制，将农产品推向更广泛的消费者群体，而线下实体店的布局则有助于增强消费者的购买体验。销售网络的建设需要整合资源，优化物流体系，以确保产品能够及时、高效地到达消费者手中。

三、农业企业的引领与带动作用

（一）技术研发投入

企业在技术研发方面的投入不仅是其自身发展的需要，更是推动整个农业产业升级的动力。当前，农业企业普遍认识到技术创新的重要性，纷纷加大对新技术和新设备的研发支持力度。通过设立专项研发基金，企业能够更好地支持技术创新项目，尤其是在智能农业技术领域的探索。智能农业技术，如自动化、信息化和精准农业，不仅提高了农业生产效率，还减少了资源浪费和对环境的负面影响。因此，农业企业在制定研发投资策略时，应优先考虑这些领域的创新，以确保其在未来的市场竞争中占据有利地位。

推动农业企业与科研机构的合作是实现技术成果转化与应用的重要途径。农业企业在技术研发过程中，往往面临技术储备不足和创新能力有限的挑战。通过与科研机构的合作，企业可以借助科研机构的技术优势和创新能力，加速技术成果的转化。合作模式可以多样化，包括共同研发、技术转让和联合实验室等形式。这种合作不仅有助于提高企业的技术水平，还能促进科研成果的市场化应用，形成良好的产业链条。农业企业应积极寻求与国内外知名科研机构的合作，建立长期稳定的合作关系，以确保技术研发的持续性和成果的高效转化。

智能农业技术的研发是农业企业技术创新的重要方向。随着科技的进步，农业生产逐渐向智能化、信息化方向发展。农业企业在技术研发中，应重视自动化、信息化和精准农业等领域的创新。这些技术的应用，不仅能提高农业生产的效率和精度，还能实现资源的优化配置和环境的可持续利用。例如，自动化技术可以实现农业生产过程的机械化和智能化，信息化技术可以通过大数据分析实现农业生产的精细化管理，而精准农业技术则能根据土壤和作物的具体情况进行精准施肥和灌溉。通过这些技术的研发和应用，农业企业能够在提高生产效率的同时，降低生产成本，进而实现可持续发展目标。

建立农业企业技术研发的评估与反馈机制是确保研发成果满足市场需求与可持续发展目标的重要保障。农业企业在技术研发过程中，往往面临市场需求变化快、技术更新周期短的挑战。因此，建立科学的评估与反馈机制显得尤为重要。企业可以通过市场调研、用户反馈和技术评估等手段，及时了解市场需求和技术发展趋势，并据此调整研发方向和策略。此外，企业还应建立内部的技术评估体系，对研发项目进行定期评估和反馈，以确保研发成果的市场适应性和可持续性。通过这些措施，农业企业能够更好地把握市场机遇，实现技术创新与市场需求的有效对接。

（二）市场开拓能力

随着全球化的推进和消费者需求的多样化，农业企业必须具备敏锐的市场洞察力和灵活的应对策略。通过深入的市场调研，农业企业能够精准识别目标客户群体，了解其偏好和需求。这有助于企业制定精确的市场定位策略，确保其产品和服务真正满足市场需求，从而提升市场竞争力。市场调研的结果可以指导企业优化产品设计、改善服务质量以及制定更具吸引力的营销策略，从而在激烈的市场竞争中占据有利位置。

在数字化时代，农业企业必须善于利用数字化营销工具和社交媒体平台。这些工具不仅可以帮助企业有效地推广品牌形象，还能增强消费者的品牌认知度与忠诚度。通过在社交媒体平台上的活跃表现，农业企业能够与消费者保持密切互动，及时获取市场反馈，并迅速调整营销策略。此外，数字化营销还可以帮助企业精准定位潜在客户，提高广告投放的效率。通过建立强大的在线品牌形象，农业企业可以在市场中树立良好的声誉，从而吸引更多的消费者。

建立多样化的分销渠道是农业企业扩大市场覆盖范围的重要策略。线上电商平台的兴起为农业企业提供了新的销售渠道，企业可以通过自建电商平台或与第三方平台合作，直接面向消费者销售产品。同时，线下零售网络的建设也不容忽视，通过与超市、农贸市场等零售商合作，企业可以进一步扩大产品的市场渗透率。多样化的分销渠道不仅可以提升销售额，还能增强企业的市场抗风险能力，使其在不同市场环境下始终保持稳定的销售表现。

参与行业展会和农产品博览会是农业企业直接与消费者和商业伙伴建立联系的重要途径。在这些活动中，企业可以展示其产品和创新成果，获取市场反馈，了解行业趋势。同时，这些活动也是企业寻找合作伙伴、拓展市场的重要平台。通过与其他企业和行业专家的交流，农业企业可以获取新的市场信息和商业机会，从而促进市场拓展与合作关系的建立。这种直接的市场互动方式，有助于企业在市场中建立稳固的合作关系和良好的市场声誉。

四、新型农业经营主体的服务体系建设

（一）信息服务平台

信息服务平台的构建应当整合多种农业数据资源，包括气象、土壤、市场价格等，以支持农民的决策。通过对这些数据的整合，信息服务平台可以为农民提供精准的种植建议，帮助他们优化生产流程，提高农产品产量和质量。此外，平台还应提供关于市场动态与需求的实时分析，使农民能够及时调整生产计划与销售策略，从而在瞬息万变的市场环境中占据有利位置。信息服务平台不仅要具备强大的数据处理能力，还需确保数据的及时性和准确性，以便为农民提供可靠的信息支持。

信息服务平台的设计需注重用户体验，为用户提供一个友好的界面与操作

流程，以提高农民的信息获取效率和使用满意度。对于许多农民来说，复杂的操作界面可能成为使用的障碍，因此平台的设计应尽量简化操作步骤，使不同文化水平的用户都能轻松上手。此外，信息服务平台应支持多种信息传播方式，包括移动应用、短信服务和社交媒体，以覆盖更广泛的用户群体。这种多渠道的信息传播方式不仅能满足不同用户的偏好，也能确保信息的广泛传播和及时传递。

为了确保信息服务平台的持续发展与优化，建立反馈机制是至关重要的。通过收集用户的意见和建议，平台可以不断改进服务内容与功能，满足用户不断变化的需求。反馈机制不仅能帮助平台识别存在的问题，还能为未来的发展方向提供重要的参考依据。通过这种互动，信息服务平台能够更好地服务于新型农业经营主体，助力乡村产业振兴与农业可持续发展。这样的平台不仅是信息的提供者，更是农民的伙伴，能够帮助他们在现代农业经营中取得更大的成功。

（二）金融支持机制

建立一个完善的农业金融支持体系，可以有效地为农民和农业企业提供低利率贷款。这种金融支持不仅能够帮助他们降低生产成本，还能提升农业生产的积极性。通过降低贷款利率，农民能够更容易地获得资金用于购买种子、肥料和先进的农业设备，从而提高生产效率和产量。这种支持不仅促进了农业生产的现代化，也为乡村经济的整体发展奠定了坚实的基础。

在金融支持机制中，农业保险产品的发展同样至关重要。农业生产面临着自然灾害、市场波动等多种风险，农业保险可以为农民提供收入保障和生产安全保障。通过降低农业经营风险，保险产品能够鼓励农民更大胆地进行农业投资和创新，从而促进农业的可持续发展。农业保险的普及和推广，能够有效地提高农民的抗风险能力，增强农业生产的稳定性和持续性，为乡村产业振兴提供有力支撑。

推动农民合作社与金融机构的合作模式，是提升农民融资能力的重要途径。通过这种合作，农民可以更容易地获得金融机构的信任和支持，进而提高农业项目的投资可行性。合作社作为农民集体的代表，可以更好地协调与金融机构的关系，争取更多的资金支持。同时，合作社的集体力量也能为农民提供更好的议价能力和风险分担机制，增强农业项目的经济效益和可持续性。

金融科技手段的引入，为提高农业金融服务的效率与可及性提供了新的可能。通过金融科技，金融服务能够更加精准、快速地覆盖到农村地区，确保农村金融资源的合理配置与使用。金融科技的应用，不仅提高了金融服务的效率，还降低了服务成本，使更多农民能够享受到便捷的金融支持。这种技术的应用，为促进乡村经济的数字化转型和可持续发展提供了重要的推动力。

制定针对特色农业的税收优惠政策，是鼓励企业与农民参与特色农业生产与创新的重要举措。通过税收优惠，政府能够有效地激励农业主体投入特色农业的发展中，提升地方经济的活力。而税收政策的支持，不仅能够吸引更多的企业和农民参与特色农业中，还能促进农业产业的多样化和创新性发展。这种政策导向，有助于构建一个更加多元化和可持续的乡村经济体系，为乡村振兴提供坚实的保障。

第三章　乡村生态振兴与农业可持续发展

第一节　农业可持续发展的生态环境需求

一、可持续农业发展的生态基础

（一）土壤健康

良好的土壤结构不仅能够提高水分和养分的保持能力，还能够为植物提供稳定的生长环境。健康的土壤结构意味着土壤颗粒之间有适当的孔隙度，这些孔隙有助于水分的渗透和储存，同时能促进空气的流通，为根系提供充足的氧气。此外，土壤的持水能力直接影响到作物在干旱条件下的生存能力，因此，保持良好的土壤结构对农业生产至关重要。

土壤微生物群落的健康是植物生长的重要支撑。微生物不仅能够参与土壤养分的循环，还能够分解有机物质，释放出植物可利用的营养元素。健康的微生物群落可以提高作物的抗病能力，减少对化学农药的依赖，从而降低农业生产对环境的负面影响。通过调节土壤微生物的多样性和活性，可以实现作物的健康生长和可持续生产。

土壤有机质的增加是提高土壤肥力的关键。土壤有机质不仅改善了土壤的物理和化学性质，还为土壤微生物提供了能量来源。增加土壤有机质的含量，可以提高土壤的养分供应能力，增强土壤的缓冲能力，减少土壤侵蚀和退化的风险。通过施用有机肥料和绿肥等措施，可以有效增加土壤有机质含量，促进土壤健康。

合理的轮作和间作制度是防止土壤退化的重要策略。通过轮作不同类型的作物，可以打破病虫害的循环，减少土壤养分的单向消耗，恢复土壤的生态平衡。间作则能够提高土地的利用效率，增加生物多样性，改善土壤结构，从而保持土壤的长久生产力。这些传统的农业实践在现代农业中仍然具有重要的应用价值。

土壤健康监测与评估技术的发展，为及时发现土壤问题并采取改良措施提供了科学依据。通过土壤监测技术，可以获取土壤的理化性质、微生物群落结构等信息，帮助农民制定科学的土壤管理策略。现代技术手段的应用，使土壤健康的监测更加精准和高效，也为农业的可持续发展提供了有力支持。

（二）水资源管理

水资源的合理配置是实现农业可持续发展的关键，需根据不同作物的需水特点进行科学安排。不同作物对水分的需求各异，因而科学合理地安排灌溉计划，能够有效提高水资源的利用效率。通过精确的水分管理，可以满足作物的生长需求，避免因过度灌溉导致的水资源浪费和土壤盐碱化问题。在制订灌溉计划时，需要综合考虑土壤类型、气候条件以及作物生长周期等因素，确保水资源的高效利用。

推广节水灌溉技术是提高水资源利用效率的重要途径。滴灌和喷灌技术作为两种先进的节水灌溉技术，能够精准地将水分输送到作物根部，减少水分蒸发和渗漏损失。这些技术的应用，不仅降低了灌溉用水量，还提高了作物的产量和品质。此外，节水灌溉技术的推广，还可以缓解水资源短缺对农业生产的制约作用，促进农业的可持续发展。这些技术的应用需要结合当地的具体情况，因地制宜地进行推广和应用。

建立雨水收集和利用系统是增强农业抵御干旱能力的重要措施。在降水不均的地区，雨水收集系统可以有效地储存和利用降水，缓解干旱时期的水资源短缺。通过合理规划和建设雨水收集设施，农业生产可以在一定程度上摆脱对地下水和地表水的过度依赖，提升水资源的可持续性。雨水收集系统的建设，需要结合当地的气候特征和地形条件，确保其运行的高效性和经济性。

加强水质监测与管理是确保灌溉用水安全的重要环节。水质的好坏直接影响到农业生产的安全性和作物的品质。通过定期监测水质，可以及时发现和处理水体污染问题，防止污染水源对农业生产的影响。水质管理需要政府、农业生产者和科研机构的共同参与，形成多层次的水质监测体系，以保障农业用水的安全性和可靠性。

促进农田水利基础设施建设是支持高效水资源管理的基础。现代化的灌溉系统可以显著提高水资源的利用效率，减少水资源浪费。通过建设和改造灌溉渠系、泵站和水库等基础设施，可以提高灌溉系统的现代化水平，支持高效的水资源管理。基础设施建设需要大规模的投资和长期的维护，以确保其功能的持续发挥和农业生产的稳定发展。

（三）生态平衡

在农业生态系统中，生态系统多样性对于维持农业生产力至关重要。丰富的生物多样性不仅能够增强生态系统的稳定性，还能提高其抗逆性，使其在面对环境变化和压力时表现出更强的适应能力。通过保护和增加生物多样性，农业生态系统能够更有效地抵御病虫害和极端气候条件的影响，从而保障农业生产的持续性和稳定性。

促进生态农业实践是实现生态平衡的重要途径。有机农业和永续农业等生态农业实践强调减少化学农药和肥料的使用，以自然的方式管理农业生态系统。这些实践通过改善土壤健康、提高作物质量和减少对环境的负面影响，促进了农业的可持续发展。同时，这些方法还鼓励农民采用多样化种植和轮作制度，以进一步增强农田的生态平衡和生产力。

建立农业与自然生态的协同机制是维持生态平衡的重要手段。通过种植本地植物和保护自然栖息地，可以支持生态系统的稳定性和多样性。这种协同机制不仅有助于保护当地的生物多样性，还能在农田与自然环境之间建立更紧密的联系，形成一个互利共生的生态网络。这种整合方式为农业生产提供了更为稳固的生态基础。

实施生物防治技术是减少对化学农药依赖的有效策略。利用天敌控制害虫，不仅能够有效减少化学农药的使用，还能保护生态环境。这种方法通过自然的食物链关系来控制农业害虫，减少了对环境的污染，也降低了对农作物的潜在威胁。这种可持续的病虫害管理策略在保护生态平衡的同时，也为农业生产提供了健康的保障。

推动农田与周边生态环境的融合，是增强生态系统连通性和功能的关键。通过实施生态廊道建设，可以促进生物多样性和生态功能的提升。这些廊道不仅为野生动植物提供了迁移和栖息的通道，还在农田和自然生态系统之间建立了生态联系，增强了整体生态系统的弹性和可持续性。通过这些措施，农业可持续发展与生态振兴的目标能够更好地实现。

二、农业生态系统服务功能需求

（一）养分循环

通过利用植物、动物和微生物之间复杂的相互作用，养分在生态系统中实现了高效的再利用。这一过程不仅有助于减少化学肥料的使用，降低农业活动对环境的负面影响，还能促进生态农业的可持续发展。养分循环的有效性直接影响到土壤的肥力和健康，而这又是农业生产的基础。因此，理解和优化养分循环是实现农业可持续发展的关键。

在农业实践中，实施轮作和间作是提高养分利用效率的重要策略之一。这些方法通过促进不同作物之间的养分互补，增强土壤的养分储备，进而提高土壤肥力和作物产量。在轮作中，不同作物的种植顺序被精心安排，以最大化土壤中养分的利用效率。而间作则通过同时种植多种作物，利用它们不同的根系深度和养分需求，实现养分的优化利用。这些方法不仅提高了养分的利用效率，还减少了对化肥的依赖，从而降低了环境污染的风险。

此外，有机物的添加，如堆肥和绿肥的使用，也是促进养分循环的重要手段。堆肥和绿肥能够显著增加土壤的有机质含量，改善土壤结构，提高土壤的保水和养分供应能力。通过增加土壤有机质，土壤微生物活动被激活，从而加速养分的循环和转化。这些措施不仅改善了土壤的健康状况，还为作物提供了稳定的养分来源，减少了对化学肥料的依赖，从而实现更环保的农业生产。

在生态农业实践中，充分利用生物多样性和自然生态系统的自我调节能力，是实现养分自然循环的有效途径。通过多样化种植和保护自然植被，农业生态系统能够维持其内部的养分循环，减少外部化学投入的需求。这种方法不仅支持了生态系统的稳定性和弹性，也为农业的可持续发展提供了坚实的基础。生态农业通过减少外部化学投入，不仅保护了环境，还为未来的农业生产提供了可持续的路径。

（二）水土保持

通过合理的水土保持措施，农业生产的稳定性和可持续性得以提升。植被覆盖和地形改造是实现水土保持的重要手段，它们能够有效减少雨水径流，增强土壤的水分保持能力，从而为农业生产提供良好的生态基础。特别是在降水不均的地区，水土保持技术的应用显得尤为重要。

在坡地农业中，水土保持技术的应用尤为关键。等高种植和梯田建设等方法是坡地农业中常用的水土保持措施。这些方法不仅能够减少水土流失，还能提高土地的利用效率，确保农业生产的可持续性。通过等高种植，农民可以减少雨水对土壤的直接冲刷，从而降低土壤侵蚀的风险。梯田建设则通过改变地形结构，进一步增强了土地的水分保持能力，为作物生长提供了稳定的水分环境。

水土保持技术的推广对改善生态环境和促进生物多样性具有重要意义。植树造林和草地恢复是水土保持的重要措施，能够改善土壤结构，为野生动植物提供良好的栖息环境，促进生物多样性。同时，植树造林也能有效吸收二氧化碳，缓解气候变化带来的不利影响。通过这些措施，农业生态系统的服务功能得以提升，为农业可持续发展提供了坚实的生态基础。

加强农田管理，合理安排作物种植和轮作，是提高土壤结构和增强土壤抗侵蚀能力的有效策略。通过科学的轮作制度，土壤中的养分得以合理利用，土壤结构得以改善，从而增强了土壤的抗侵蚀能力。合理的作物种植安排不仅能提高农田的生产效率，还能有效减少土壤侵蚀的发生频率。通过这些措施，农业生产的可持续性得以保障，农民的经济收益也得以提升。

（三）生物栖息地

多样化的生物栖息地为不同种类的生物提供了栖息和繁衍的环境，确保了生态系统的动态平衡。通过对生物栖息地的保护和恢复，我们能够有效增强生物多样性，进而促进生态服务功能的发挥。这些服务包括授粉、害虫控制等，对农业生产具有直接的促进作用。

为了提升生态系统的连通性和功能，建立生态走廊和生物多样性保护区也是至关重要的。这些措施有助于连接孤立的生物栖息地，增强生物种群的交流与互动，从而提升整个生态系统的健康度和功能性。在农业生产中，合理规划生物栖息地可以提供自然防治害虫的生态服务，减少对化学农药的依赖。这不仅有助于降低农业生产成本，还能减少化学物质对环境的负面影响，推动农业的绿色发展。

实施生态农业和有机农业实践是促进生物栖息地保护的有效途径。这些实践方法强调土壤健康和农业的可持续性，通过减少化学投入和增强生物多样性来提高农业生产的长期效益。在未来的发展中，如何将生物栖息地的保护与农业生产有机结合，将是实现农业可持续发展和生态振兴的重要研究课题。

三、生物多样性保护与农业可持续发展

（一）物种多样性

多样的物种能够增强生态系统的韧性，使其更好地抵御外部环境变化和气候变化的影响。在农业生态系统中，物种多样性通过促进生态服务如授粉、土

壤改良和病虫害控制，直接提升了农业生产的可持续性。这些生态服务是农业生产的无形资产，能够帮助农民减少对化学农药和肥料的依赖，从而降低生产成本和环境污染。

保护和恢复本地物种是提升生态系统自我调节能力的关键。这一过程不仅有助于维护生物多样性，还能减少对外部资源的依赖。通过减少化学品的使用，农民可以实现更环保的生产方式，降低对环境的负面影响。此外，本地物种的保护也有助于保持生态系统的原始功能，为农业生态系统提供更为稳定的支持。研究表明，物种多样性与生态系统功能之间存在明显的正相关关系，这意味着通过保护生物多样性，可以提高生态系统的整体健康水平和生产力。

物种多样性在农业生态系统中促进了功能互补，从而提高了土地的生产力和资源利用效率。不同物种之间的协同作用可以优化资源的分配和利用，减少资源浪费。在多样化的种植模式下，作物之间的相互作用能够增强抗病能力，降低病虫害的发生率。这种模式不仅提高了作物的产量和质量，还实现了农业生产的可持续发展。通过科学的管理和合理的规划，农民可以充分利用物种多样性带来的生态效益，进一步推动农业的绿色转型。

多样化的种植模式是实现可持续农业发展的重要策略。通过引入多种作物和合理的轮作制度，可以有效提高作物的抗病能力，减少病虫害的发生。这不仅有助于提高农作物的产量和质量，还能降低对化学农药的依赖，减少环境污染。此外，多样化种植还能改善土壤结构和肥力，提高水资源的利用效率，进一步推动农业的可持续发展。通过这种方式，农业生产不仅能够满足当代的需求，还能为未来的粮食安全提供保障。

（二）基因多样性

基因多样性通过提供广泛的遗传资源，有助于培育出高产、优质且适应性强的新品种。这些新品种能够在不同的环境条件下保持稳定的产量，从而提高农业生产的稳定性和持续性。此外，基因多样性还促进了生态系统内的相互作用，同时提升生物之间的相互依赖关系。这种相互作用增强了生态系统的整体功能，使其能够更好地应对外界环境变化和压力。

丰富的基因多样性为农作物的改良提供了广泛的遗传资源，这对于农业的创新和发展至关重要。在面对全球气候变化和人口增长带来的挑战时，基因多样性为科学家和农民提供了更多的选择和可能性。通过利用这些遗传资源，可以培育出适应不同气候和土壤条件的新品种，提高作物的产量和质量。这不仅有助于提高农业生产的效率，还能增强农业对外部环境变化的适应能力，保障粮食安全和农业可持续发展。

基因多样性能够促进生态系统内的相互作用，提升生物相互依赖关系，从而增强生态系统的整体功能。多样化的基因库使生态系统内的物种能够在竞争中共存，形成稳定的生态网络。这种多样性不仅提高了生态系统的稳定性和抗逆性，还为农业生产提供了重要的生态服务，如授粉、病虫害控制和土壤肥力维护等。通过保护和利用基因多样性，可以实现农业生产的多样化，降低单一作物种植带来的风险，从而保障粮食安全。

保护和利用基因多样性有助于实现农业生产的多样化，降低单一作物种植带来的风险，保障粮食安全。在现代农业中，单一作物种植虽然能够短期内提高产量，却增加了应对病虫害和气候变化的脆弱性。通过多样化种植和基因多样性的利用，可以减少这种脆弱性，提高农业系统的稳定性。这不仅能够保障粮食供应的稳定，还能促进农业的可持续发展，支持生态农业实践，促进自然资源的合理利用和保护。

基因多样性的维护与农业可持续发展紧密相关，能够支持生态农业实践，促进自然资源的合理利用和保护。在生态农业中，基因多样性被视为维持生态平衡和提高农业生产力的关键因素。通过保护和利用基因多样性，可以促进农业生态系统的健康发展，减少对化学投入品的依赖，降低环境污染和资源消耗。这种可持续的农业实践不仅有助于保护自然环境，还能提高农业生产的经济效益和社会效益，为实现乡村振兴和农业可持续发展提供重要支持。

（三）生态系统多样性

多样化的生态系统有助于分散农业生产中的风险，特别是在应对单一作物种植带来的潜在威胁时显得尤为重要。单一作物种植容易导致病虫害的快速传播和土壤养分的过度消耗，而生态系统多样性则通过提供多种生态环境和资源，降低这些风险，确保农业生产的连续性和稳定性。

多样化的生态系统提供了丰富的生态服务，这些服务对农业可持续性至关重要。例如，水土保持是生态系统多样性带来的重要益处之一，它能够有效防止土壤侵蚀，保持土壤结构的稳定性。此外，生态系统多样性还通过支持多样化的授粉者群体，确保作物授粉的效率和稳定性，从而提高农业产量。病虫害控制是另一个显著的生态服务，多样化的生态系统中存在的天敌种群可以有效抑制病虫害的发生，减少对化学农药的依赖。

通过实施多样化的农业实践，生态系统的多样性能够显著提高土壤健康水平。多样化的植物群落有助于改善土壤结构，增加土壤有机质含量，从而增强土壤的肥力和养分循环能力。健康的土壤是农业可持续发展的基础，它不仅支持作物的健康生长，还能够储存更多的水分，提高农业系统的抗旱能力。此外，多样化的植物根系还能够促进土壤微生物多样性，这对于维持土壤生态系统的稳定性和功能性至关重要。

生态系统多样性促进了生物间的相互作用，增强了生态系统的自我调节能力。这种自我调节能力能够有效减少农业生产对外部资源的依赖，如化肥和农药的使用。通过促进自然生态过程，生态系统多样性减少了对人工干预的需求，使农业生产更加环保和可持续。在多样化的生态系统中，生物种群之间的复杂相互作用能够有效调节种群动态，维持生态平衡，从而支持长期的农业生产。

保护和恢复生态系统的多样性有助于提升区域生态韧性，这对于应对气候变化和环境压力至关重要。多样化的生态系统能够更好地适应环境变化，提供更稳定的生态服务。在面对气候变化带来的极端天气事件时，生态系统多样性能够通过增强生态系统的恢复能力，减少农业生产的波动性。此外，生态系统的多样性还能够通过促进碳储存和减少温室气体排放，积极应对全球气候变化，为农业可持续发展创造有利条件。

四、气候变化对农业生态环境的影响

（一）温度变化

温度的波动直接影响作物的生长周期，可能导致作物成熟期的提前或延迟。这种变化不仅影响到农业生产的稳定性，还可能对农产品的市场供应产生连锁反应。在一些情况下，高温条件会抑制作物的正常生理活动，尤其是在热敏感作物中，这种温度影响尤为显著，可能导致产量下降。温度升高还会加剧水分蒸发，增加干旱风险，进而影响土壤水分含量。这种温度变化对作物的生长产生了负面影响，尤其是在水资源管理不善的地区，干旱对农业的威胁更为突出。

气候变暖的趋势可能导致一些地区的适宜农业区发生变化，迫使农民调整种植结构和作物品种以适应新的气候条件。这种调整不仅需要时间和经济投入，还可能面临技术和市场的双重挑战。此外，温度变化还可能影响农作物的病虫害发生频率，改变生态系统中的生物相互作用。这对农业可持续发展构成了新的挑战，农业管理者和政策制定者应当采取更加灵活和前瞻性的措施。温度变化引发的这些问题，不仅是农业生产者需要面对的现实，也是全球农业可持续发展中亟待解决的课题。

在面对温度变化的挑战时，农业系统需要采取综合措施来适应和减缓其影响。这包括改良作物品种以提高其耐热性和抗旱性，优化灌溉系统以提高水资源利用效率，以及采用先进的农业技术和管理策略来应对病虫害的变化。此外，政策制定者也需加强对农业气候变化的监测和预测能力，以便及时为农民提供指导和支持。通过这些措施，可以在一定程度上缓解温度变化对农业生态环境的负面影响，从而促进农业的可持续发展。温度变化引发的生态环境需求，要求我们在农业生产中更加注重生态平衡和资源的可持续利用。

（二）降水模式变化

干旱会导致土壤水分大幅减少，使作物无法获得足够的水分供应，进而影响其生长周期和产量。相反，洪涝则可能导致土壤水分过于饱和、根系缺氧，甚至导致作物病害的增加。

降水的季节性变化同样对农业生产造成影响。传统的播种和收获时间往往依赖稳定的季节性降水模式，但气候变化导致的降水季节性变化可能打乱这种传统的农业生产周期。这种变化要求农民调整种植时间和作物选择，以适应新的气候条件。然而，这种调整并非易事，尤其是在缺乏足够气象和农业技术支持的情况下，农民可能面临较高的生产风险和不确定性，从而影响农业生产的周期性和稳定性。

降水量的减少是另一个值得关注的问题，因为它可能导致土壤水分不足，进而降低土壤的肥力和作物的抗逆能力。土壤水分是维持土壤微生物活动和养分循环的重要因素，水分不足会限制这些过程，导致土壤肥力下降。此外，作物在水分不足的情况下，其抗逆能力也会减弱，更容易受到病虫害和其他环境压力的影响。这种情况下，农业的可持续发展将面临着更大的挑战。

降水的强度变化也可能对土壤造成负面影响。强降水事件可能导致土壤侵蚀加剧，损害土壤结构，影响土壤的水分保持能力和养分循环。土壤侵蚀不仅导致土壤肥力的流失，还可能导致土地退化，使农业生产变得更加困难。为了应对这一挑战，农民和农业管理者需要采取有效的土壤保护措施，以减少土壤侵蚀和保持土壤健康。

降水模式的变化还可能改变地下水的补给情况，影响水资源的可用性，从而对农业灌溉和水资源管理提出挑战。地下水是许多地区农业灌溉的重要水源，降水减少会导致地下水补给不足，水资源短缺问题加剧。在这种情况下，如何有效管理和利用有限的水资源成为农业可持续发展的关键。农业灌溉技术的改进和水资源管理策略的优化是应对这一挑战的有效途径。

（三）极端天气事件

近年来，全球范围内极端天气事件的增加，如干旱、暴雨和飓风等，直接导致农作物减产，进而影响农民的收入。这些事件不仅破坏了农作物的生长环境，还可能导致土壤侵蚀、水资源短缺等问题，进一步加剧了农业生产的不稳定性。极端天气事件的频繁发生使得农民面临更大的经济风险，尤其是在缺乏有效保险机制的地区，农民的生计受到严重威胁。

此外，极端天气事件增加了农业生产的不确定性，影响了农作物的生长周期和最终收成质量。在极端天气条件下，气温、降水量等因素的剧烈变化，使得农作物的生长环境变得不可预测，导致作物的生长周期被迫缩短或延长，影响了收成的稳定性和质量。对于依赖特定气候条件的作物，如水稻、小麦等，极端天气的影响尤为显著，可能导致收成的严重波动，进而影响市场供应和价格稳定。

在极端天气条件下，农田基础设施的损毁风险显著增加，影响灌溉和排水系统的正常运作。暴雨和洪水等极端天气事件可能导致农田灌溉系统的瘫痪，排水不畅，甚至引发农田的长期水淹，严重影响农作物的生长和收成。基础设施的损毁不仅增加了农民的生产成本，也对农业生产的可持续性构成了威胁。因此，加强农业基础设施建设和维护，提升其抵御极端天气的能力，是确保农业可持续发展的重要保障。

极端天气导致的生态系统失衡可能导致病虫害的暴发，进一步威胁作物的健康与产量。在极端天气条件下，生态系统的平衡被打破，可能导致某些病虫害的迅速传播和蔓延，给农作物带来额外压力。例如，高温和高湿环境可能促进某些病虫害的繁殖，增加了作物病害的风险。为了应对这些挑战，需要加强对病虫害的监测和防控，确保农业生态系统的稳定和作物的健康生长。

应对极端天气事件，需要加强农业气象预警系统，提高农民的应变能力和适应性。建立健全农业气象预警系统，可以帮助农民提前获知天气变化信息，及时调整生产计划，降低极端天气带来的损失。此外，加强农业技术培训，提高农民的应变能力和适应性，也是应对极端天气的重要策略。通过推广耐旱、耐涝等抗逆品种，优化农业生产模式，提高农业生产的抗风险能力，可以确保农业的可持续发展。

第二节　生态友好型农业技术与模式

一、生态友好型农业技术的概念与特点

（一）技术定义

生态友好型农业技术是指在农业生产过程中，采用可持续的方法，旨在减少对环境的负面影响并保护生态系统的技术和实践。这些技术的核心在于最大限度地利用自然资源的可再生性，优先选择生物和生态过程，以提高农业生产的效率和可持续性。具体而言，生态友好型农业技术包括土壤管理、水资源保护和生物多样性维护等方面。这些技术有助于减少化学肥料和农药的使用，通过改善土壤健康和水质，增强生态系统的韧性。通过结合传统智慧与现代科学，生态友好型农业技术促进了农业生产的创新与发展，确保粮食安全与生态保护的双重目标得以实现。

生态友好型农业技术强调与自然环境的和谐共生。在这一过程中，农业生产者需要充分认识到生态系统服务的价值，并将其融入农业实践中。这些技术的应用不仅需要科学的指导，还需要农民的积极参与和政府的政策支持。通过推广生态友好型农业技术，可以有效地应对气候变化带来的挑战，提高农业生产的可持续性，并为实现乡村振兴提供有力的技术支撑。

生态友好型农业技术的实施需要一个系统的、综合的管理策略。首先，土壤管理是生态友好型农业技术的基础，通过有机肥料的使用和轮作制度的实施，可以提高土壤肥力，减少土壤侵蚀。其次，水资源保护是农业可持续发展的关键，通过节水灌溉技术和雨水收集系统，可以提高水资源的利用效率，减少农业用水对环境的压力。最后，生物多样性维护是生态友好型农业技术的重要组成部分，通过保护和恢复农业生态系统中的生物多样性，可以增强生态系统的稳定性和生产力。

生态友好型农业技术的推广需要政策、市场和技术的多方协作。政府需要

制定支持生态农业的政策，提供技术培训和财政支持，以激励农民采用生态友好型技术。市场需要为生态农业产品提供公平的竞争环境，通过认证和品牌建设，提高生态产品的市场认可度和附加值。此外，技术创新是推动生态友好型农业技术发展的重要动力，通过研发适合当地环境的技术和模式，可以提高农业生产的效率和可持续性。相信通过各方的共同努力，生态友好型农业技术将为实现农业的可持续发展和乡村振兴提供坚实的基础。

（二）技术特点

生态友好型农业技术的核心在于对资源的循环利用。通过有效的养分回收和再利用，这些技术大大减少了对外部资源的依赖，从而减轻了环境负担。例如，在农田管理中，通过使用绿肥、覆盖作物以及堆肥等方法，可以有效回收土壤中的养分，减少化肥的使用。这不仅降低了生产成本，还减少了化学肥料对环境的污染。此外，水资源的循环利用也是生态友好型农业技术的重要组成部分。通过雨水收集、滴灌技术等方式，有效提高了水资源的利用效率，减少了水资源浪费，促进了农业的可持续发展。

生态友好型农业技术还强调生物多样性的保护与恢复。生物多样性是生态系统稳定性的基础，通过多样化种植、混作、轮作等方式，可以促进生物多样性的发展，提高农业生态系统的稳定性。这些措施不仅有助于提高农业生产力，还能增强生态系统的服务功能，如土壤肥力的提高、病虫害的自然控制等。通过保护和恢复生物多样性，生态友好型农业技术为农业的可持续发展提供了重要的生态支持。

在生产方式上，生态友好型农业技术通常采用低能耗、低污染的手段，减少化学品的使用，保护土壤和水体的健康。例如，通过机械化与生物技术的结合，减少对化学杀虫剂和除草剂的依赖，采用生物防治和物理防治的方法控制病虫害。这不仅有助于保护土壤和水体的健康，还能改善农产品的质量。此外，低能耗的生产方式也有助于减少温室气体的排放，缓解气候变化对农业的影响。

生态友好型农业技术在实施过程中，强调农民的参与与知识传播。通过农民的积极参与，结合当地的生态环境特征，生态友好型农业技术得以更好地适应当地条件，促进农业的可持续发展与生态平衡。知识传播是关键，通过培训、示范和技术推广，提高农民的技术水平和环境意识，使他们能够自主实施和推广这些技术。这不仅提高了农业生产的效率，还增强了农民在应对环境变化中的适应能力，为乡村振兴提供了坚实的基础。

二、生态农业模式的类型与实践

生态农业模式强调利用自然生态系统的自我调节能力，通过多样化的作物种植和轮作，增强土壤健康和生物多样性。这种模式的核心在于充分利用自然资源和生态过程，以减少对外部投入的依赖，进而实现农业生产的可持续性。通过多样化的作物种植，生态农业模式不仅提升了土壤肥力，还促进了生物多样性，增强了农田生态系统的抗逆性和恢复力。

有机农业模式作为生态农业的一种典型代表，以不使用合成化肥和农药为原则，注重土壤的自然肥力和生态平衡，促进可持续的农业生产。该模式通过有机肥料的使用和生物防治措施，维护土壤的健康和农作物的品质。有机农业强调生态平衡与生物多样性，通过轮作、间作等方式，可以减少病虫害，提高农作物的抗病能力。其目标是实现农业生产与生态环境的协调发展，确保农业的可持续性和产品的安全性。

保护性农业模式通过减少土壤耕作和保持地表植被，改善土壤结构，减少水土流失，增强农业生态系统的稳定性。这一模式强调对土壤的保护和对自然资源的合理利用，通过免耕或少耕技术，减少土壤扰动，保持土壤的自然结构和水分含量。保护性农业还注重地表植被的覆盖，通过残茬覆盖等措施，防止土壤侵蚀和水分蒸发，提升土壤的保水能力和肥力。其最终目标是实现农业生产的可持续性和生态环境的保护。

精准农业模式利用现代科技手段，如传感器和数据分析，优化资源配置，提高作物产量和资源利用效率，降低对环境的影响。通过精准的施肥、灌溉和病虫害防治，精准农业模式实现了资源的高效利用和生产效率的提高。传感器技术和遥感技术的应用，使农田管理更加科学和精细，减少了资源浪费和环境污染。精准农业模式不仅提高了农业生产的经济效益，还减少了对环境的负面影响，进一步推动了农业的可持续发展。

三、土壤保护与生态耕作技术

（一）土壤保护措施

采用覆盖作物技术是一种有效的方法，通过种植覆盖作物，可以有效防止土壤侵蚀，保持土壤的湿度。这种技术不仅有助于减少水土流失，还能通过增加土壤有机质含量来改善土壤结构。覆盖作物在生长过程中，其根系可以固定土壤，降低侵蚀风险，同时由于地面植被减少了雨水对土壤的直接冲刷，从而有效地保护土壤表层。

免耕或减少耕作的方法在土壤保护中也发挥着重要作用。这些方法通过减少对土壤的机械扰动，保护土壤结构，降低土壤压实的风险。免耕技术不仅有助于保持土壤的自然结构，还能减少土壤侵蚀，促进土壤微生物的活性。土壤微生物在分解有机物质、循环养分和改善土壤结构方面起着关键作用，其活性增强意味着土壤生态系统的健康和稳定。

有机肥料和堆肥的定期施用是增强土壤肥力的重要措施。通过补充有机质，这些肥料能够改善土壤的物理和化学性质，增加土壤的养分含量。土壤中的有机质不仅提高了土壤的保水能力，还促进了微生物的活性，形成健康的土壤生态系统。施用有机肥料和堆肥还可以减少对化学肥料的依赖，从而降低对环境的负面影响。

建立合理的轮作制度是维持土壤健康的关键措施。通过不同作物的轮作，可以打破病虫害的循环，减少土壤养分的过度消耗。轮作有助于保持土壤养分的均衡，增强土壤的抗逆性。这一措施不仅改善了土壤的生物多样性，还提高了农业生产的可持续性。合理的轮作制度能够有效地利用土壤资源，减少对外部投入的依赖，进而促进农业的可持续发展。

（二）生态耕作方法

生态耕作方法的核心在于通过合理的农业实践，最大限度地利用自然资源，减少对环境的负面影响，进而实现农业生产的长久稳定。生态耕作方法的一个重要方面是强调生物多样性，通过种植多种作物和轮作来增强土壤的生态稳定性和健康。多样化的作物种植不仅能有效抑制病虫害的发生，还能通过不同作物的根系分泌物和生长习性，改善土壤结构和养分循环。这种方法借鉴了自然生态系统的运作机制，强调不同生物之间的互利共生关系，从而为农业生产提供更加稳固的生态基础。

为了进一步保护土壤，生态耕作方法中广泛采用的是覆盖作物技术。覆盖作物不仅可以减少土壤侵蚀和水分流失，还能在一定程度上保持土壤湿度，提高有机质含量。通过在主要作物生长期之外种植覆盖作物，可以有效防止裸露土壤受到风蚀和水蚀的侵害。此外，覆盖作物还能够通过光合作用固定大气中的碳，增加土壤中的有机碳含量，进而提升土壤的肥力和水分保持能力。这种技术的应用，不仅提高了土壤的生产力，还为农业生态系统的可持续性发展提供了有力支持。

在生态耕作方法中，免耕耕作或减少耕作的方法被广泛推崇。传统的耕作方式常常会破坏土壤结构，导致土壤板结和肥力下降，而免耕或减少耕作的方法则通过减少对土壤的干扰，保护了土壤的自然结构。这种方法有助于促进土壤微生物的活性，增加土壤有机质含量，改善土壤的生态环境。同时，免耕技术还能够减少机械作业对土壤的压实效应，保持土壤的通气性和透水性，从而为作物的健康生长创造良好的条件。

定期施用有机肥料和堆肥是生态耕作方法中提升土壤肥力的重要措施。与化肥相比，有机肥料和堆肥能够更为全面地改善土壤的物理和化学性质。它们不仅为土壤提供了丰富的养分，还能通过增加土壤有机质含量，改善土壤的结构和保水能力。此外，有机肥料的使用还能够促进土壤微生物的生长，增强土壤的生物活性，从而提高土壤的整体生产力。这种方法在支持可持续农业生产的同时，也有效减少了农业生产对环境的污染，体现了生态耕作方法的优势。

四、节水农业与水资源高效利用

(一) 节水技术

滴灌技术作为一种先进的节水技术，通过在作物根部直接输送水分，实现了精准的水分控制。这种方法不仅能有效减少水分的蒸发和渗漏，还能显著提高水资源的利用效率。与传统灌溉方式相比，滴灌技术能够根据作物的需水特性，精确调节供水量，从而最大限度地减少水资源浪费。同时，这种技术的应用也缓解了农田水分过剩带来的土壤盐碱化问题，为农业的可持续发展奠定了基础。

喷灌系统是另一种广泛应用的节水技术，它能够均匀喷洒水分，适用于各种地形条件。喷灌系统的设计使水分能够均匀分布在作物表面，最大限度地减少地表径流和水分蒸发损失。这种系统不仅能够有效降低水资源浪费，还能改善作物的生长环境，促进作物的健康生长。喷灌技术的灵活性和适应性使其在不同的气候条件和地形环境中都能发挥出色的作用，成为现代农业节水技术的重要组成部分。

雨水收集和利用系统是应对干旱和水资源短缺的有效手段之一。通过将自然降水转化为灌溉水源，这一系统增强了农业对干旱的抵御能力，提升了水资源的可持续性。雨水收集系统通常包括屋顶收集、地面集水和储水设施等，其能够在降雨时有效收集和储存雨水，并在需要时用于灌溉。这种方法不仅降低了对地下水和地表水的依赖，还为农业生产提供了稳定的水源保障，有助于缓解水资源紧张局面。

土壤水分监测技术是实现科学灌溉管理的重要工具。通过实时监测土壤湿度，这一技术能够帮助农民科学安排灌溉，提高水资源管理的精准性和效率。土壤水分传感器能够提供准确的土壤湿度数据，农民可以根据这些数据调整灌溉计划，以确保作物在不同生长阶段获得适当的水分供应。这种技术的应用不仅提高了水资源的利用效率，还减少了过度灌溉造成的环境问题，为实现农业的可持续发展提供了技术支持。

（二）水资源管理

在实施水资源管理时，分级管理策略尤为重要。根据不同区域的水资源状况和农业需求，制定相应的管理策略，可以提高水资源的整体利用效率。这一策略要求对各区域的水文条件、农业结构及气候变化等因素进行深入分析，以确保制定的管理策略具有针对性和可操作性。

推动农业用水的计量与收费制度是实现水资源可持续利用的重要手段。通过对农业用水进行精确计量，可以掌握用水量的实际情况，并为合理收费提供依据。收费制度的实施不仅能促进农民合理用水，减少浪费，还能增强农民的水资源保护意识。在这一过程中，政府和相关机构需要提供技术支持和政策引导，以确保计量与收费制度的顺利实施和有效运行。

加强水资源的综合规划与管理是协调不同用水需求的关键。农业、工业和生活用水需求的协调关系到水资源的有效配置和各用水主体的合理用水。通过科学的规划和管理，可以优化水资源的配置，避免因资源短缺导致的冲突。这一过程需要各相关部门的密切合作，形成合力，以确保水资源的合理利用和可持续发展。

现代信息技术的应用为水资源管理提供了新的途径。利用遥感和地理信息系统等技术，可以进行水资源的实时监测与评估。这些技术的应用不仅提高了水资源管理的科学性和精准性，还能及时发现和解决潜在的问题，确保水资源管理的高效性。通过信息技术的支持，管理者可以更准确地制定和调整管理策略，从而提高水资源利用的效率和可持续性。

五、生态肥料与农药的替代使用

（一）生态肥料种类

有机肥料是生态肥料中最为传统的一种，主要包括动物粪便、植物残体和堆肥等。这些有机肥料能够为作物提供丰富的营养物质，有效改善土壤结构，促进土壤中微生物的活动，从而提高土壤的肥力和作物的产量。此外，使用有机肥料还能够减少化学肥料的使用，从而降低农业生产对环境的负面影响。在现代农业实践中，合理使用有机肥料已成为实现农业可持续发展的重要途径之一。

生物肥料是另一种重要的生态肥料类型，它通过利用特定微生物或其代谢产物来提高土壤肥力。这类肥料的应用不仅能促进植物的生长，还能提高作物的抗逆性，使其更好地抵御病虫害和不良环境条件的影响。生物肥料的使用能够减少对化学肥料的依赖，降低环境污染的风险，同时能促进农业生态系统的健康发展。通过生物肥料的合理应用，可以实现农业生产的绿色转型，推动农业可持续发展的进程。

绿肥作物是一种通过生长期间吸收土壤中的养分来提高土壤肥力的生态肥料。这些作物在生长过程中能够有效吸收土壤中的氮元素，当绿肥作物收割后被埋入土中时，可以显著增加土壤的有机质含量，改善土壤的肥力和结构。绿肥作物的使用不仅有助于提高作物的产量，还能减少对化学肥料的依赖，降低农业生产对环境的影响。在生态农业实践中，合理种植和利用绿肥作物已成为提高土壤质量和实现农业可持续发展的重要手段。

矿物肥料是生态肥料中另一种重要类型，如石灰石粉和磷矿粉等。这些矿物肥料能够为植物提供生长所需的矿物质，促进土壤酸碱度的调节和养分的释放。矿物肥料的合理使用可以有效改善土壤的化学性质，提高土壤的生产力，同时能减少对化学肥料的依赖。在农业可持续发展过程中，矿物肥料的应用有助于实现对土壤资源的合理利用和保护，推动农业生态系统的健康发展。通过综合利用各种生态肥料，可以实现农业生产的绿色转型，促进乡村生态振兴。

（二）替代农药策略

生物防治技术是一种有效的替代策略，通过引入天敌或有益生物来控制害虫的数量。这种方法不仅能够减少对化学农药的依赖，还能够维持生态系统的平衡。例如，引入瓢虫来控制蚜虫的数量，或者利用寄生蜂来抑制蛾类害虫的繁殖。生物防治技术的实施需要对当地生态系统进行深入了解，以确保引入的生物不会对原有生物链造成负面影响。这一策略在国内外的应用中呈现出显著的效果，成为可持续农业发展的重要组成部分。

植物提取物的应用作为另一种替代策略，利用某些植物的天然成分作为农药替代品。这些天然成分通常具有低毒性和环保特性，对人类和环境的影响较小。例如，苦楝树提取物因其有效的杀虫特性而被广泛应用于农业生产中。植物提取物不仅能够有效防治害虫，还能促进作物的健康生长。与传统化学农药相比，植物提取物的使用需要更高的技术要求和生产标准，以确保其有效性和安全性。这一策略的推广和应用，需要政府和科研机构的大力支持，以推动其在农业生产中的广泛应用。

物理防治方法通过采用物理手段，如覆盖网、诱捕器等，来阻止害虫的侵扰，从而降低化学农药的使用。这些物理手段能够有效地保护作物免受害虫的侵害，同时不对环境造成污染。例如，使用覆盖网可以有效防止飞虫对作物的破坏，而诱捕器则能够捕捉和消灭特定的害虫。这种方法简单易行且成本较低，但在大规模农业生产中可能面临技术和经济上的挑战。因此，物理防治方法通常与其他替代策略结合使用，以实现最佳的防治效果。

综合害虫管理（IPM）是一种系统性的管理策略，通过监测、预警和多种防治措施的结合，来减少对化学农药的需求。IPM 强调对害虫的生态学研究和可持续管理，利用多种方法的协同作用来控制害虫的数量。监测和预警系统能够及时发现害虫的出现，并通过数据分析制定相应的防治策略。IPM 的实施需要农民具备较高的技术水平和管理能力，也需要政策和市场的支持，以促进其在农业生产中的应用。通过 IPM 的有效实施，可以实现农业生产的可持续发展，保护生态环境和农民的经济利益。

第三节　乡村生态环境治理与保护

一、乡村水体保护与污染治理

（一）水质监测技术

水质监测技术的基本原理与方法主要包括物理、化学和生物监测手段。在物理监测中，常见的指标有水温、浊度和悬浮物浓度；化学监测则涉及溶解氧、pH、氮磷营养盐等关键化学成分；生物监测则通过观察水中生物的种类和数量变化来间接反映水质状况。这些监测手段的综合运用，能够提供准确、全面的水质信息，为乡村水体保护提供科学依据。

实时水质监测系统的应用是现代水质监测技术的重要发展，通过传感器和自动化设备的结合，这些系统能够对水质参数进行持续的监控。传感器可以实时采集数据，如溶解氧、pH、温度等，并通过自动化设备将这些数据传输到监控中心。这样一来，一旦发生污染事件，系统能够迅速识别并发出警报，从而为管理者争取宝贵的时间来采取应对措施。这种技术的应用大大提高了水质监测的效率和准确性。

在水质监测过程中，数据的分析与处理至关重要。利用数据挖掘和统计分析方法，能够识别水质变化的趋势与潜在风险。在数据分析中，常用的方法包括时间序列分析、回归分析和聚类分析等。通过对历史数据的分析，可以预测未来水质变化的趋势，并识别出可能的污染源和风险点。这种技术不仅有助于及时发现和应对污染事件，还为制定长期的水资源管理策略提供了科学依据。

水质监测技术在乡村水体保护中的具体应用，可帮助制定有针对性的污染治理措施和水资源管理策略。通过对监测数据的分析，管理者可以识别出污染源，并采取相应的治理措施，如调整农业施肥量、改善污水处理设施等。此外，监测数据还可以用于评估治理措施的效果，从而不断优化水资源管理策略，确保水体质量的持续改善。

参与水质监测的机制是增强公众乡村水体保护意识的重要手段。通过社区监测和志愿者活动，居民可以直接参与水质监测过程，增强对水体保护的责任感与参与度。社区监测活动通常包括水样采集、基本指标测量和数据记录等，通过培训和指导，居民可以掌握简单的监测技术。这种参与机制不仅能够弥补专业监测的不足，还能增强公众对环境保护的关注和支持，为乡村生态振兴贡献力量。

（二）污水处理方法

物理污水处理方法是一种基础技术，主要依赖沉淀、过滤和气浮等技术手段，通过物理作用去除水中的悬浮物和大颗粒污染物。这些方法能够有效降低水体的浑浊度，改善水质的观感和基本质量。物理方法的优势在于操作简单、维护方便，适合乡村地区的初步污水处理需求。然而，物理方法对溶解性污染物的去除效果毕竟有限，需要与其他方法结合使用。

化学污水处理方法通过投加化学药剂，如氯和臭氧等，实现对水中有害物质和病原体的有效去除。化学污水处理常用于消毒和沉淀反应，能够迅速降低水中病原体的数量，确保水质的安全性。这种方法在处理高浓度污染物时表现出色，但也存在药剂残留和处理成本高的问题。因此，化学污水处理通常作为物理污水处理后的补充步骤，以确保更为彻底的净化效果。在乡村地区，化学污水处理的应用需要结合具体的水质情况和经济条件进行评估。

生物污水处理方法利用微生物的代谢作用分解污水中的有机物，是一种自然友好的处理技术。常见的生物处理技术包括活性污泥法和生物滤池等，这些方法通过微生物的生长和繁殖，能够有效提高水质。生物处理方法的优势在于其处理效果的稳定性和对环境的友好性，适合处理有机污染物丰富的污水。然而，生物污水处理需要一定的时间和条件来维持微生物的活性，对于温度和营养物质的要求较高，这在一定程度上限制了其在乡村地区的普及。

自然污水处理方法如湿地处理和植物净化，利用自然生态系统中的植物和微生物的共同作用，实现污水的自我净化。这种方法充分利用了自然界的自净能力，适用于乡村地区的生态环境条件。湿地处理系统不仅能够有效去除污水中的营养物质，还能提供栖息地和景观价值。尽管自然处理方法的占地面积较大，但其低成本和低维护的特点使其成为乡村污水处理的理想选择之一。

集成污水处理技术结合了物理、化学和生物方法，形成多级处理系统，从而提高污水处理效率，适应不同水质和处理需求。这种集成技术通过各方法的优势互补，能够实现对污水中不同类型污染物的全面去除。集成处理系统的设计需要考虑各处理阶段的协调性和整体效益，以确保在乡村地区的有效应用。

通过合理的技术组合和系统设计，集成污水处理技术为乡村水体保护提供了可持续的解决方案。

二、土壤污染防控与修复技术

（一）修复技术分类

物理修复技术是一种重要的修复方法，通过物理手段如土壤翻耕、筛分和沉淀等措施，能够有效去除土壤中的污染物。这些方法不仅改善了土壤的结构，还提高了土壤的水分保持能力，从而为农业生产提供了更为优良的土壤基础。物理修复技术通常用于处理表层污染严重的土壤，适合于那些需要快速见效的修复场合。

化学修复技术是另一种重要的土壤修复手段，主要利用化学药剂如吸附剂、沉淀剂等，对土壤中的重金属和有机污染物进行处理。这种方法能够有效降低污染物的生物可利用性，从而减少其对环境和生物的危害。在化学修复过程中，药剂的选择和使用量至关重要，需要根据具体的土壤污染情况进行精确调整。化学修复技术的优势在于其处理速度快，适用于急需恢复的土壤环境，但其长期效果和对土壤生态的影响仍需进一步研究。

生物修复技术则通过利用微生物或植物的代谢过程，来分解或转化土壤中的污染物。这种技术以其环保和可持续性受到广泛关注。微生物修复利用特定微生物的代谢能力，将复杂的有机污染物分解为无害物质；植物修复则通过植物对污染物的吸收、积累和转化，达到净化土壤的效果。生物修复技术不仅恢复了土壤的生态功能，还能改善土壤的健康状态，具有长期的生态效益。

物理化学联合修复技术结合了物理和化学方法的优点，形成多重处理机制，以提高污染物去除效率。这种方法能够适应不同类型的土壤污染，通过综合运用多种修复手段，提高了修复效果的稳定性和持久性。联合修复技术的应用需要综合考虑土壤的污染特征和修复目标，以实现最佳的修复效果。

最后，生态修复技术通过植被恢复和生态工程手段，重建土壤生态系统。此技术不仅提升了土壤的自我修复能力，还增强了其环境服务功能。植被恢复能够稳定土壤结构，减少侵蚀，并通过植物根系的作用，改善土壤的理化性质。生态工程则通过设计和实施可持续的生态系统管理措施，促进土壤的长期健康和生产力。这种技术强调与自然过程的协调，注重生态系统的整体健康和功能，是实现乡村生态振兴的重要路径。

（二）土壤质量监测

土壤质量监测是评估土壤健康状况和推动农业可持续发展的关键环节。土壤作为农业生产的基础，其健康与否直接影响作物产量和农业生态系统的稳定性。通过对土壤质量的监测，可以及时发现和评估土壤中的问题，从而采取适当的管理措施，保障农业的可持续发展。土壤质量监测不仅是对土壤健康的评估工具，更是指导农业生产和环境保护的重要依据，其重要性不言而喻。

在土壤质量监测过程中，指标的选择至关重要。常用的监测指标包括土壤的 pH、有机质含量、养分水平以及污染物浓度等。这些指标能够全面反映土壤的理化性质和生物活性，帮助识别土壤的健康状况。pH 是土壤酸碱度的直接体现，影响养分的有效性和微生物的活动；有机质含量则是土壤肥力和结构的重要指标；养分水平直接关系到作物的生长需求，而污染物浓度则反映了土壤受污染的程度。通过这些指标的综合分析，可以准确地了解土壤的现状，为农业生产决策提供科学依据。

现代土壤监测技术的发展极大地提高了监测的效率和准确性。遥感技术和地理信息系统的应用，使大范围的土壤监测成为可能。遥感技术可以通过卫星图像获取大面积土壤的表层信息，而 GIS 则可以对这些信息进行空间分析和可视化处理。这些技术的结合，不仅提高了监测的效率，还能为土壤质量的时空变化提供直观的数据支持。这种技术的进步，使土壤监测从传统的点状采样分析，发展为大范围的连续监测，为科学决策提供了更为精确的数据基础。

建立定期的土壤质量监测制度是实现长期土壤管理的基础。通过定期的监测，可以积累长期的土壤数据，分析土壤质量的变化趋势。这种长期的数据积累，不仅可以揭示土壤质量的动态变化，还能为农业管理提供有力的科学依据。定期监测制度的建立，需要政府、科研机构和农业生产者的共同参与，通过数据共享和合作研究，推动土壤质量的持续改善。

推动公众参与土壤质量监测，是提升土壤保护意识的重要途径。通过鼓励社区和农民参与监测活动，可以提高他们对土壤健康的关注度和参与度。公众的参与，不仅可以丰富监测数据，还能通过科普教育提高其土壤保护的意识。社区和农民的参与，使土壤监测不仅是科学家的任务，还成为全社会共同关注的议题。这种参与，不仅有助于数据的收集和分析，更能通过公众的反馈，完善土壤管理和保护的措施。

三、空气质量改善与温室气体减排

（一）空气污染源控制

在乡村生态振兴与农业可持续发展的背景下，控制空气污染源是改善空气质量的关键措施。识别和控制农业生产过程中产生的颗粒物和挥发性有机化合物（VOCs），是减少对空气质量影响的重要环节。在农业活动中，土壤翻耕、种植、收割等过程会产生大量颗粒物，而化肥和农药则是 VOCs 的主要来源。通过改进农业生产技术，采用保护性耕作和精准施肥技术，可以有效减少这些污染物的排放。此外，推广使用清洁能源和低排放技术也是降低农业机械和设施在运行过程中对空气污染的重要手段。农业机械的柴油机排放是乡村地区空气污染的主要来源之一，使用清洁燃料或电动设备则能够显著减少污染物的排放。

合理的施肥和农药管理也是控制空气污染的关键。过量施肥和不当使用农药不仅会增加农业成本，还会导致化肥和农药的挥发和漂移，从而影响空气质量。通过科学施肥和精准喷洒农药，可以减少挥发性物质的产生，降低对空气的污染。此外，加强农村垃圾处理和废弃物管理也是控制空气污染的重要措施。传统的垃圾焚烧和露天堆放方式会释放大量有害气体，对空气质量造成严重影响。通过建设现代化的垃圾处理设施和推广废弃物分类回收，可以有效减少垃圾焚烧和露天堆放造成的空气污染。

最后，开展公众教育与宣传，提高农民和社区对空气污染源的认知，促进空气质量改善的主动参与，也是不可或缺的一环。通过组织培训、讲座和宣传活动，可以增强农民对空气污染危害的认识，提高他们参与空气质量改善的积极性。社区的参与和支持是推动空气污染源控制措施顺利实施的重要力量。只有通过政府、企业、农民和社区的共同努力，才能实现乡村地区空气质量的持续改善和农业的可持续发展。

（二）减排技术应用

在当前的农业生产中，推广精准农业技术是关键，通过数据分析和传感器监测，农民可以优化肥料和水资源的使用。这种技术不仅提高了资源利用效率，还显著降低了温室气体的排放。精准农业技术的应用使农业生产更加科学化和高效化，从而在减排的同时提高产量，为农业可持续发展提供了坚实的技术支撑。

生物炭技术的实施为农业废弃物提供了新的处理方式。通过将农业废弃物转化为生物炭，不仅增强了土壤的碳储存能力，还减少了土壤中二氧化碳的释放。生物炭的应用改善了土壤结构，提高了土壤肥力，有助于作物的健康生长。同时，这种技术为农业废弃物的资源化利用提供了有效途径，减少了废弃物对环境的负面影响，进一步降低了温室气体的排放。

采用可再生能源，如太阳能和风能，是替代传统化石燃料的重要措施。这些可再生能源在农业生产过程中的应用，不仅降低了温室气体的排放，还减少了对化石燃料的依赖。太阳能和风能的使用为农业生产提供了清洁而稳定的能源供应，推动了农业生产的绿色转型。这种转变不仅有助于实现农业的可持续发展，还为农村地区的能源结构调整提供了新的方向。

推动生态农业实践是从源头上减少温室气体排放的有效措施。通过采用有机肥料和生物防治，生态农业减少了化学肥料和农药的使用。这种做法不仅保护了土壤和水源，还降低了农业生产对环境的负面影响。生态农业实践促进了农业的可持续发展，为乡村振兴提供了重要的支持，也为实现绿色农业奠定了基础。

加强农业废弃物的资源化利用是减少温室气体排放的另一重要途径。通过堆肥化和厌氧消化等技术，农业废弃物可以被有效处理和利用。这些技术减少了废弃物对环境的影响，并将其转化为有用的资源，同时降低了温室气体的排放。

（三）绿色能源推广

推广太阳能发电系统是实现农业可持续发展的重要举措之一。通过利用太阳能为农业设施提供清洁电力，不仅可以有效降低对传统能源的依赖，还能减少温室气体的排放。太阳能作为一种可再生能源，具有取之不尽、用之不竭的优势，尤其适用于乡村地区。安装太阳能电池板为温室、农场和其他农业设施供电，不仅降低了农民的能源成本，还促进了乡村经济的绿色转型。

鼓励农民使用风能是提升农业生产能源自给自足能力的另一种有效方法。小型风力发电机可以为农田灌溉系统和农业设备提供电力支持，减少对化石燃料的依赖。风能利用不仅有助于降低温室气体排放，还能增加农村地区的能源安全性。通过政府政策的支持和补贴，农民可以更容易地获得风能设备，进一步推动乡村地区的可再生能源应用，助力生态振兴。

生物质能源的发展为农业废弃物的处理提供了创新的解决方案。将农业废弃物转化为生物质燃料，不仅减少了废弃物处理问题，还为农业生产提供了可再生能源。这一过程不仅减轻了对环境的负担，还为农民创造了新的经济价值。生物质能的利用可以在不影响粮食生产的前提下，充分发挥农业副产品的潜力，实现资源的高效利用和循环利用，推动乡村可持续发展。

地热能的利用在温室种植中展现出显著的优势。通过地热加热系统，可以改善作物生长的温度环境，减少传统能源的使用。地热能作为一种稳定的能源来源，能够为温室提供持续的热量支持，减少对化石燃料的依赖。尤其是在冬季或寒冷地区，地热能的应用不仅提高了作物的生长效率，还降低了能源成本，增强了农业生产的可持续性。

水能利用在水资源丰富的乡村地区具有广泛的应用潜力。建设小型水电站可以为农业灌溉和农村用电提供可再生能源，减少对化石燃料的依赖。水能作为一种清洁能源，不仅能够有效降低温室气体排放，还能为乡村地区提供稳定的电力供应。通过合理规划和科学管理，小型水电站的建设可以与当地生态环境和谐共生，为乡村振兴和农业可持续发展提供坚实的能源基础。

四、生态环境监测与信息化管理体系

（一）监测技术发展

随着技术的进步，遥感技术在生态环境监测中的应用日益广泛。通过卫星或无人机获取大范围的地表数据，能够实现对土地利用变化和生态系统健康的实时监测。这种技术的应用不仅提高了监测的效率，还为生态环境的动态变化提供了精确的数据支持。此外，地理信息系统技术的集成也在生态监测中发挥了重要作用。GIS 技术能够将复杂的生态监测数据进行空间分析和可视化，从而为决策者制定科学的环境管理策略提供强有力的支持，这种技术的应用使生态环境管理更加科学化和系统化。

物联网（IoT）技术的引入为生态环境监测带来了革命性的变化。通过实现对环境监测设备的智能连接，物联网技术能够实时收集和传输数据，大大提高了监测的及时性和准确性。这种技术的应用不仅提高了监测效率，还降低了监测成本，为乡村生态环境治理提供了新的技术手段。同时，生物监测技术的应用也为生态系统健康状况的评估提供了重要的生物指标。通过观察生物群落的变化，能够有效评估生态系统的健康状况，为环境保护提供科学依据。这种技术的应用使生态监测更加全面和多元化。

数据分析与处理技术的发展为生态监测数据的科学决策提供了有力支持。通过大数据分析方法，能够挖掘生态监测数据中的潜在规律，支持环境管理的科学决策。这种技术的应用不仅提高了数据处理的效率，还为生态环境治理提供了新的视角和思路。通过对大量数据的分析和处理，能够更好地理解生态系统的动态变化，为制定科学的环境管理策略提供数据支持。在乡村生态振兴与农业可持续发展的背景下，这些监测技术的发展和应用为实现生态环境的有效治理和保护提供了坚实的技术基础。

（二）信息化管理平台

信息化管理平台的架构设计必须确保数据的高效存储与处理，支持多种数据类型的集成与分析。这一平台不仅需要处理传统的农业数据，还要能够整合气象、土壤、植被等多种生态数据，以便为决策提供全面的支持。在设计过程中，考虑到数据的多样性和复杂性，采用先进的数据库技术和分布式计算方法，以确保平台能够在大数据环境下高效运行。

实时数据监测功能是信息化管理平台的核心之一。通过部署传感器和物联网技术，平台能够实现对乡村生态环境变化的即时反馈与预警。例如，土壤湿度传感器可以实时监测土壤的水分变化，帮助农民进行精准灌溉；空气质量传感器则能检测空气中的污染物浓度，为环境治理提供数据支持。这种实时监测能力不仅提高了生态环境管理的效率，也为预防和应对突发环境事件提供了技术保障。

为了提高信息化管理平台的可用性与接受度，其界面设计必须注重用户友好性。简单直观的操作界面可以帮助农民和管理者快速上手，减少学习成本。同时，平台应支持多语言和多终端访问，确保可以不同背景和技术水平的用户都能方便地使用。此外，平台提供详细的使用指南和在线支持服务，也能有效提高用户的体验和满意度。

数据共享与协作机制是信息化管理平台的重要组成部分。通过建立开放的数据共享平台，不同利益相关者可以方便地进行信息交流与合作。例如，政府部门、科研机构和农民可以通过平台共享生态监测数据和管理经验，从而提升乡村生态管理的整体效能。这种协作机制不仅促进了信息的互通有无，也为乡村生态振兴提供了强有力的支持。

信息安全与隐私保护措施是信息化管理平台的基础保障。平台在设计和运行过程中，必须确保用户数据的安全性，防止信息泄露和滥用。采用先进的加密技术和访问控制策略，可以有效保护用户的隐私。此外，定期进行安全审计和风险评估，也是增强用户对平台信任的重要手段。通过这些措施，信息化管理平台能够为乡村生态环境治理提供安全、可靠的技术支持。

第四节 生态宜居乡村建设规划

一、生态宜居乡村的理念与目标

（一）理念阐述

生态宜居乡村建设的理念强调人与自然的和谐共生，旨在创造一个可持续发展的生活环境。这一理念源于对现代化进程中生态破坏和资源过度消耗的反思，强调在发展中保护自然资源，以提高乡村居民的生活质量。通过合理的规划和管理，生态宜居乡村力求在不损害自然环境的前提下，满足人类对居住环境和经济发展的需求。这一理念不仅关乎环境保护，更涉及社会经济的发展和社区的文化传承，是一种全面、系统的乡村发展观。

生态宜居乡村的建设目标集中在保护自然资源、改善生态环境、促进经济发展与社会进步，实现生态、经济与社会的协调发展。这一目标要求在乡村发展过程中，始终将生态保护放在首位，通过科学的规划和政策的引导，确保自然资源的可持续利用。同时，生态宜居乡村的建设也关注经济的可持续性，鼓励发展绿色经济和生态旅游，以实现经济增长与生态保护的双赢。此外，社会进步也是生态宜居乡村的重要目标，通过改善基础设施、提高公共服务水平，提高乡村居民的生活质量和幸福感。

在生态宜居乡村的理念中，绿色生产方式被大力倡导。通过推广生态友好型农业技术，生态宜居乡村致力于减少对环境的负面影响，保护生态系统的完整性。这包括采用有机农业技术、减少化肥和农药的使用，以及推广节水灌溉和土壤保护技术。绿色生产方式不仅有助于保护环境，还能提高农业生产的可持续性和产品的市场竞争力，从而增强乡村经济的韧性和活力。

社区参与是生态宜居乡村理念的核心。通过鼓励居民积极参与生态环境保护与乡村建设，生态宜居乡村旨在增强社区凝聚力与归属感。这种参与不仅限于环境保护活动，还包括乡村规划、文化活动和社区治理等方面。通过广泛的社区参与，居民不仅成为乡村建设的受益者，更成为推动乡村可持续发展的重要力量。这种自下而上的参与机制，有助于形成强大的社区共识和行动力，为生态宜居乡村的可持续发展提供坚实的社会基础。

（二）目标设定

在乡村生态振兴与农业可持续发展的背景下，提高乡村生态环境质量是首要目标，通过科学规划与合理利用自然资源，能够确保水源和土壤的可持续性，创造良好的自然生存条件。水源和土壤作为农业生产的基础，其质量直接影响乡村的生态环境和农业的可持续发展。因此，加强水源保护和土壤改良技术的推广，实施严格的污染控制措施，成为提高乡村生态环境质量的核心策略。这不仅关乎生态的健康发展，也为乡村居民提供了更加宜居的生活环境。

促进乡村经济多元化发展是生态宜居乡村建设的重要目标。通过支持生态农业与绿色产业的结合，乡村经济可以获得新的增长动力。生态农业作为可持续发展的农业模式，强调低投入、低污染和高效益，还能够有效提升农产品的附加值。同时，绿色产业的发展为乡村提供了更多的就业机会和收入来源，帮助农民提高收入水平。通过政策扶持和技术引导，推动生态农业和绿色产业的深度融合，将为乡村经济的多元化发展注入新的活力。

加强乡村社区的参与与合作是实现生态宜居乡村建设目标的重要保障。增强居民的环保意识与责任感，是推动乡村生态治理的基础。通过开展环保教育和宣传活动，提高居民对生态环境保护重要性的认识，激发他们参与生态治理的积极性。同时，建立共建共享的生态治理机制，鼓励社区居民在生态保护和治理中发挥主体作用。通过社区合作，形成良好的生态治理氛围，为乡村的可持续发展提供坚实的社会基础。

推动生态基础设施建设是提高乡村居民生活质量与幸福感的关键。改善乡村公共服务设施，如供水、供电、道路和医疗设施等，可以显著提升居民的生活质量。生态基础设施的建设不仅有助于改善生态环境，还能提高乡村的整体吸引力，吸引更多的人才和资源流入。通过合理规划和建设生态基础设施，乡村居民的生活质量必将得到显著提高，幸福感也会随之增强。这一目标的实现，将为生态宜居乡村建设奠定坚实的物质基础。

二、乡村空间布局与生态功能区划

（一）空间布局原则

乡村空间布局应遵循生态优先原则，优先保护自然资源和生态系统，确保生态功能区的完整性与稳定性。生态优先原则要求在规划过程中，将生态保护置于首位，强调对自然生态系统的维护和修复，以保障其长期健康发展。通过严格限制开发活动，特别是在生态敏感区域，能够有效减少人类活动对生态环境的负面影响，从而为乡村可持续发展奠定坚实基础。

合理划分农业、居住、商业和生态保护区域，是实现乡村空间布局有效性的关键。各功能区之间的协调与互补，能够促进乡村的可持续发展。农业区域的规划应考虑到土地的生产力和环境承载能力，确保农业活动的可持续性和高效性。居住区的布局则需兼顾居民生活的便利性与舒适性，同时减少对生态环境的干扰。商业区的设置应与乡村整体经济发展战略相一致，以推动乡村经济的多元化发展。生态保护区的划分则需严格依据生态敏感性和重要性，确保其生态功能的完整性。

采用分散与集中相结合的布局方式，能够在满足乡村居民生活需求的同时，保护农田和自然环境，减少资源浪费。分散布局可以降低对单一区域的环境压力，减少对生态系统的破坏；而集中布局则有助于提高资源利用效率，减少基础设施建设的成本。通过合理的布局方式，乡村可以在保持生态环境健康的同时，实现经济的可持续增长。

加强基础设施建设与生态环境的融合，是提高乡村整体宜居性的有效途径。交通、水利等公共设施的布局应与生态保护相协调，避免对自然环境的过度干扰。通过采用生态友好的技术和材料，可以在满足基础设施功能需求的同时，降低对生态环境的负面影响。此外，基础设施的规划应充分考虑气候变化的影响，增强其适应性和韧性，以确保乡村在未来环境变化中的可持续发展。

（二）功能区划方法

在乡村空间布局与生态功能区划中，功能区划方法的核心在于科学合理地划分不同的生态功能区域，以确保各区域的生态服务功能能够得到有效发挥。基于生态功能的区域划分，明确不同区域的生态服务功能，如水源保护区、农田生态区和居住区，是乡村振兴与农业可持续发展的重要基础。水源保护区的设定旨在确保水资源的安全与可持续利用，防止污染和过度开发对水质的影响。农田生态区则强调农业生产与生态保护的平衡，通过合理的耕作制度和生态农业技术，提升土壤肥力和生物多样性。居住区的规划则需要兼顾居民生活质量与生态环境的和谐共存，确保人居环境的舒适与生态友好。

采用土地利用规划技术是实现功能区划的关键手段之一。结合地形、土壤类型和气候条件，科学划分农业区、林业区和居住区，可以有效实现资源的合理配置与利用。土地利用规划不仅需要关注土地的当前使用状态，还需要预测未来的土地需求和可能的环境影响，以制订出具有前瞻性的土地利用方案。通过对地形的分析，可以识别出适合农业、林业或居住的区域；土壤类型的研究则帮助确定适宜的作物种类和农业管理措施；气候条件的评估则为农作物的选择和种植时间提供了科学依据。合理的土地利用规划有助于提高土地利用效率，减少土地资源浪费，促进乡村经济的可持续发展。

引入生态承载力评估是确保乡村发展不超出生态系统承载极限的重要措施。生态承载力评估通过分析各区域的生态承载能力，帮助识别出环境压力较大的区域，并制定相应的管理策略。生态承载力的概念源于生态学，指的是在不破坏生态系统结构和功能的前提下，某一特定区域所能承载的人口、经济活动和资源开发量。通过评估生态承载力，可以为乡村发展提供科学依据，避免因过度开发导致的生态退化和资源枯竭。生态承载力评估的实施需要综合考虑自然资源、环境质量和社会经济因素，从而确保乡村发展的可持续性。

实施生态补偿机制是激励农民和社区参与生态保护与修复的有效手段。根据不同功能区的生态价值和服务，制定相应的补偿政策，可以有效调动各方参与生态保护的积极性。生态补偿机制的核心在于通过经济激励手段，补偿因生态保护而产生的经济损失，鼓励生态友好型生产和生活方式。补偿政策的制定需要考虑生态服务的类型和价值，以及受益者和受损者之间的利益平衡。通过实施生态补偿机制，可以促进生态系统的恢复和可持续利用，增强乡村社区的生态保护意识，提高乡村居民的生活质量和幸福感。

三、绿色基础设施规划与建设

（一）基础设施类型

雨水收集系统在乡村建设中扮演着至关重要的角色。通过科学设计的雨水收集装置，自然降水可以被有效储存并再利用。这不仅提高了水资源的可持续性，还显著提高了其利用效率。尤其在水资源短缺的地区，雨水收集系统成为一种重要的补充水源，能够缓解农业和生活用水的压力。该系统的实施需要考虑当地的气候条件和地形特征，以确保最大化地收集和利用降水资源。此外，雨水的再利用也有助于减少地表径流对生态环境的负面影响，保护土壤和水体的自然平衡。

生态步道建设是连接乡村与自然环境的纽带，促进了生态旅游的发展，同时满足了居民日常出行的需求。通过精心规划和设计的步道，居民和游客可以更好地体验乡村的自然风光和生态魅力。这不仅提升了乡村的吸引力，还为当地经济带来了新的增长点。生态步道的建设需要考虑对自然环境的最小化干扰，采用环保材料，确保步道的耐用性和安全性。此外，步道的规划应结合乡村的地理特征，提供多样化的体验路线，以满足不同人群的需求。

绿色能源设施是乡村可持续发展的重要组成部分。通过安装太阳能发电板和风力发电机，乡村可以获得稳定的可再生能源供应，降低对传统化石能源的依赖，不仅有助于减少温室气体排放，还显著降低了能源成本，提高了乡村的能源自给自足能力。绿色能源设施的推广需要政策支持和技术创新，以解决初期投资高和技术门槛的问题。通过政府的补贴和技术培训，乡村居民可以更好地接受和使用绿色能源，为乡村振兴注入新的动力。

生态排水系统通过自然湿地和生物过滤技术处理污水，在保护水体质量的同时恢复了生态功能。该系统利用湿地植物和微生物的自然净化能力，将污水中的污染物降解和去除。这种生态友好的处理方式不仅降低了对化学药剂的依赖，还为野生动植物提供了栖息地，增强了生物多样性。实施生态排水系统需要综合考虑当地的生态条件和水文特征，以确保其有效性和可持续性，并通过社区参与和教育增强公众的环保意识。

农业灌溉基础设施的现代化是支持可持续农业发展的关键。采用节水灌溉技术，如滴灌和喷灌，可以显著提高水资源的利用效率。这些技术通过精准控制水量和灌溉时间，减少了水资源的浪费和土壤侵蚀，保障了农作物的健康生长。节水灌溉技术的推广需要结合当地的农业生产特点和水资源状况，提供适合的解决方案和技术支持。通过政府和农技部门的合作，农民可以获得必要的培训和支持，从而确保新技术的有效应用和推广。

（二）规划设计要点

在乡村生态振兴的过程中，基础设施规划应优先考虑生态保护，确保在设计过程中充分评估对自然环境的影响，避免破坏生态系统的完整性。通过对当地生态系统的深入研究，规划者可以识别出关键生态区域，制订出科学合理的基础设施发展方案，从而在满足基础设施需求的同时，最大限度地保护生态环境。这样的规划不仅有助于维护生态平衡，还能为乡村居民提供一个健康宜居的生活环境。

在基础设施建设中，整合绿色技术与可再生能源是实现可持续发展的重要途径。鼓励使用太阳能、风能等清洁能源，不仅有助于降低碳排放和环境污染，还能为乡村带来经济效益。在规划阶段，应充分考虑可再生能源的利用潜力，通过技术创新和政策支持，推动绿色能源的普及应用。这种方式不仅可以减少对化石燃料的依赖，还能为乡村振兴提供新的经济增长点，助力乡村的可持续发展。

基础设施布局应充分考虑乡村居民的生活便利性，确保交通、供水和排水系统的合理配置。合理的基础设施布局可以显著提高居民的生活质量，促进乡村的经济社会发展。在设计过程中，应以人为本，综合考虑居民的日常生活需求，确保基础设施的功能性和实用性。同时，科学合理的布局还能有效提升乡村的抗风险能力，为乡村的长远发展奠定坚实的基础。

在材料选择方面，应实施生态友好的策略，优先使用可回收和可降解的建筑材料。这样的选择不仅能减少对自然资源的消耗，还能促进循环经济的发展。通过优先使用环保材料，乡村基础设施建设可以实现资源的高效利用，减少建筑废弃物的产生，降低对环境的负面影响。这种策略不仅符合可持续发展的理念，还能为乡村生态振兴树立良好的示范效应。

基础设施规划应结合地方文化与特色，尊重和融入乡村的历史和传统。在规划设计中，充分考虑乡村的文化背景，不仅能提升乡村环境的美观性与文化认同感，还能增强居民的归属感和自豪感。通过将地方文化元素融入基础设施建设，乡村可以在保留地方传统特色的同时，实现现代化的转型与发展。这种文化与现代的融合，不仅提升了乡村的整体形象，也为乡村振兴注入了新的活力和动力。

（三）建设实施策略

明确的实施时间表是确保项目顺利推进的重要保障。通过制订详细的时间计划，各项基础设施建设与生态保护措施能够按部就班地进行，避免因时间延误而导致的资源浪费。这不仅提高了项目的效率，还能在一定程度上降低成本，确保资源的合理利用。此外，时间表的制定还需考虑到季节变化等自然因素，以确保建设活动对生态环境的影响降至最低。

建立多方协作机制是提升项目可持续性的关键。政府、社区、企业和科研机构的共同参与，可以形成强大的合力，推动基础设施建设的顺利实施。政府可以提供政策支持和资金保障，社区则是项目实施的受益者和参与者，企业能够提供技术支持和创新方案，而科研机构则能进行科学评估和技术指导。通过多方协作，能够有效整合资源，提高项目的可持续性和影响力，同时能促进各方在生态保护和乡村振兴中的角色认知与责任承担。

公众参与活动的开展，是提升项目社会接受度的重要手段。通过增强居民对生态基础设施建设的认知与支持，能够激发他们参与设计与决策过程的积极性。这不仅有助于提升项目的社会接受度，还能增强居民的环保意识和责任感。在规划和实施过程中，应通过多种形式的公众活动，如座谈会、工作坊和社区讨论等，多多听取居民的意见和建议，确保项目设计的合理性和可行性，从而实现生态与人居环境的和谐发展。

实施定期评估与反馈机制，是确保项目生态友好性的重要措施。通过及时监测基础设施建设的效果与生态影响，可以根据评估结果调整建设策略，以确保项目的生态友好性。这一机制不仅有助于发现建设过程中存在的问题，还能为后续项目提供宝贵的经验和数据支持。评估应包括环境影响、社会效益和经济效益等多个维度，以全面反映项目的实际效果，并为持续改进提供科学依据。

引入创新技术与材料是实现绿色可持续发展的重要途径。采用新型环保材料和智能化管理系统，可以大大提高基础设施的耐用性与效率，降低对环境的负面影响。创新技术的应用，能提高项目的整体质量，为乡村振兴提供新的发展动力。在建设过程中，应积极探索和应用适合当地环境和需求的创新技术，以实现绿色基础设施的可持续发展目标。通过这些策略的实施，绿色基础设施建设将为生态宜居乡村的实现奠定坚实基础。

四、乡村环境美化与景观提升

（一）美化设计原则

乡村环境的美化不仅是为了提升视觉上的愉悦感，更是为了促进生态的平衡与可持续发展。在美化设计中，应优先选择本地植物，这不仅能减少外来物种对当地生态的干扰，还能有效促进生物多样性。通过选择适合当地气候和土壤条件的植物，可以减少对水资源的依赖和化学肥料的过度使用，从而降低对环境的影响。此外，本地植物的使用还能为本地的鸟类和昆虫提供栖息地，进一步支持生态系统的健康发展。

在设计的过程中，乡村特色的融合是不可或缺的。每个乡村都有其独特的文化与历史，这些元素应在景观设计中得到充分体现，以增强居民的文化认同感与归属感。通过将地方文化融入景观设计，可以使居民在日常生活中感受到浓厚的文化氛围，同时能吸引游客，促进乡村旅游的发展。这样的设计不仅是对历史的尊重与传承，也是对未来乡村经济发展的有力支持。

美化设计中还需考虑功能性与美观性的结合。乡村景观不仅要满足视觉上的需求，还需服务于居民的日常生活。比如，设计中可以融入休闲步道、儿童游乐设施以及社区活动空间等功能性元素，这些设施不仅能够提高居民的生活质量，还能促进社区的互动与凝聚力。这样的设计理念能够确保景观在满足审美需求的同时，也能为居民提供实用的生活便利。

最后，实施可持续的维护策略是确保景观长期保持良好状态的关键。景观设计完成后，如何维护和管理是一个长期的挑战。通过制订科学的维护计划，可以有效减少资源的浪费和环境的影响。比如，采用雨水收集系统用于灌溉，使用有机肥料替代化学肥料等措施，不仅能够降低维护成本，还能使景观在长期使用中更加环保和可持续。这样的策略既符合生态振兴的目标，也为乡村的可持续发展提供了坚实的保障。

（二）景观提升策略

在乡村环境美化与景观提升的过程中，通过创建自然景观元素，如水体、绿地和花园，不仅可以提升乡村的自然美感，还能增强其生态功能。这些自然元素不仅是视觉的享受，更是生态系统的重要组成部分。水体的引入可以调节小气候，绿地则为生物提供了栖息地，而花园则成为社区居民休闲和社交的场所。这种设计理念强调人与自然的和谐共生，既满足了人们对美的追求，也为生态系统的健康发展提供了保障。

景观设计不仅要关注自然元素，还需结合乡村的文化特色。通过设计具有地方文化符号的景观设施，如传统建筑、雕塑和文化墙，可以增强农民的文化认同感。这些文化符号不仅是历史的见证，也是乡村独特魅力的体现。在设计过程中，应充分挖掘当地的文化资源，将其融入景观中，使每一个设计元素都能讲述一个关于乡村的故事。这样的设计不仅提升了乡村的文化价值，也为游客提供了一个深入了解当地文化的窗口，从而促进乡村旅游的发展。

社区参与在乡村景观提升中扮演着不可或缺的角色。通过实施社区参与的美化项目，鼓励居民共同参与景观设计与维护，可以提高社区的凝聚力和环境责任感。居民的参与不仅能为设计带来更多的创意和灵感，也能使景观设计更符合社区的实际需求。在这个过程中，居民不仅是景观的使用者，更是其创造者和守护者。这种参与感和责任感的培养，有助于形成一个更加紧密和谐的社区，为乡村的可持续发展奠定基础。

在景观建设中，利用可持续材料和技术是确保景观长期维护与生态友好性的关键。选择可再生、可降解的材料，不仅可以减少对环境的影响，还能降低维护成本。此外，采用先进的生态技术，如雨水收集系统、太阳能照明等，不仅可以提高景观的功能性，还能展示绿色技术的应用。这种以可持续发展为导向的景观建设，不仅符合现代生态文明的要求，也为乡村的未来发展提供了可借鉴的范例。通过这些策略的实施，乡村景观将不仅仅是视觉上的享受，更是生态与文化的完美结合。

第四章　乡村人才振兴与农业可持续发展

当前面临“百年未有之大变局”，新时代知识分子需找准自己的历史方位，创造青出于蓝而胜于蓝的崭新业绩。倡导“一道路两精神”

河北农业大学几代师生经由长期的科学试验和社会实践过程提出了“一道路两精神”。“一道路两精神”的主要任务和方法是聚焦新质生产力的形成和发展，大兴调查研究，找准“瓶颈”问题，出实招求实效，更加注重农业科技创新和成果转化，满足农民群众日益增长的生产需要。一是坚持问题导向，服务到群众心坎上。紧紧围绕农业增效、农民增收的“瓶颈”问题，明确科技创新的主攻方向和科技服务的重点领域，不求洋贪大，不为学术而学术，而是把解决实际问题作为治学做事的根本。二是坚持“国”“民”结合，把好钢用在刀刃上。将国家关于农业科技现代化的战略部署与农民需求结合起来，发挥社会主义集中力量办大事的制度优越性，整合各方面资源开展科技攻关，实现资源利用效率的最大化和资源配置的最优化。三是坚持与时俱进，创新永无止境。根据形势发展变化，不断研究创新实用农业科技和服务农民的方式，在农业信息化、智能化、物联网化的方向上持续发力，在运用新媒体课堂开发面向农民的简易标准化课程的方向上不断开拓，促进农业现代化、农民知识化。

第一节　乡村人才的类型与需求分析

一、农业生产人才的需求特点

（一）技术技能要求

首先，农业生产人才需具备现代农业技术的应用能力，这是提高生产效率和作物产量的关键。现代农业技术包括智能灌溉系统、无人机植保、精准施肥等，这些技术的应用能够显著提升农业生产的效能。通过掌握这些技术，农业生产人才可以在有限的资源条件下，实现更高的产出和更好的经济效益。

其次，农业生产人才还应掌握生态农业和可持续发展理念。在当前全球环境问题日益突出的背景下，农业的可持续发展成为各国关注的重点。农业生产人才需要在生产过程中实施环保措施，减少化肥和农药的使用，保护土壤和水资源，维护生态平衡。这不仅是对农业生产人才技术能力的考验，更是对其环保意识和责任感的体现。在农业生产中贯彻可持续发展理念，能够确保农业的长期发展和资源的合理利用。

再次，农业生产人才的重要技能是数据分析能力。随着大数据和智能化工具在农业中的广泛应用，精准农业管理成为可能。农业生产人才需具备利用大数据进行分析和决策的能力，能够通过数据预测天气变化、病虫害风险以及市场需求，从而优化生产计划，提高资源利用效率。这种能力不仅提高了农业生产的科学性和精确性，也为实现农业的智能化管理奠定了基础。

最后，农业生产人才需具备团队协作和沟通能力。在现代农业生产中，农民合作社及农业团队的有效运作和资源共享是实现规模效益和市场竞争力的关键。农业生产人才需能够在团队中发挥作用，通过有效的沟通和协作，推动农业生产的集约化和专业化发展。这不仅要求其具备良好的沟通技巧，还需具备一定的领导能力，以协调各方资源，实现共同目标。这种团队协作能力是现代农业生产不可或缺的一部分，能够显著提升农业生产的组织化程度和市场适应能力。

（二）适应性与创新能力

随着全球气候变化的加剧，农业生产面临着前所未有的挑战。农业人才需具备灵活应对气候变化的能力，以调整种植策略和管理方法。这不仅要求他们具备对气象信息的敏锐洞察力，还要求其掌握相应的农业技术，以确保在不利气候条件下的生产稳定性。通过科学的数据分析和预测，农业人才能够提前制定应对措施，减少气候变化对农业生产的不利影响。

同时，农业生产的市场需求和消费者偏好不断变化，要求农业人才具备创新思维。他们需能够开发新型农业产品和服务，以满足多元化的市场需求。这种创新不仅体现在产品的多样性上，也体现在生产方式的革新上。例如，通过引入有机农业、精准农业等新理念，农业人才可以为消费者提供更加绿色、健康的产品，进一步提升农业产品的市场竞争力。

此外，现代农业生产对新兴技术的应用提出了更高的要求。农业人才需要掌握无人机、物联网等新技术，以提高生产效率和管理水平。无人机在农田监测、病虫害防治、精准施肥等方面的应用，极大地提高了农业生产的精细化管理水平。物联网技术则通过实时监测土壤、气候等环境数据，为农业生产提供科学依据，优化资源配置。这些新技术的应用，不仅提高了农业生产的效率，也为农业的可持续发展提供了技术支持。

最后，农业生产人才还应具备跨学科知识，以促进农业与其他领域的融合。这种跨学科的知识结构，有助于推动农业的全面创新与发展。具备生物科技、信息技术等领域的知识，能够为农业生产提供新的视角和解决方案。例如，通过生物技术的应用，可以培育出抗病虫害、耐旱的农作物品种，提高农业生产的抗风险能力。信息技术的应用，则为农业生产提供了智能化、信息化的管理手段，提高了农业生产的现代化水平。综上所述，适应性与创新能力是农业生产人才在新时代背景下必备的素质，这不仅关乎个人的职业发展，也直接影响到农业的可持续发展和乡村振兴的实现。

二、乡村教育与卫生人才的需求特点

（一）教育水平要求

首先，乡村教育人才需具备现代教育理念，并能够运用多元化的教学方法以提高学生的学习兴趣和参与度。在乡村地区，由于教育资源的相对匮乏，教师需要通过创新的教学手段来激发学生的学习热情，使他们在有限的条件下获得更为丰富的知识体验。这种多元化的教学方法不仅包括传统的课堂教学，还涉及项目式学习、合作学习等多种形式，以最大限度地调动学生的积极性。

其次，教育人才还应具备良好的心理素质和沟通能力，以便更好地理解和满足乡村学生的个性化需求。乡村学生由于成长环境的特殊性，可能在心理发展上面临更多的挑战，教师需要敏锐地察觉并给予适当的引导和支持。良好的沟通能力使教育者能够与学生建立信任关系，帮助他们克服学习和生活中的困难，以促进他们身心的全面发展。这种能力不仅限于课堂内的交流，还包括与家长及社区的互动，以形成良好的教育生态。

再次，在信息技术迅猛发展的今天，乡村教育人才需掌握信息技术的应用能力，以推动数字化教育和远程学习的开展。尤其是在偏远地区，信息技术的应用可以有效弥补资源不足的劣势，使学生能够接触更广泛的知识和信息。教育者需要熟悉各种数字化教学工具和平台，能够设计和实施在线课程，帮助学生在数字时代获得必要的技能和知识。这不仅是教育发展的趋势，也是提高乡村教育质量的关键所在。

最后，教育人才应具备团队合作能力，能够与其他教育工作者、家长及社区共同推动乡村教育的发展。在乡村教育体系中，教师并不应孤军奋战，需要与各方力量协作，共同为学生创造良好的学习环境。通过团队合作，教育者可以分享经验和资源，集思广益，解决教育过程中的各种问题。这种协作不仅有助于教师自身的专业成长，也能为乡村教育的可持续发展提供有力支持。通过多方的共同努力，乡村教育才能真正实现质的飞跃，从而为乡村振兴贡献力量。

（二）卫生服务能力

在乡村人才振兴与农业可持续发展的背景下，乡村卫生人才需具备基本医疗知识，这不仅包括对常见疾病的预防、诊断和治疗，还要求他们能够有效地满足乡村居民的基本健康需求。由于乡村地区的医疗资源相对匮乏，卫生人才的专业能力直接关系到乡村居民的健康保障。因此，培养具备扎实医学知识的卫生人才，能够大幅提升乡村医疗服务的质量和可及性。

卫生人才不仅需要具备临床技能，还应掌握公共卫生理念。这意味着他们应能够开展健康教育和疾病预防活动，以提高乡村居民的健康意识和自我保健能力。通过普及健康知识和倡导健康生活方式，卫生人才可以有效预防疾病的发生，减轻乡村地区的疾病负担。在此过程中，卫生人才的沟通能力和教育技巧显得尤为重要，因为他们是健康知识传播的桥梁，能够影响乡村居民的健康行为和生活方式。

在应对突发公共卫生事件时，乡村卫生人才需具备应急医疗能力。他们需要在紧急情况下迅速反应，提供必要的医疗救助和支持。这种能力不仅要求卫生人才具备专业的医疗知识，还要求他们具有良好的应急管理和协调能力。在突发事件中，卫生人才的快速反应和有效处置可以挽救生命，减轻事件对乡村社区的影响。因此，系统的应急医疗培训和演练是提升乡村卫生人才应急能力的重要途径。

此外，卫生人才还应具备心理健康服务能力。乡村地区的居民可能面临多种心理健康问题，如孤独、焦虑和抑郁等。卫生人才需要能够识别和应对这些问题，以促进乡村居民的整体健康水平提高。心理健康服务不仅包括对心理问题的识别和干预，还涉及心理健康教育和心理支持的提供。通过开展心理健康教育，卫生人才可以帮助乡村居民建立积极的心理状态，提高他们的生活质量和幸福感。

三、乡村管理与服务人才的需求特点

（一）管理能力要求

首先，乡村管理人才需要具备有效的资源配置能力，以确保有限的资金、土地和人力资源得到合理利用。通过科学的资源配置，管理人才可以促进乡村经济的可持续发展，使资源的使用效率最大化，避免浪费和出现不合理的资源分配现象。这不仅要求他们对资源有深刻的理解，还需要具备战略性思维，能够识别和优先处理乡村发展中最紧迫的问题。

其次，乡村管理人才还需具备项目管理能力，这是推动乡村发展项目成功实施的关键。项目管理能力包括项目的设计、实施和评估，管理人才需要在项目的各个阶段进行有效的计划和控制，以提高项目的成功率和效益。尤其是在乡村发展项目中，涉及的利益相关者众多，项目的复杂性较高，因此管理人才必须具备协调各方利益的能力，确保项目的顺利推进和目标的实现。

再次，乡村管理人才必须具备政策理解与执行能力，能够解读和落实国家及地方的相关政策。乡村振兴战略的有效实施离不开政策的支持，管理人才需要对政策有深刻的理解，能够将政策转化为具体的行动计划，并在实践中执行。这要求他们不仅要熟悉政策的内容，还要了解政策的实施背景和目的，从而在执行过程中能够灵活应对各种变化和挑战。

最后，管理人才应具备社区组织能力，能够动员和引导乡村居民参与各类社会活动。通过增强社区凝聚力和自我服务能力，管理人才可以促进乡村的社会发展，提高居民的生活质量。在乡村社区中，居民是推动社会进步的重要力量，管理人才需要通过有效的组织和沟通，激发居民的积极性和创造力，形成良好的社区氛围和强大的社会资本。

（二）服务意识与沟通能力

服务意识与沟通能力是乡村管理与服务人才所需的核心素质。服务意识不仅是一种态度，更是乡村管理人才的基本职责。他们必须具备主动识别和满足乡村农民需求的能力，以有效提高服务质量和居民满意度。乡村农民的需求多样且不断变化，管理人才需要具备敏锐的观察力和灵活的应对策略，才能为农民提供切实有效的服务。这种服务意识的培养，不仅有助于提高农民的生活质量，也为乡村的和谐发展奠定了基础。

有效的沟通能力是乡村管理人才必备的重要素质之一。沟通不仅是信息的传递，更是促进乡村农民之间交流与合作的桥梁。管理人才需要能够清晰、准确地传达信息，确保政策和服务措施能够被农民理解和接受。同时，还需要在沟通中展现出亲和力和耐心，以便在与农民的互动中建立信任关系。良好的沟通能力能够帮助管理者更好地协调各方利益，推动乡村事务的顺利开展。

倾听能力是沟通能力的重要组成部分。乡村管理人才应具备认真倾听农民意见和建议的能力，以便更好地调整管理策略和服务内容。倾听不仅是尊重农民意见的表现，也是获取有效信息的重要途径。通过倾听，管理者能够更深入地了解居民的真实需求和困扰，从而制订出更具针对性和可行性的解决方案。倾听能力的提升，有助于增强居民的参与感和归属感，进而促进乡村的长远发展。

服务意识与沟通能力的结合，能够显著增强乡村管理人才在处理矛盾和问题时的灵活性。面对复杂多变的乡村事务，管理人才需要在多方利益之间进行平衡，妥善解决矛盾和冲突。具备良好的服务意识和沟通能力，能够帮助他们在矛盾调解中展现出更高的灵活性和创造性，促进和谐社区关系的建立。这种能力的提升，不仅有助于化解潜在的矛盾，也为乡村的可持续发展提供了坚实的保障。

四、乡村文化与旅游人才的需求特点

（一）文化传承能力

首先，乡村文化人才需要在传统与现代之间找到平衡点，以有效传承和弘扬地方特色和民俗风情。他们需要熟悉本地的历史、习俗、语言和艺术形式，且能够在现代语境下重新诠释这些文化元素，使其在当代社会中焕发新的生命力。这种能力对于保持乡村文化的连续性和独特性至关重要，能够帮助乡村在全球化的背景下保持其文化身份。

其次，乡村文化人才需具备组织和策划文化活动的能力。这不仅包括节庆活动、艺术展览和传统表演，还涉及社区教育和文化遗产保护项目的策划和实施。通过精心设计的文化活动，乡村文化人才可以增强社区凝聚力，提高农民的文化参与感，激发他们本土文化的自豪感和归属感。这样的活动也是吸引外来游客的重要手段，能够展示乡村的文化魅力，为当地经济带来活力。因此，乡村文化人才的活动策划能力直接影响着乡村文化的传播效果和经济效益。

再次，在当今数字化时代，乡村文化人才还需掌握现代传播技术，尤其是新媒体平台的应用能力。通过社交媒体、短视频平台和在线直播，乡村文化可以突破地域限制，吸引更多的游客和外部关注。这种传播方式不仅能够扩大受众群体，还能促进文化交流与互动，提升乡村文化的知名度和影响力。乡村文化人才需要具备创新思维，能够利用数字工具讲述乡村故事，使传统文化在现代科技的助力下焕发出新的活力。

最后，乡村文化人才应具备跨文化交流能力，以促进乡村文化与外部文化的融合与互动。通过与外部文化的交流，乡村文化可以吸收新的元素，丰富自身的表现形式，同时能向外界展示自身的独特魅力。这种双向的文化互动有助于提升乡村文化的影响力，使其在更广阔的文化舞台上占据一席之地。乡村文化人才需要具备开放的心态和多元的视角，能够在文化交流中找到共同点，促进乡村文化的创新与发展。

（二）旅游开发与管理能力

乡村旅游人才需具备市场调研能力，以了解游客需求和市场趋势，制定有效的旅游产品和服务。市场调研能力不仅包括对游客数量和消费习惯的分析，还涉及对游客期望和满意度的深入理解。这种能力要求旅游人才在调研过程中，能够结合定量和定性的方法，全面评估市场需求，为乡村旅游的战略规划提供科学依据。

乡村旅游人才还需掌握旅游资源开发能力，能够识别和开发具有潜力的自然和人文资源，提升乡村旅游吸引力。旅游资源开发能力不仅要求其对现有资源的合理利用，还需具备创新思维，能够将传统资源与现代旅游需求相结合，创造出独特的旅游体验。这种能力的培养需要旅游人才具备广泛的知识背景，包括地理、历史、文化等方面的深厚积累以及对旅游市场动态的敏锐洞察力，以便在资源开发中做到因地制宜、创新发展。

乡村旅游人才需具备运营管理能力，以确保旅游项目的顺利实施和可持续发展，包括财务管理和客户服务。运营管理能力是旅游项目成功的关键，涉及项目从规划到实施的各个环节。旅游人才需要在项目管理中，科学合理地配置资源，优化运营流程，提高服务质量，提高游客满意度。同时，运营管理还包括财务管理能力，确保项目的经济效益和可持续性，以及客户服务能力，提升游客体验，增加游客的重游率和口碑传播。

乡村旅游人才应具备环境保护意识，能够在旅游开发过程中实施生态保护措施，维护乡村自然环境和文化遗产。环境保护意识是实现乡村旅游可持续发展的重要保障。旅游人才需要在开发过程中，严格遵循环保原则，采取有效的生态保护措施，减少旅游活动对自然环境的负面影响。同时，旅游人才还需在项目规划和实施中，注重对乡村文化遗产的保护和传承，确保乡村旅游不仅能带来经济效益，还能为当地环境和文化的可持续发展作出贡献。

第二节　乡村本土人才培养与开发

一、农业职业教育与培训体系构建

（一）课程设置与优化

首先，课程设置应紧密结合现代农业技术的发展，尤其是精准农业和智能化工具的应用能力培养。精准农业指通过利用信息技术和数据分析工具，实现农业生产的高效和可持续。因此，课程中应融入相关技术的基础知识和实操技能，使学生能够在实际农业生产中有效应用。这不仅能提高农业生产效率，还能推动农业向智能化和高效化方向发展。

其次，课程设置还需包括生态农业与可持续发展理念，以促进学生对环境保护措施的深入理解与实践。生态农业强调与自然环境的和谐共生，减少化学品的使用和资源浪费。通过课程的学习，学生将掌握如何在农业生产中实施可持续的环保措施，从而为乡村的绿色发展贡献力量。这种教育方式不仅有助于保护环境，还能提升农业产品的市场竞争力，满足消费者对绿色产品的需求。

再次，随着大数据时代的到来，增设数据分析与大数据应用课程显得尤为重要。通过这些课程，学生可以学习如何在农业管理中进行数据驱动的决策，从而提高生产效率和市场反应速度。掌握数据分析技能的学生能够利用数据进行市场预测、资源配置和风险管理，推动农业生产向更加科学和精准的方向发展。这种能力在现代农业中至关重要，能够为乡村经济发展注入新的活力。

又次，课程应强化团队协作与沟通能力的训练，以支持学生在农业合作社和团队中的有效运作。农业生产往往需要多方协作，因此，培养学生的团队合作精神和沟通技巧是职业教育的重要组成部分。通过模拟团队项目和合作任务，学生可以锻炼如何在团队中高效协作，解决实际问题。这种能力不仅有助于个人职业发展，也能促进农业合作社的成功运作和乡村社区的和谐发展。

最后，课程设置应结合地方特色农业，设置实践性课程，帮助学生掌握市场需求和消费者偏好的变化。通过实践课程，学生可以深入了解本地特色农业的生产流程和市场动态，培养其适应市场变化的能力。这种实践导向的教育方式能够有效提升学生的就业竞争力和创业能力，为乡村经济的多元化发展提供有力支持。通过与地方特色农业的紧密结合，教育体系不仅能满足地方经济发展的需求，还能推动乡村振兴战略的深入实施。

（二）师资力量的提升

当前，农业领域面临着技术快速更迭和生态可持续发展的双重挑战，教师作为知识传递的核心，需具备更高的专业素养。通过加强专业培训，教师能够更好地理解和应用现代农业技术及生态可持续发展理念。这不仅有助于提高教学质量，也能为学生提供更具时代感的知识储备，进而赋能乡村振兴与农业可持续发展。

引入行业专家和实践者参与教学，是提升课程实用性和前瞻性的有效途径。行业专家的实践经验和对最新农业发展趋势的洞察，能够为课程注入新鲜的视角和实用技能。通过这种方式，教师不仅可以传授最新的农业技术，还能帮助学生更好地理解行业动态，增强其在未来农业发展中的竞争力。这种实践与理论相结合的教学模式，确保了农业职业教育的前瞻性和实效性。

建立师资交流与合作机制，鼓励教师参与国内外农业教育研讨会，是提高整体教学水平的重要措施。通过分享经验与最佳实践，教师能够吸收不同国家和地区在农业教育中的成功经验，进而优化自身的教学方法。这种交流与合作不仅有助于教师个人的专业成长，也为整个教育体系带来了创新的灵感和方法，并进一步推动了农业职业教育的整体提升。

重视师德师风建设，是培养教师服务意识与责任感的基础。教师作为乡村教育的中坚力量，其使命感直接影响着人才培养的质量。通过加强师德师风建设，教师不仅能够更好地履行教书育人的职责，也能在潜移默化中影响学生的价值观和责任感。这种内在的使命感，促使教师在教育过程中更加关注乡村振兴的长远目标，为农业可持续发展贡献力量。

推动多学科交叉合作，鼓励农业教育教师与信息技术、环境科学等领域的专家共同开发跨学科课程，是提升学生综合素质的有效策略。现代农业的发展需要多学科的融合，单一的学科知识已难以满足实际需求。通过跨学科合作，学生不仅可以获得更全面的知识体系，还能培养出解决复杂问题的能力。这种多学科融合的教育模式，为学生在未来农业领域的创新和发展奠定了坚实的基础。

（三）培训模式的创新

培训模式的创新不仅需要适应现代农业发展的需求，还要满足学员多样化的学习需求。建立线上与线下结合的培训模式是当前的一个重要趋势。通过利用网络平台，提供灵活的学习资源和课程，学员可以根据自己的时间安排和学习需求，自主选择学习内容和进度。这种灵活的学习方式，不仅提高了学习的便利性，也扩大了教育的覆盖面，使更多的乡村学员能够参与农业职业教育。

为了增强学员的职业技能和就业竞争力，培训体系中还需引入企业实习与实践环节。通过在真实的农业生产环境中进行实操，学员能够更好地理解理论知识的实际应用，并积累宝贵的实践经验。这种实习与实践的结合，不仅提升了学员的动手能力，也为他们提供了一个了解农业行业实际运作的机会，从而更好地为未来的职业发展做准备。

此外，项目驱动式培训是另一种有效的培训模式。通过团队合作完成实际农业项目，学员不仅可以锻炼协作能力，还能提升项目管理能力。这种培训方式强调学员在具体任务中的参与和学习，使得他们能够在实践中掌握农业生产和管理的核心技能。项目驱动式培训也有助于培养学员的创新思维和解决问题的能力，为他们在复杂多变的农业环境中取得成功奠定基础。

个性化培训方案的实施是提高学习效率和满意度的有效途径。根据学员的背景和职业发展目标，为其量身定制课程内容，可以更好地满足学员的个性化需求。个性化培训不仅关注学员的当前学习状态，还考虑其未来的职业发展路径，帮助学员在学习过程中不断调整和优化自己的学习策略，从而实现更高效的学习成果。

最后，加强与地方农业企业和合作社的合作，是确保培训内容与市场需求紧密对接的重要举措。通过定期邀请行业专家举办讲座和提供指导，学员可以了解最新的行业动态和前沿技术。这种紧密的校企合作，不仅提升了培训的实用性和针对性，也为学员提供了更多的就业机会和职业发展空间。在培训过程中，行业专家的参与也能为学员提供宝贵的行业经验和职业建议，帮助他们更好地规划未来的职业生涯。

二、乡村实践与实训基地建设

（一）基地选址与规划

在乡村实践与实训基地的建设过程中，基地的选址需要充分考虑当地农业资源的丰富程度，这包括土壤质量、水源以及气候条件等因素。这些自然条件的优劣直接影响到农业生产的可持续性。选择土壤肥沃、水源充足且气候适宜的区域，可以有效提高农业生产效率，确保基地的长期发展潜力。此外，基地的选址还需综合考虑交通便利性和市场接入情况。选择易于运输和销售的基地位置，可以大大降低物流成本，提高经济效益。这种便利性不仅有利于农产品的快速流通和销售，也能吸引更多的投资和技术支持，助力乡村经济的整体提升。

在基地规划过程中，应结合乡村的发展需求和产业布局，确保基地与周边产业的协调发展。通过合理的产业布局，可以形成良好的产业链和生态系统，促进各产业之间的资源共享和优势互补。这种规划不仅能提升基地的综合效益，还能为当地居民提供更多的就业机会和发展空间。此外，基地的选址和规划还应充分考虑当地居民的参与和需求。通过促进社区的经济发展和社会参与，可以提高居民的生活质量，增强他们对乡村振兴的认同感和归属感。这种以人为本的规划理念，有助于形成可持续的乡村发展模式。

基地建设过程中必须注重生态环境的保护。选择对生态影响较小的区域进行基地建设，实施可持续的农业生产模式，是维护生物多样性和自然资源的关键。通过采用生态友好的生产技术和管理措施，可以最大限度地减少农业活动对环境的负面影响。这不仅有助于维持当地的生态平衡，也为后续的农业发展提供了良好的基础。总之，科学合理的基地选址与规划，是实现乡村振兴与农业可持续发展的重要保障。

（二）实训内容与方法

实训内容应涵盖现代农业技术的应用，特别是精准农业和智能设备的使用。这些技术的引入不仅能够提高农业生产的效率，还能显著提升学员的科技素养和实践能力。在实训过程中，学员将有机会亲身操作先进的农业设备，学习如何利用数据分析来优化种植策略，从而实现农业生产的智能化和精准化。这种实践经验将为学员在未来的农业生产中提供有力的技术支持。

生态农业实践课程也是实训的重要组成部分。这些课程旨在教授学员如何实施可持续农业生产措施，以保护环境和提高土壤质量。通过参与生态农业实践，学员将深入了解有机肥料的使用、轮作制度的实施以及生物多样性的管理等关键技术。这些措施不仅有助于提高农业生产的可持续性，还能有效减少对环境的负面影响。学员在实训中将学习如何在农业生产中平衡经济效益与生态保护，为实现乡村振兴提供可持续的路径。

市场调研实训是培养学员市场分析能力的重要手段。通过实训，学员可学习如何分析消费者需求和市场趋势，以便在实际生产中做出相应调整。市场调研不仅涉及数据的收集和分析，还包括对市场动态的敏锐洞察力的培养。学员将通过实地调研和案例分析，掌握如何根据市场变化调整产品策略，以确保农业产品的市场竞争力。

团队合作项目的引入旨在培养学员的项目管理和协作能力。在农业生产中，团队合作是实现高效生产的关键。通过小组合作完成农业生产任务，学员将学习如何分工协作、资源整合以及项目协调。这不仅提升了学员的管理能力，还增强了他们的团队意识和沟通能力。在项目实施过程中，学员将面临实际问题的挑战，学习如何在团队中发挥个人特长，促进团队目标的实现。

农业安全与应急处理训练是确保学员在突发事件中具备应变能力和安全意识的重要环节。农业生产过程中常伴随各种风险，如自然灾害、设备故障等。通过模拟训练和案例分析，学员将学习如何识别潜在风险、制订应急预案以及实施安全操作。这些训练不仅提高了学员的安全意识，还增强了他们在面对突发事件时的应对能力，为农业生产的顺利进行提供了保障。

（三）校企合作机制

建立一个有效的校企合作平台，可以促进高校与农业企业之间的信息交流和资源共享，推动人才培养与企业需求的有效对接。通过这种机制，教育机构能够更好地理解农业企业的实际需求，从而调整和优化其课程设置和教学内容。这种双向的互动不仅有助于高校培养出符合行业需求的人才，也为企业提供了源源不断的高素质劳动力，进而支持乡村经济的可持续发展。

在校企合作的框架下，共同开发实习和实践项目是关键步骤之一。这些项目能够显著增强学生的实践能力和就业竞争力，确保他们在学校学习的内容能够与实际工作需求紧密结合。通过参与真实的农业企业项目，学生可以在实践中锻炼自己的技能，积累宝贵的行业经验。这种实践导向的教育模式不仅提高了学生的就业率，也为乡村地区培养了一批既具备理论知识又具备实践技能的人才，为当地农业的创新和发展注入了新的活力。

定期举办校企联合研讨会是提高教育质量和行业相关性的有效途径。通过邀请企业专家参与课程设计与教学，高校可以确保其教育内容紧跟行业发展趋势。这些研讨会为高校和企业提供了一个交流的平台，使双方可以分享最新的行业动态和技术进展。此外，企业专家的参与也为学生提供了直接接触行业前沿知识的机会，激发了他们的学习兴趣和创新思维能力，为他们未来的职业发展打下了坚实的基础。

企业导师制的实施是校企合作机制中的一大亮点。通过邀请行业专业人士担任学生的指导老师，学生可以获得宝贵的职业发展建议和行业洞察。这种导师制不仅能够帮助学生更好地规划职业生涯，也为他们提供了一个了解行业内部运作和文化的窗口。导师的指导和支持能够帮助学生更快适应职场环境，提高他们的职业素养和综合能力，这对于他们未来在农业领域的发展至关重要。

为了确保校企合作的长期有效性，建立合作的评估机制是必不可少的。定期评估合作效果和人才培养质量，可以帮助双方及时发现合作中的不足，并及时作出相应的调整。这种评估不仅可以确保合作内容与行业需求保持一致，还能够推动合作模式的持续优化。通过不断的反馈和改进，校企合作机制可以为乡村人才振兴和农业可持续发展提供更为坚实的支持，助力乡村经济的繁荣与发展。

三、传统技艺与现代技能的结合培养

（一）传统技艺的传承

传统技艺通常指的是那些在特定地域内经过长时间发展并保留下来的手工技艺。这些技艺往往涉及复杂的工艺流程和独特的材料使用方式，体现了当地的文化特征和生活方式。传统技艺不仅是一种技术，更是一种文化符号，代表着一个地区的历史和文化积淀。在现代社会中，对传统技艺的重新定义和理解，可以为其注入新的活力，使其在全球化的背景下继续发挥作用。

在乡村经济中，传统技艺具有不可替代的重要性。它们不仅是当地居民的重要收入来源，还能带动相关产业的发展。例如，传统手工艺品的制作和销售可以促进旅游业的发展，同时为当地居民提供就业机会。此外，传统技艺的创新和现代化改造，可以进一步提升产品的市场竞争力，为乡村经济注入新的活力。因此，保护和发展传统技艺是实现乡村经济可持续发展的重要途径。

为了有效传承传统技艺，教育与培训是必不可少的环节。传统技艺的教育可以通过多种途径实现，如在学校课程中引入相关内容，或者通过社区工作坊进行技能培训。此外，利用现代技术，如互联网和多媒体教学工具，可以扩大传统技艺的传播范围，提高学习效率。通过系统的教育和培训，不仅可以培养出新一代的技艺传承者，还能激发年轻人对传统文化的兴趣和认同感。

将传统技艺与现代农业生产相结合，是实现农业可持续发展的重要策略。传统技艺中的许多技法和理念，如自然资源的可持续利用、生态种植等，与现代农业的发展方向高度契合。在实际操作中，可以通过引入现代科技手段，如机械化生产和信息化管理，来提高传统技艺的生产效率和产品质量。这种结合不仅能保留传统技艺的文化价值，还能提升农业生产的经济效益。

传统技艺在乡村文化传承中扮演着重要角色。它们不仅是文化记忆的载体，也是乡村居民身份认同的重要组成部分。通过传统技艺的传承和发展，可以增强社区的凝聚力和文化自信。在文化活动中，如节庆和集市，传统技艺往往是其重要的组成部分，能够丰富乡村的文化生活。此外，传统技艺的保护和发展也有助于提升乡村的文化旅游吸引力，为乡村振兴提供新的动力。

（二）现代技能的引入

现代农业技术涵盖了从生物技术到机械化设备的广泛领域，这些技术的应用使农业生产更加高效和可控。在引入现代技能的过程中，乡村人才需要掌握这些新兴技术的基本原理和操作方法，以便在实际生产中灵活运用。通过现代技能的培训，乡村劳动力不仅能够提升自身的竞争力，也能为乡村经济的可持续发展奠定坚实的基础。

信息技术在农业生产管理中的作用日益显著。现代农业的管理已经不再仅仅依靠经验和直觉，而是越来越多地依赖数据驱动的决策。信息技术的应用使农业生产的各个环节实现了数字化管理，从土地的测绘、种植计划的制订，到收获后的市场分析，信息技术都发挥着不可替代的作用。通过信息技术的引入，乡村人才能够更准确地掌握农业生产的动态变化，提高资源的利用效率，降低生产成本，从而实现农业生产的精细化管理。

智能设备与精准农业的结合是现代农业发展的重要趋势。智能设备的引入不仅提高了农业生产的自动化水平，还为精准农业的实施提供了技术支撑。精准农业通过感知和分析土壤、气候、作物生长等多方面的数据，实现对农业生产的精准控制和优化。乡村人才在掌握智能设备的操作技能后，可以有效提高农业生产的精度和效率，减少资源浪费，提高农产品的质量和产量。这种现代技能的引入，使乡村农业生产向着高效、环保、可持续的方向发展。

数据分析技能在农业决策中的重要性不容忽视。在现代农业中，数据已经成为一种重要的生产要素。通过对农业生产数据的分析，乡村人才能够识别出影响农业生产的关键因素，预测市场需求变化，制订科学合理的生产计划。数据分析技能的培养，使乡村人才能够在复杂多变的市场环境中作出明智的决策，从而提升农业生产的市场竞争力。这种技能的引入，不仅增强了乡村人才的综合素质，也为乡村经济的可持续发展提供了智力支持。

可持续发展理念在现代农业中的实践是乡村振兴的重要组成部分。现代农业技术的引入，不仅要关注生产效率的提高，还要注重资源的可持续利用和生态环境的保护。通过可持续发展理念的实践，乡村人才能够在农业生产中平衡经济效益与生态效益，实现人与自然的和谐共生。这种理念的引入，使乡村农业发展更加绿色、健康，为实现农业的可持续发展提供了科学指引和理论支撑。

（三）综合能力的培养

项目驱动学习是培养学员综合能力的有效途径之一。通过参与实际农业项目，学员能够锻炼解决问题的能力和团队协作精神。在项目中，学员需要面对真实的农业生产问题，提出切实可行的解决方案，并与团队成员紧密合作。这种实践导向的学习方式不仅提升了学员的技术能力，也培养了他们的沟通能力和领导力，使其在未来的职业生涯中具备更强的竞争力。

现代技能与传统技艺的结合是提升学员创新能力和市场适应能力的关键。通过系统的培训，学员可在掌握现代农业技术的同时，充分发挥传统技艺的价值。这种结合不仅丰富了学员的技能储备，也拓宽了他们的职业发展空间。在市场需求不断变化的背景下，能够灵活运用现代技术与传统技艺的学员，在就业市场上具有更大的优势。

实践与理论的结合是增强学员实际操作能力和应变能力的重要手段。通过建设实训基地，学员可以在真实的农业生产环境中进行实践操作，巩固课堂上学到的理论知识。这种“学中做，做中学”的模式，使学员在面对实际问题时能够快速反应，并给出有效的解决方案。同时，实训基地的建设也为学员提供了一个交流和学习的平台，促进了不同学科背景学员之间的知识共享和经验交流。

职业素养与服务意识的培养是乡村人才振兴的重要组成部分。通过系统的职业素养培训，学员能够更好地理解乡村发展的需求，并在工作中体现出高水平的服务意识。这样的培养不仅有助于提升学员的个人职业发展，也能够在更大程度上满足乡村社区的需求，提高居民的生活质量。培养具备职业素养和服务意识的人才，是实现乡村振兴与农业可持续发展的重要保障。

四、本土人才创新能力提升路径

（一）创新思维的培养

通过系统化的创新思维训练，乡村人才可以提高其创造性解决问题的能力，进而推动乡村经济和社会的全面发展。工作坊和研讨会均是有效的途径，通过这些活动，参与者可以在互动中激发灵感，分享经验，拓宽思维边界。这样的训练不仅提升个人的创新能力，还能促进群体间的合作，形成良好的创新生态。此外，创新思维的培养需要长期的投入和支持，只有在持续的学习和实践中，才能真正实现创新能力的提升。

建立乡村创新孵化器是提升本土人才创新能力的重要路径。孵化器不仅提供必要的资源和技术支持，还为乡村人才提供了一个将创意转化为实际项目和产品的平台。通过孵化器，乡村人才可以获得专业的指导和培训，了解项目管理、市场分析等方面的知识，从而更好地将创新想法付诸实践。同时，孵化器还可以帮助乡村人才建立广泛的社会网络，连接政府、企业和学术界的资源，形成多方协同的创新支持体系。这种资源整合和支持机制，将为乡村的可持续发展注入新的活力。

跨学科合作是激发创新思维的重要方式。引导乡村人才开展跨学科合作，可以促进不同领域知识的融合，产生新的思维和解决方案。在跨学科合作中，参与者可以学习不同领域的思维方式和技术手段，拓宽自己的知识面和视野。这种合作不仅有助于个人能力的提升，还能推动团队的创新效率。通过跨学科的合作，乡村人才能够更好地应对复杂的农业和农村问题，提出具有创新性和可行性的解决方案，推动乡村振兴和农业的可持续发展。

创新项目竞赛是激发乡村人才创新意识和实践能力的有效机制。通过竞赛，乡村人才可以展示自己的创新成果，接受专家的评审和反馈，从而不断改进和完善自己的项目。竞赛的评选和奖励机制，不仅可以激励参与者的创新热情，还能为优秀的创新项目提供资金和资源支持。此外，竞赛也为乡村人才提供了一个相互交流和学习的平台，通过与其他参赛者的互动，参与者可以获得新的灵感和思路，能进一步提升自己的创新能力。

培养乡村人才的市场导向思维是创新思维培养的重要组成部分。市场导向思维强调关注消费者需求和市场变化，推动产品与服务的创新。通过市场调研和分析，乡村人才可以更好地理解市场趋势和消费者偏好，从而开发出更符合市场需求的产品和服务。市场导向思维的培养，不仅有助于提升乡村人才的创新能力，还能增强其市场竞争力，推动乡村经济的可持续发展。在这个过程中，政府和企业可以提供必要的支持和指导，以帮助乡村人才更好地把握市场机会，实现创新发展。

（二）创新项目的孵化

通过建立乡村创新项目孵化器，可以为创业者提供必要的资金、技术和市场支持。这些孵化器不仅能帮助乡村创业者将创意转化为实际产品或服务，还能为他们提供一个安全的环境来试验和调整他们的创新思路。资金支持可以帮助他们解决初期的资金短缺问题，而技术支持则能够为他们提供先进的农业技术和创新思维，市场支持则有助于他们更好地将产品推向市场，实现经济效益。

构建多方合作网络是创新项目孵化成功的关键。通过吸引高校、企业和政府共同参与，可以形成资源共享与优势互补的生态系统。高校可以提供科研支持和创新人才，企业可以提供市场和技术支持，而政府则可以提供政策支持和资金保障。这样的合作不仅能够提高创新项目的成功率，还能为乡村地区创造更多的就业机会，推动当地经济的发展。同时，多方合作也能促进知识的交流与传播，为乡村创新提供源源不断的动力。

设立定期的创新项目展示会是促进乡村人才展示其创新成果的重要途径。这些展示会不仅为乡村人才提供了一个展示平台，还能吸引投资者和市场关注，促进项目的投资与市场对接。通过展示会，乡村人才可以获得宝贵的反馈意见，进一步完善和优化他们的创新项目。同时，这也为他们提供了一个与同行交流和学习的机会，有助于提高他们的创新能力和竞争力。

提供专业的创业培训和辅导是提高乡村人才创新项目成功率的重要措施。

通过系统的培训，乡村人才可以掌握项目管理、市场营销和财务管理等必需技能。这些技能对于项目的成功至关重要，可以帮助他们更好地规划和管理他们的项目，降低创业失败的风险。此外，创业辅导也能为他们提供个性化的建议和指导，帮助他们克服在创业过程中遇到的各种挑战和困难。

推动创新成果的知识产权保护是激励乡村人才进行创新活动的有效手段。确保乡村人才的创新成果能够得到合法权益的保障，不仅能保护他们的创新利益，还能激励更多的人参与创新活动。通过完善的知识产权保护机制，乡村人才可以更加安心地投入创新活动中，推动农业的可持续发展和乡村的全面振兴。

（三）创新资源的整合

通过建立多方合作机制，可以有效整合政府、企业、科研机构和农民合作社的资源，实现资源共享与优势互补。这种合作机制不仅能够提高资源利用效率，还能增强各方的创新能力和实践能力。政府在其中可以发挥引导和协调作用，确保政策支持和资源配置的合理性；而企业则可通过市场导向和技术创新，为乡村发展提供新的动力和方向。科研机构则通过提供先进的技术和知识，帮助乡村实现现代化转型。农民合作社作为基层组织，能够将各方资源有效引入乡村，促进本土人才的成长与发展。

推动信息平台建设是整合创新资源的重要途径。借助数字化工具，可以汇聚多方的创新资源，促进乡村人才与外部资源的有效对接与交流。信息平台不仅能够提供信息共享的渠道，还能通过大数据分析和人工智能技术，帮助乡村人才更好地理解市场需求和技术趋势。同时，这些平台也为乡村人才提供了展示自身能力和成果的舞台，增强了他们在市场中的竞争力和影响力。通过信息化手段，促使乡村与外部世界的联系更加紧密，为乡村人才的创新活动提供广阔的空间和更多的机会。

鼓励社会资本投资乡村创新项目是支持乡村人才创新的重要方式。通过风险投资和众筹等金融工具，可以为乡村人才提供必要的资金支持和创业机会。这种投资不仅能够缓解乡村人才在创新过程中面临的资金短缺问题，还能通过资本的介入，引入更多的市场经验和管理理念，提高乡村创新项目的成功率。同时，社会资本的参与也能激发乡村人才的创业热情，促进更多创新项目的涌现，从而形成良性循环，为乡村经济的可持续发展注入新的活力。

促进高校与乡村的合作是提升本土人才创新能力的有效路径。高校拥有丰富的科研成果和技术储备，可以为乡村创新提供智力支持和技术指导。通过建立长期稳定的合作关系，高校可以根据乡村的实际需求，提供定制化的技术服务和人才培训。同时，乡村也可以为高校的科研活动提供实践基地，促进理论与实践的结合。这种双向互动不仅能提升乡村人才的创新能力，还能推动高校科研成果的转化与应用，实现互利共赢的目标。

第三节　乡村人才引进与留用机制

一、人才引进的重要性

（一）经济发展的推动力

乡村人才引进可以为地方经济注入新鲜血液，推动农业生产力的提升和产业结构的优化。通过引进具备现代农业知识和技能的人才，乡村地区能够更有效地利用自然资源，提高农产品的产量和质量，从而在国内外市场上具有更强的竞争力。引进的专业人才能够带来先进的管理理念和技术，促进乡村企业的创新和竞争力增强。这些人才往往具备丰富的实践经验和创新思维，能够引导乡村企业在激烈的市场竞争中脱颖而出。此外，通过吸引外部人才，乡村可以实现知识和技能的转移，提升本地居民的职业素养和就业能力。外来人才的加入不仅带来了新的视角和思维方式，还通过培训和指导帮助本地居民掌握新的技术和方法，增强他们在劳动市场上的竞争力。

人才引进不仅对经济有直接的推动作用，还能增强乡村的社会资本，促进社区参与和合作，提高乡村治理水平和农民的生活质量。外来人才的融入，为乡村带来了多样化的文化和思想，促进了农民之间的交流和互动，增强了社区的凝聚力。同时，这些人才在推动乡村公共事务管理和基础设施建设方面也发挥了积极作用，通过参与乡村治理和社区事务，他们为乡村的可持续发展贡献了力量。总之，乡村人才引进不仅是经济发展的推动力，更是社会进步的重要引擎。通过吸引和留用优秀人才，乡村地区能够在经济、社会和文化等各个方面实现全面发展，最终实现乡村振兴和农业可持续发展的目标。

（二）技术创新的源泉

引进专业人才能够为乡村带来先进的农业科技和管理经验，推动农业生产方式的转型与升级。当前，农业领域正处于一个快速变革的时代，传统的生产方式已无法满足现代市场的需求。引入具有前沿科技背景和丰富管理经验的专业人才，可以有效地将先进的农业技术和管理理念引入乡村。这些人才不仅能够提高农业生产效率，还能通过技术转化和应用，提高农业产品的质量和市场竞争力。通过这种转型升级，乡村经济可以实现更高质量的发展，为农业可持续发展奠定坚实基础。

外部人才的加入可以激发乡村内部的创新热情，促进本土人才的学习与成长，提升整体创新能力。乡村地区往往存在创新资源匮乏的问题，外部人才的引入能够为乡村注入新鲜的思维和创新动力。通过与外部人才的互动和合作，本土人才可以在观念和技能上得到提升，从而增强自身的创新能力。这种内外结合的创新机制，有助于在乡村内部形成一个良好的创新生态环境，使创新成为推动乡村振兴的重要力量。

引进的技术专家能够为乡村提供定制化的技术解决方案，帮助其解决特定的农业生产问题，实现精准化管理。每个乡村在农业生产中面临的问题和挑战各不相同，标准化的解决方案往往难以奏效。技术专家的引入可以根据当地具体情况，制订出具有针对性的技术方案。例如，针对不同土壤条件、气候变化、病虫害防治等问题，专家们能够提供精准的指导和支持，帮助乡村实现精准化管理。这不仅提高了农业生产的效益，也减少了资源浪费和环境污染。

通过引进人才，乡村能够建立更为完善的创新生态系统，促进多方合作，形成资源共享与优势互补的局面。创新生态系统的构建需要多方力量的参与，包括政府、企业、科研机构和农民等主体。引进外部人才可以作为连接各方的纽带，推动资源的整合与共享。通过这种多方合作，乡村不仅能够吸引更多的创新资源，还能在合作中实现优势互补，提升整体竞争力。这种创新生态系统的形成，将为乡村振兴和农业可持续发展提供源源不断的动力。

二、人才引进策略与渠道

（一）教育合作与交流

通过建立乡村与高校的合作机制，实习和实践项目的开展不仅能增强学生的实践能力，还能提高乡村企业的技术水平。这种合作模式为学生提供了一个了解乡村、服务乡村的窗口，也为乡村企业注入了新鲜的技术和理念。在这个过程中，高校与乡村企业形成了双赢的局面：学生获得了实践经验，企业则获得了技术支持和创新思路。通过这种合作，乡村企业的竞争力得以提升，而学生也在实践中找到自身的职业发展方向。

推动乡村教育机构与科研机构的联动是促进农业科技成果转化和应用的重要途径。科研机构的先进技术通过教育机构传递到乡村，能够有效提升乡村的科技创新能力。这种联动不仅能加快科技成果的产业化进程，还能培养出一批具备科研素养和创新能力的人才。乡村教育机构在这一过程中，既是技术的传播者，也是创新的推动者。通过紧密的合作，乡村的农业生产方式和经营理念都在逐步向现代化、科技化迈进，这也为乡村振兴奠定了坚实的基础。

开发线上教育平台为乡村人才与外部专家的互动提供了可能。这种平台不仅打破了地域限制，还大大提高了知识的传播效率。通过在线课程、专家讲座和互动论坛，乡村人才能够及时获取最新的农业技术和管理知识，提高自身的技能水平。与此同时，外部专家也能通过平台了解乡村的实际需求和发展动态，提供更有针对性的指导。这种互动学习模式为乡村人才的成长和乡村发展的提速提供了有力支持。

建立乡村人才培训与引进的双向反馈机制，确保教育内容与乡村实际需求相匹配，是提升人才适应性和实用性的关键。通过反馈机制，教育机构能够及时调整课程设置和培训内容，使其更贴近乡村的实际工作环境和发展需求。这种机制不仅提高了乡村人才的职业胜任力，还增强了他们在乡村长期发展的信心。通过这种双向反馈，教育内容与乡村需求的匹配度不断提高，人才的培养质量和乡村的可持续发展能力都得到了显著提高。

（二）企业引才计划

通过制定明确的人才引进目标，企业可以聚焦于乡村发展的关键领域，如农业科技、管理和服务等，确保引进的人才能够与企业需求高度匹配。这种针对性的策略不仅提高了人才引进的效率，还能有效促进乡村地区的经济发展和社会进步。为了实现这一目标，企业需要深入分析乡村发展的实际需求，并结合自身的发展规划，明确人才引进的方向和重点领域。在此过程中，企业应积极与地方政府和相关机构沟通协调，确保引才计划的顺利实施。

在企业引才计划中，建立灵活的引才机制显得尤为重要。这种机制允许企业根据市场变化和自身需求，快速调整引才策略，以吸引不同层次和类型的人才。灵活的引才机制能够帮助企业在激烈的人才竞争中保持优势，并为乡村发展提供源源不断的人才支持。企业可以通过多种方式实现引才机制的灵活性，例如，采用多元化的招聘渠道、灵活的工作安排以及具有竞争力的薪酬福利体系。同时，企业还应注重人才的多样性和包容性，以吸引来自不同背景的专业人才，为企业注入新的活力和创新思维。

实施企业人才培养计划是提高引进人才留用率和工作满意度的关键。通过内部培训和职业发展机会，企业可以帮助新引进的人才快速适应工作环境，提高其专业技能和综合素质。这不仅有助于增强员工的归属感和忠诚度，还能提升企业的整体竞争力。在人才培养方面，企业应制订系统的培训计划，涵盖专业技能、管理能力和职业发展等多个方面。此外，企业还应建立完善的职业发展路径，为员工提供清晰的发展方向和晋升机会，激励他们在企业内长期发展。

加强企业与地方政府的合作，是形成引才合力、提升乡村吸引力的重要途径。通过利用政策支持和资源共享，企业可以在引才过程中获得更多的便利和支持。这种合作关系不仅有助于企业在人才引进方面取得突破，还能为地方经济发展注入新的活力。在实践中，企业可以与地方政府共同开展人才引进活动，分享信息和资源，实现优势互补。同时，企业还应积极参与地方政府的人才政策制定，为政策的完善和实施提供建议和支持。

利用现代信息技术，开发线上人才招聘平台，是扩大人才引进渠道的重要手段。通过线上平台，乡村企业可以提高自身的曝光率和吸引力，吸引更多优秀人才的关注。线上招聘平台不仅能够突破地域限制，还能提高招聘效率和精准度。在构建线上招聘平台时，企业应注重平台的用户体验和功能完善，确保其能够满足招聘双方的需求。此外，企业还可以通过社交媒体和专业网络，扩大招聘信息的传播范围，吸引更多潜在的优秀人才。

（三）建设乡村全面振兴的人才队伍

一是加强农村实用人才的培育。实施高素质农民培育提质增效行动，优化师资力量，加强实践实训基地建设。培育农村产业发展带头人，通过政府主导、多方参与的方式，在每个村培育农村产业发展带头人。大力开展新型农业经营主体示范创建，推荐申报省级、市级示范社、示范农场。二是集聚农村科技人才资源。加快培育农业领域高科技领军人才和团队，推进农业科技园区建设。提升现代农业产业技术体系服务能力，布局农业科技创业平台。加强与高等院校、科研院所、农业机构的合作，带动农村发展振兴。三是引导各类人才向农村流动。实施农村优秀人才回引工程，通过乡情、乡愁纽带引导在外人员反哺家乡。深入实施专家人才服务基层行动计划，组建乡村振兴顾问团，开展支农扶农活动。深化技能人才评价改革，支持农业类企业开展技能人才评价，鼓励农民参加技能评价。四是优化乡村人才发展环境。建立健全人才保障机制，完善人才服务乡村正向激励机制，落实乡镇工作补贴政策。加强基础设施建设，优化乡村人才生活环境，提高农村通信网络质量和扩大覆盖范围。加大改革创新力度，打通城市人才资源下乡通道，推动各类人才、项目、资源下沉至基层。

三、留用人才的关键因素

（一）工作环境与条件

在推动乡村人才振兴与农业可持续发展的过程中，工作环境与条件成为留用人才的关键因素之一。提供良好的工作设施和设备是提高乡村人才工作效率和舒适度的基础，使人才在乡村工作中感受到与城市相媲美的便利。此外，营造积极向上的工作氛围同样重要。通过鼓励团队合作和创新，能够提升员工的工作满意度，使他们在工作中找到成就感和归属感。合理的薪酬与福利体系也是吸引和留住优秀人才的关键。通过有竞争力的薪酬结构和完善的福利政策，可以增强人才的归属感，使他们愿意长期扎根于乡村。提供职业发展与培训机会是帮助人才不断提升专业技能和职业素养的有效途径。通过提供持续的学习和发展机会，乡村人才可以不断进步，适应快速变化的农业发展需求。

（二）职业发展空间

通过设立清晰的晋升机制和标准，乡村组织可以激励人才长期留在乡村，并为其提供成长的动力。职业晋升通道不仅是职位的提升，还包括薪酬待遇、职务职责等方面的综合提升。这种多维度的晋升机制能够有效激发人才的工作热情和忠诚度，使其在乡村工作中找到归属感。

为了进一步帮助人才了解自身的职业发展状况，定期开展职业发展评估与反馈是很有必要的。通过评估，人才可以清晰地了解自己的优势和不足，从而制订个性化的职业发展计划。这一过程不仅有助于人才自身的成长，也有助于组织发现和培养潜在的领导者。个性化的职业发展计划需要根据个人的职业目标和组织的发展需求进行调整，以确保人才在乡村工作的每个阶段都能实现自我价值。

在职业发展过程中，建立多样化的培训与进修机会是提升人才专业能力和市场竞争力的重要手段。鼓励人才参与行业会议、研讨会和继续教育，不仅能提高其专业技术水平，还能拓宽其视野，使其更好地适应不断变化的农业环境。在乡村工作中，人才需要不断更新知识和技能，以应对新挑战和新机遇。通过多样化的培训和进修，人才可以保持专业上的领先地位，从而为乡村发展贡献更大的力量。

促进跨领域的职业发展也是留用人才的有效策略之一。通过鼓励人才在不同岗位之间轮岗，乡村组织可以帮助其拓宽职业视野和技能范围。这种跨领域的职业发展不仅能激发人才的创新思维，还能增强其适应能力，使其在面对不同工作任务时更加游刃有余。跨领域的职业发展为人才提供了更广阔的成长空间，也为乡村组织培养了多面手型的人才队伍。

提供参与乡村发展项目和管理的机会，使人才在实践中积累经验，提升其领导能力和项目管理能力。这种实践机会不仅能提升人才的综合素质，还能增强其对乡村工作的认同感和责任感。在参与项目管理的过程中，人才可以锻炼自己的决策能力和团队协作能力，为今后的职业发展打下坚实的基础。通过参与实际项目，人才能够更好地理解乡村发展的需求和挑战，从而在工作中更加积极主动，推动乡村的可持续发展。

（三）薪酬与福利待遇

建立具有竞争力的薪酬体系是吸引和留住优秀人才的基础。一个合理的薪酬体系不仅需要与市场标准相符，还应具有一定的前瞻性，以应对市场变化带来的挑战。在国内外比较中，许多国家和地区通过调研市场薪酬水平，以确保其薪酬政策的竞争力和吸引力。对于乡村地区而言，薪酬的竞争力不仅体现在数额上，更在于其是否能满足员工的生活需求和职业期望。

良好的福利待遇是提高人才生活质量和工作满意度的重要手段。健康保险、住房补贴和子女教育支持等福利项目，直接关系到员工的生活质量。这些福利不仅能减轻员工的经济负担，还能提高他们对企业的归属感和忠诚度。在一些成功的案例分析中，完善的福利体系被证明是提高员工满意度和留用率的有效措施。因此，乡村企业在设计福利待遇时，应充分考虑员工的实际需求和地区特点，以便更好地吸引和留住人才。

绩效奖金制度是激励员工积极性和创造力的重要机制。根据员工的工作表现和贡献给予相应的奖励，可以有效地激发员工的工作热情和创造力。这种制度不仅能提高员工的工作效率，还能增强团队的凝聚力和竞争力。然而，实施绩效奖金制度需要明确的评价标准和公平的评估机制，以确保奖励的合理性和透明度，从而达到激励的效果。

定期进行薪酬和福利待遇的市场调研，是保持乡村企业薪酬政策与行业趋势一致的重要手段。通过市场调研，可以及时掌握行业的薪酬变化趋势，从而对企业的薪酬政策进行适时调整，以增强其市场竞争力。这种动态调整机制在国内外的许多成功企业中得到了广泛应用，成为企业保持竞争力的重要保障。

建立职业发展与薪酬挂钩的机制，可以有效提高人才对乡村工作的忠诚度。在职业成长过程中享受相应的薪酬提升，不仅是对员工能力和贡献的认可，也是对其未来发展的激励。这种机制可以帮助员工明确职业发展路径，增强其工作的稳定性和积极性。通过职业发展与薪酬挂钩，乡村企业能够更好地留住核心人才，为农业可持续发展提供坚实的人才保障。

四、人才流失的预防与应对措施

（一）建立激励机制

通过建立多层次的激励体系，包括薪酬、奖金和非物质激励，不仅可以全面提升人才的工作积极性，还能提高其满意度。这种激励体系的设计需要考虑到不同人才的需求和期望，确保其能够感受到个人价值的实现和职业发展的前景。薪酬和奖金作为直接的物质激励手段，能够满足人才的基本经济需求，而非物质激励，如工作环境改善、职业发展机会等，则能从长远上增强人才的归属感和忠诚度。

设立人才荣誉制度是激励机制中的关键一环。通过定期评选优秀人才，并公开给予表彰和奖励，不仅可以增强人才的归属感和自豪感，还能在团队中树立榜样，激励其他成员的进步和发展。这种荣誉制度需要透明和公正，以确保评选过程的可信度和有好的激励效果。通过这种方式，能够有效地激发人才的内在动力，使其在工作中表现出更高的积极性和创造性，进而推动乡村振兴的整体进程。

提供职业发展激励是吸引和留住乡村人才的重要手段。支持人才参与培训和进修，帮助其提升专业技能和职业竞争力，是确保人才持续发展的关键。职业发展激励不仅是提供培训机会，更需要为人才制订个性化的职业发展规划，使其能够清晰地看到自身的成长路径和未来前景。这种激励措施能够有效地提升人才的职业成就感和稳定性，减少其因职业发展受阻而流失的可能性。

建立灵活的工作机制，如弹性工作时间和远程办公选项，是提高人才工作舒适度和生活质量的有效手段。现代社会中，工作与生活的平衡越来越受到重视，尤其是在乡村地区，提供灵活的工作机制能够有效地吸引更多人才留在乡村工作。弹性工作时间可以帮助人才更好地安排工作和生活，而远程办公选项则能够突破地域限制，吸引更多外地人才参与乡村建设。

鼓励创新和创意是激发人才创造力和主动性的关键。通过设立创新项目基金，支持人才提出和实施新想法，不仅可以激发其创造力，还能为乡村振兴带来新的活力和动力。创新和创意的激励机制需要有明确的支持政策和资源保障，以确保人才能够在实践中不断探索和尝试，为乡村的可持续发展贡献智慧和力量。这种机制的建立能够为乡村振兴注入持续的创新动能，推动农业和农村的现代化进程。

（二）加强员工培训

在乡村人才振兴与农业可持续发展的背景下，加强员工培训是提升乡村人才素质、预防人才流失的重要策略。建立系统化的培训计划是关键，这需要明确培训的目标和内容，以满足员工在专业技能和职业素养方面的需求。通过科学的培训设计，不仅能够提升员工的实际操作能力，还能增强其对农业现代化技术的理解和应用能力，为乡村发展提供人力支持。

定期开展技能评估是确保培训有效性的必要措施。通过技能评估，管理者可以深入了解员工的培训需求和当前技能水平，从而制订更具针对性的培训方案。这种评估机制能够确保培训内容与员工的实际工作相匹配，避免资源浪费，并提高员工的工作效率。此外，技能评估还可以激励员工不断提升自身能力，形成良好的学习氛围。

引入外部专家进行专项培训是提升员工专业能力的有效途径。外部专家能够带来行业前沿的技术和趋势，帮助员工拓宽视野，增强对新技术的理解和应用能力。这种培训不仅可以提高员工的专业水平，还能激发他们的创新思维，推动乡村农业的技术进步和可持续发展。此外，外部专家的参与也有助于提升培训的权威性和吸引力。

鼓励员工参与跨部门培训和项目合作能够有效提升其综合素质和团队协作

能力。在跨部门的合作中，员工可以接触不同领域的知识，促进知识共享，形成多元化的知识结构。这种多样化的培训方式能够培养员工的全局观和系统思维能力，增强其适应变化的能力，为乡村振兴提供多层次的人才支持。

建立培训反馈机制是持续改进培训内容和方式的重要手段。通过收集员工对培训效果的意见和建议，可以识别培训中的不足，并及时进行调整。这种反馈机制不仅能够提高培训的质量，还能增强员工的参与感和满意度，形成良好的培训文化。通过不断优化培训体系，乡村地区可以培养出更多适应现代农业发展的高素质人才，为农业可持续发展提供有力的人才保障。

第四节　乡村人才激励与发展机制

一、构建多元化激励机制

（一）物质激励

建立具有吸引力的薪酬体系是关键。通过对比市场标准，应确保乡村人才的收入水平与城市地区相当，以吸引高素质人才投身于乡村发展事业。这样的薪酬体系不仅要考虑基本工资，还应包括绩效奖金制度。根据员工的工作表现和贡献，制定相应的奖励措施，可以有效激励员工的积极性和创造力，促进工作效率的提高。

此外，设立住房补贴和交通补助也是物质激励的重要措施。由于乡村地区的生活设施相对匮乏，生活成本的降低能够显著提高乡村人才的生活质量，增强他们的留用意愿。通过提供住房补贴，减轻他们的住房压力，交通补助则可以缓解日常通勤的经济负担。这些措施不仅提高了生活质量，还能在一定程度上弥补乡村生活条件的不足，从而增强乡村工作的吸引力。

总之，提供健康保险和子女教育支持等福利待遇，是提高乡村人才整体福利水平的重要手段。这些福利不仅体现了对员工的关怀，也直接影响他们对工作的满意度。健康保险能够保障员工的基本医疗需求，而子女教育支持则解除了他们的后顾之忧，使得乡村人才能够全心投入工作中。通过这些措施，企业可以在激烈的人才竞争中脱颖而出，吸引并留住优秀的乡村人才。

为了确保激励政策的有效性，定期进行薪酬和福利待遇的市场调研是必要的。通过了解市场动态和行业趋势，乡村企业能够调整自身的激励政策，以保持竞争力。这种动态调整不仅能够吸引新人才，还能激励现有员工持续贡献。这种与时俱进的激励机制，不仅有助于解决乡村人才短缺的问题，还能为乡村振兴和农业可持续发展提供坚实的人才保障。

（二）精神激励

通过建立企业文化认同感，可以有效增强员工的归属感和团队凝聚力。企业定期举办文化活动，不仅可以丰富员工的业余生活，还能在潜移默化中增强他们对企业的认同感。这种文化认同感的形成，有助于在团队内部形成一种积极向上的氛围，促进员工之间的协作与沟通，最终提高整体工作效率。

设立人才荣誉制度是精神激励的重要手段。通过定期评选和表彰优秀人才，不仅可以增强员工的自豪感和归属感，还能激励其他员工向优秀人才看齐，形成良性竞争的氛围。这种荣誉制度的实施，不仅是对个人能力的认可，更是对员工努力工作的肯定，有助于在团队中树立榜样，激发更多员工的潜力，推动企业的持续发展。

提供参与决策的机会，鼓励员工提出建议，使其在企业文化建设中发挥作用，这对于增强员工的责任感至关重要。当员工意识到自己的意见被重视，并且对企业的发展有实际影响时，他们的工作积极性和责任感会显著提升。这种参与感不仅能提升员工的工作满意度，还能促进企业决策的多样化和科学化，为企业的长远发展奠定坚实的基础。

实施企业文化培训是帮助新员工快速融入团队并理解企业核心价值观的重要方式。通过系统的文化培训，新员工可以更快地适应企业环境，理解企业的使命和愿景，提升对企业的认同感。这种培训不仅能帮助新员工更好地融入团队，还能减少因文化差异导致的摩擦，提高团队的整体凝聚力和协作效率，为企业的可持续发展提供保障。

透明的沟通机制是确保员工对企业目标和发展方向理解的关键。通过建立有效的沟通渠道，企业可以及时传达发展战略和目标，使员工在工作中有明确的方向感和目标感。这种透明的沟通机制，不仅能增强员工的参与感和积极性，还能提高企业内部的信息流通效率，减少因信息不对称导致的误解和冲突，为企业的和谐发展创造良好的环境。

二、职业发展规划与晋升通道设计

（一）职业路径规划

通过明确乡村人才的职业发展方向，可以帮助其制定清晰的职业目标和路径。这不仅提升了职业规划的科学性与针对性，还能激发乡村人才的内在动力，推动他们在职业生涯中不断进步。一个科学合理的职业路径规划，不仅能够为乡村人才提供明确的职业发展蓝图，还能够指导他们在不同的职业阶段作出明智的选择，从而实现个人与职业的共同发展。

为了进一步支持乡村人才的职业发展，应建立多层次的职业晋升通道。这一机制为乡村人才提供了多样化的职业发展机会，确保他们在不同阶段都能获得成长与发展的空间。这不仅有助于提升乡村人才的职业满意度，还能增强他们对农村工作的归属感和认同感。通过构建多样化的晋升通道，乡村人才可以根据自身的兴趣和能力选择适合的职业发展路径，从而实现个人价值的最大化。

定期开展职业发展评估是职业路径规划中的重要环节。通过评估，乡村人才可以了解自身的职业发展状况，及时调整职业路径规划，以适应不断变化的市场需求和行业环境。这一过程不仅有助于乡村人才明确自身的优势与不足，还能为他们提供有针对性的职业发展建议。通过持续的评估与反馈机制，乡村人才能够更好地规划自己的职业生涯，实现持续的职业成长。

提供职业技能培训和进修机会是提升乡村人才专业能力的重要手段。通过不断的学习和进修，乡村人才可以适应市场变化和行业需求，保持职业竞争力。这不仅有助于提升乡村人才的专业素质，还能增强他们对职业发展的信心和动力。通过系统的职业技能培训，乡村人才能够掌握最新的行业知识和技能，从而在职业生涯中保持优势地位。

促进跨部门和跨领域的岗位轮换是拓宽乡村人才职业视野的重要策略。通过岗位轮换，乡村人才可以在不同的工作环境中锻炼和提升自身能力，增强综合素质和适应能力。这一举措不仅有助于打破各部门和领域之间的壁垒，还能激发乡村人才的创新思维和创造力。通过跨部门和跨领域的岗位轮换，乡村人才能够在多元化的工作环境中积累丰富的经验，提升职业发展的广度和深度。

（二）晋升标准设定

在乡村人才振兴与农业可持续发展的背景下，明确岗位职责与绩效指标是晋升标准设定的基础，确保晋升标准与工作成果直接相关，有助于激励人才专注于实际工作表现。通过这种方式，人才可以清晰地了解其岗位期望和所需达成的目标，从而在工作中更加努力，提升整体绩效。此外，设定明确的晋升标准能够帮助组织识别和培养高潜力人才，为其提供更多的职业发展机会。这不仅有助于个人职业生涯的进步，也促进了组织整体绩效的提升。

在晋升标准中，专业技能与知识水平的要求同样不可或缺。确保人才在特定领域具备扎实的基础和持续的学习能力，是提升乡村人才整体素质的关键。通过设定具体的技能要求，组织可以鼓励人才不断学习和更新知识，以适应不断变化的农业技术和市场需求。这种持续的学习文化不仅提升了个人的竞争力，也推动了整个乡村产业的创新和发展。专业技能的提升，再结合明确的晋升标准，能够有效地培养出一批在农业领域具有深厚专业背景和创新能力的人才。

团队合作与领导能力的评估机制是晋升标准设定中的重要组成部分。通过建立这样的机制，组织可以鼓励人才在团队中发挥积极作用并展现领导潜力。团队合作能力对于农业项目尤其重要，因为许多项目需要多方协作才能顺利完成。通过评估和培养领导能力，组织能够识别出具有领导潜力的人才，并为其提供进一步发展的机会。这不仅有助于个人的职业成长，也为组织培育了未来的管理者和领导者，确保组织在竞争激烈的市场中保持活力和创新。

引入员工反馈与自我评估机制是晋升标准设定中的创新举措。通过这种机制，人才在晋升过程中能够反映个人职业发展与成长，确保晋升过程的透明和公正。员工反馈可以为组织提供宝贵的视角，帮助其完善晋升标准和流程。自我评估则鼓励员工进行自我反思，明确个人优势和需要改进的领域。这种双向的评估机制不仅提高了员工的参与感和满意度，也为组织提供了更全面的人才评估信息，有助于制定更为科学和合理的晋升决策。

制定晋升周期与评估频率是确保人才的职业发展有明确时间框架与评估标准的关键。通过设定合理的晋升周期，组织可以为员工提供清晰的职业发展路径，使其能够有计划地进行职业规划和个人发展。定期的评估频率则确保了晋升标准的动态调整，以适应不断变化的市场环境和组织需求。这种有计划的晋升机制不仅提升了员工的职业满意度和忠诚度，也为组织的人才管理和发展提供了稳定的支持，促进了乡村振兴与农业可持续发展的长远目标。

三、继续教育与终身学习支持体系

（一）学习平台建设

在乡村人才振兴与农业可持续发展的背景下，学习平台建设是提升乡村人才素质和能力的关键环节。学习平台的建立不仅是为其提供一个学习的场所，更是一个多功能的教育支持系统。通过建立在线学习平台，乡村人才可以根据自身的学习需求和时间安排，灵活选择合适的课程。这种灵活性对于乡村人才来说尤为重要，因为他们往往需要在繁忙的农业生产和学习之间找到平衡。在线学习平台通过提供多样化的课程选择，能够有效满足乡村人才在不同发展阶段的学习需求。

互动式学习模块的开发是提升学习平台吸引力和效率的重要手段。通过引入视频教学、讨论区以及实时问答功能，学习者能够在学习过程中获得更高的参与感和互动性。这种互动式的学习方式不仅能够激发学习者的兴趣，还能促进知识的深度理解和应用。乡村人才在学习过程中可以通过这些模块与其他学习者进行交流，分享经验和见解，从而在互动中获得更多的知识和灵感。这种学习模式有助于打破传统学习的单向度的展示，推动知识的双向流动。

学习社区的设立是学习平台建设中的重要组成部分。通过构建一个开放的学习社区，乡村人才可以在社区中进行经验分享和知识交流，增强学习的社交性和网络支持。在这个社区中，学习者可以相互支持、共同进步，从而形成一种良好的学习氛围。社区的存在不仅能够促进知识的传播，还能增强学习者之间的情感联系和合作精神。通过这样的社区支持，乡村人才能够在学习过程中获得更多的动力和支持，进而增强整体学习效果。

为了确保学习平台的内容始终与农业发展趋势和技术进步保持一致，定期更新学习内容是必不可少的。通过不断更新课程内容，学习平台能够为乡村人才提供最新的农业知识和技术信息，满足他们的持续学习需求。这样的更新机制不仅能够保持课程的时效性，还能激励学习者不断学习和进步。通过这种方式，乡村人才能够在快速变化的农业环境中保持竞争力，为乡村振兴和农业可持续发展贡献力量。

（二）学习成果认证

建立一个有效的学习成果认证体系，不仅能够确保乡村人才的学习成果得到全面评估和认可，还能提升他们在农业可持续发展中的竞争力。该体系的建立需要结合当前的行业需求，制定出一套与乡村发展及农业可持续性密切相关的认证标准。这些标准的制定应基于科学的评估方法，确保其能够真实反映出学习者在实际操作中所获得的技能和知识。

为了增强学习成果认证的权威性，应引入第三方认证机构。这些机构可以提供客观公正的评估，从而提高认证的公信力。通过引入这样的独立评估机制，可以更好地确保学习成果认证的公平性和准确性，进而增强乡村人才对自身学习成果的信心。此外，第三方认证机构的参与还可以促进认证标准的不断完善和更新，使其更好地适应快速变化的农业技术和市场需求。

在认证体系的建设中，定期审核与更新是确保其与时俱进的关键。随着农业技术的不断进步和市场环境的变化，学习成果认证体系也必须进行相应的调整，以保持其有效性和前瞻性。通过定期的审核和更新，可以及时发现并解决认证体系中存在的问题，确保其始终能够反映出最新的行业标准和技术要求。这一过程不仅有助于提高乡村人才的专业能力，也为农业的可持续发展提供了有力支持。

为了激励乡村人才持续学习与提升，设立学习成果认证的激励机制也是十分必要的。通过颁发证书、提供奖学金等方式，可以有效激励人才不断追求更高的学习目标。这些激励措施不仅能够提升学习者的积极性，还可以为他们在职业发展中提供更多的机会和选择。在乡村振兴的大背景下，完善的激励机制有助于吸引更多的人才投身于农业可持续发展的事业中，为乡村经济的繁荣和农业的长远发展注入新的活力。

四、创新创业扶持与成果转化机制

（一）创业资金支持

为了有效降低创业者的资金压力，建立乡村创业专项资金成为必要之举。这些专项资金旨在为具有潜力的创业项目提供启动资金和运营资金支持，从而使创业者能够专注于项目的创新和发展。此外，设立风险投资基金也是激发乡村创业活力的关键措施。这些基金通过吸引社会资本参与乡村创业项目的投资，促进了创新项目的孵化与发展，为乡村经济注入了新的活力。

在创业资金支持的框架下，提供低息贷款和财政补贴是帮助乡村创业者获得必要资金支持的有效途径。通过这种方式，创业者能够更容易地开展农业创新和可持续发展项目，推动乡村经济的全面振兴。同时，政府与金融机构的合作也是不可或缺的。通过建立乡村创业融资服务平台，创业者能够获得多样化的融资渠道和咨询服务。这不仅提升了创业者的融资能力，也为其提供了更为广泛的支持网络，确保了创业项目的可持续性。

设立创业成果转化基金是实现乡村创新项目市场化推广的重要手段。通过该基金的支持，创业者能够将创意转化为实际产品和服务，从而推动乡村经济的发展。这一机制不仅为创业者提供了经济上的支持，还为其提供了市场化的指导和帮助，使创新项目能够更好地适应市场需求，最终实现经济效益的最大化。在这一过程中，政府、金融机构和社会资本的共同参与，构成了一个完整的支持体系，为乡村振兴和农业可持续发展提供了坚实的保障。

（二）技术转化平台

技术转化平台的建立的目标在于促进农业科技成果的实际应用，从而提升乡村经济的创新能力和竞争力。通过技术转化平台，农业科技的先进成果可以更快速地被应用于实际生产中，缩短了从实验室到田间地头的距离。这种平台不仅是技术的桥梁，更是推动乡村经济发展和农业生产现代化的重要引擎。

为了实现上述目标，技术转化平台需要整合政府、科研机构和农业企业的资源，形成一个多方合作的创新生态系统。这种合作模式能够有效地汇聚各方优势，最大化地利用资源，实现信息共享和技术互通。政府可以提供政策支持和资金保障，科研机构则负责技术研发和创新，而农业企业则承担技术应用和市场推广的角色。通过这种多方协作的方式，能够有效地推动农业科技成果的转化和应用。

技术转化平台不仅是一个技术交流的场所，还需要提供技术咨询和培训服务，以帮助乡村人才掌握新技术的应用与管理。这种服务能够提高乡村人才的技术水平，使其更好地适应现代农业发展的需要。通过培训，乡村人才可以更深入地理解新技术的原理和应用场景，从而提高生产效率和产品质量，最终实现乡村经济的可持续发展。

在技术转化过程中，建立有效的知识产权保护机制是至关重要的。只有确保农业创新成果的合法权益，才能激励更多的技术转化与应用。知识产权保护不仅是对创新者劳动成果的尊重，也是对未来创新的激励。有效的知识产权保护机制能够增加乡村人才和企业的创新动力，形成良性循环，从而推动农业科技的持续发展。

技术转化平台还应定期组织技术交流与推广活动，以促进技术成果的展示与行业内的经验分享。这种活动不仅能够增强技术传播效果，还能为乡村人才提供一个学习和交流的平台。通过交流与推广活动，乡村人才可以了解到行业的最新动态和技术发展趋势，从而更好地指导生产实践。同时，这种活动也为技术持有者提供了展示和推广其成果的机会，进一步促进技术的转化和应用。

（三）创新项目孵化

通过建立创新项目孵化器，乡村创业者能够获得必要的资金、技术和市场支持，这些资源是将创意转化为实际产品的关键。孵化器不仅为创业者提供了一个物理空间，更为创业者提供了一个资源整合的平台，使创业者能够专注于创新本身，而不必为资金和市场渠道等问题分心。在孵化器的支持下，乡村创业者可以更好地将他们的创意付诸实践，从而推动乡村经济的多样化和可持续发展。

构建多方合作网络是创新项目孵化成功的关键因素。通过整合政府、企业、高校和科研机构的资源，可以形成一个支持乡村创新项目的生态系统。这种合作网络不仅能够为创业者提供多样化的资源和支持，还能促进不同领域的知识交流与合作，激发更多创新的可能性。政府可以通过政策支持和资金投入，为创新项目提供保障；企业可以通过市场导向和技术支持，帮助项目更好地适应市场需求；高校和科研机构则可以通过提供先进技术和研究成果，提高项目的创新水平。

为了促进乡村人才展示其创新成果，定期举办创新项目展示会是必不可少的形式。这种展示会不仅为乡村人才提供了一个展示平台，还能够吸引投资者和市场的关注，实现创新成果的市场对接。在展示会上，乡村创业者可以直接与投资者交流，获得宝贵的市场反馈和投资机会。这种直接的对话和互动，不仅能够提升乡村创新项目的知名度，还能为项目的发展提供实际的市场支持，推动创新成果的商业化进程。

提供专业的创业培训和辅导是确保乡村人才能够成功创业的重要保障。通过系统的培训，乡村人才可以掌握项目管理、市场营销和财务管理等必要技能。这些技能有助于提高他们的创业成功率，帮助他们更好地应对创业过程中可能遇到的各种挑战。专业的辅导团队可以根据每个项目的具体需求，提供个性化的指导，确保创业者能够在正确的道路上前进。

推动创新成果的知识产权保护是激励乡村人才进行创新活动的关键。通过有效的知识产权保护机制，乡村人才的创新成果可以得到合法权益的保障，不仅能够保护他们的创新成果不被侵权，还能激励更多的人参与创新活动。

第五章　乡村文化振兴与农业可持续发展

习近平总书记在2021年3月6日看望参加全国政协十三届四次会议的医药卫生界、教育界委员时指出“70后、80后、90后、00后，他们走出去看世界之前，中国已经可以平视这个世界了，也不像我们当年那么‘土’了”。他同时还进一步指出“思政课不仅应该在课堂上讲，也应该在社会生活中来讲。这次总的背景是世界百年未有之大变局，‘两个一百年’的历史交汇期”；“‘大思政课’我们要善用之，一定要跟现实结合起来。上思政课不能拿着文件宣读，没有生命、干巴巴的”。习近平总书记的这些重要论述，深刻揭示了红色文化融入大学生思想政治教育的光辉前景，指明了改进这一工作的前进方向：物质决定意识，客观世界决定主观世界的生成与发展。新时代的中国已经以更加昂然的姿态，屹立于世界民族之林，这样的客观现实基础，为当代大学生坚定道路自信、理论自信、制度自信、文化自信创造了有利条件，红色文化在当代大学生中“复兴”的重大历史机遇已经来临；思政教育应突破“书斋式”“学院派”的旧有模式，从“象牙塔”走向“广阔天地”，课堂理论联系社会实践，使学生在“大思政课”中感受到红色文化的魅力，领悟红色文化的精髓。

第一节　乡村传统文化的保护与传承

一、非物质文化遗产保护策略

（一）识别与分类

非物质文化遗产涵盖了口头传统、表演艺术、社会风俗、礼仪节庆、有关自然界和宇宙的知识和实践，以及传统手工艺等广泛内容。这些文化形式在乡村中以多样的表现形式存在，如民歌、民间故事、传统节庆和手工艺等，展现出鲜明的地方特色和文化价值。识别的标准通常包括文化的历史价值、社会功能、艺术性和独特性等。通过系统地识别和分类，可以更好地理解和保护这些文化遗产，确保其在现代化进程中不被遗忘或消失。乡村文化资源的分类与整理是一个持续的过程，需要结合地方特色文化的挖掘与保护策略，制定出切实可行的保护措施，确保这些文化瑰宝在新时代继续焕发活力。通过科学的分类和有效的保护策略，乡村传统文化不仅能够得以传承，还能成为推动乡村振兴和农业可持续发展的重要力量。

（二）保护机制建立

建立乡村文化遗产保护的法律法规体系，明确非物质文化遗产的法律地位与权益保障，不仅有助于提高社会对文化遗产保护的重视程度，还能为相关活动提供法律依据，确保在保护过程中能够依法行事。还应设立专门的乡村文化保护基金，为非物质文化遗产的保护与传承项目提供资金支持。该基金的设立可以吸引更多的社会资本参与其中，形成多元化的资金来源，保障保护工作的持续性与稳定性。此外，组建地方文化保护组织，促进政府、社区与民间力量的协同合作，能够有效整合各方资源，形成合力，共同推动文化遗产的保护与传承。

开展定期的非物质文化遗产评估与监测，是保护机制中不可或缺的一部分。通过科学的评估与监测，可以及时掌握文化遗产的现状与变化趋势，从而在必要时调整保护措施与策略，以适应新的挑战与需求。这种动态管理方式不仅提高了保护工作的有效性，也为未来的文化政策制定提供了重要的参考依据。同时，建立乡村文化保护与发展信息平台，对于促进文化资源的共享与交流具有重要意义。该平台可以汇集各类文化资源信息，方便各方获取与利用，从而提高文化资源的利用效率。这种信息化手段的应用，不仅有助于提高保护工作的透明度与参与度，也为文化遗产的数字化保存与传播提供了新的可能性。

二、乡村传统建筑与历史街区保护

（一）建筑风貌维护

在乡村振兴过程中，建筑风貌的维护需要通过科学的规划和管理，确保其原有的特色和价值不被破坏。现代技术可以为建筑风貌的维护提供支持，通过数字化建模等手段可以更好地记录和分析传统建筑的细节，为后续的保护工作提供数据支持。同时，政策的制定与实施也是确保建筑风貌维护的关键，通过法律法规的约束，可以更有效地保护乡村传统建筑的完整性。

识别和保护乡村建筑风貌的特色元素是建筑风貌维护的核心任务之一。每个乡村的建筑风貌都有其独特的历史背景和文化内涵，这些特色元素往往体现在建筑的结构、装饰、材料等方面。为了有效保护这些特色元素，需要进行详细的调查和研究，识别出对建筑风貌具有重要影响的元素，并制定相应的保护措施。在保护过程中，传统工艺的传承与现代技术的结合是关键，通过创新的保护手段，可以更好地延续建筑的历史价值和文化意义。此外，公众的参与和认知教育也是保护特色元素的重要环节，提高社区居民对建筑风貌的认知和保护意识，可以为保护工作提供有力支持。

在乡村传统建筑的维护中，传统建筑材料的可持续使用与再利用策略是实现资源节约和环境保护的重要途径。传统建筑材料如木材、石材、砖瓦等，具有天然的生态优势，但其开采和使用也会对环境造成压力。因此，在建筑风貌维护中，应优先考虑材料的可持续使用，通过合理的设计和施工工艺，延长材料的使用寿命。同时，再利用策略的实施，如可以通过对废旧建筑材料的回收和再加工，减少新材料的使用量，降低对环境的负面影响。通过科学的管理和技术手段，传统建筑材料的可持续使用与再利用不仅能保护环境，还能有效降低建筑维护的成本。

乡村建筑风貌的维护需要与生态环境相协调，设计原则的制定是实现两者和谐发展的基础。在建筑设计过程中，应充分考虑当地的自然环境特点，如气候、地形、水文等因素，确保建筑与环境的有机结合。生态设计原则强调利用自然资源，如太阳能、风能等，可实现建筑的节能和环保。同时，建筑与周边自然景观的协调也是设计的重要内容，通过合理的布局和景观设计，可以增强建筑与环境的整体美感。此外，生态设计原则还要求在建筑材料的选择和使用上，尽量采用环保、可再生的材料，减少对环境的负面影响。

在乡村振兴过程中，建筑风貌的保护与地方经济发展的融合是实现可持续发展的关键路径。建筑风貌作为乡村文化的重要组成部分，可以通过旅游、文化创意等产业的开发，为地方经济注入新的活力。为了实现两者的有效融合，需要在政策、规划、管理等方面进行协调，通过合理的产业布局和发展规划，确保建筑风貌的保护与经济发展的相互促进。同时，社区的参与和支持也是融合路径的重要组成部分，通过公众的积极参与，可以增强社区的凝聚力，为经济发展提供内生动力。

社区参与是乡村传统建筑风貌维护的重要环节，其重要性体现在多个方面。首先，社区居民对当地文化和历史有着深入的了解，他们可以为建筑风貌的维护提供宝贵的意见和建议。其次，社区参与可以提高居民对建筑风貌保护的意识和责任感，增强社区的凝聚力。在实施方面，可以通过建立社区参与机制，如成立业主委员会、组织志愿者活动等，鼓励居民积极参与建筑风貌的维护工作。通过培训和教育，提高社区居民的专业知识和技能，为建筑风貌的维护提供人力支持。

（二）历史街区规划

历史街区的整体规划应结合地方文化特色，确保建筑风格、街道布局和公共空间的统一性与和谐性。通过对历史街区的全面分析，规划者可以识别出区域内的文化标志性元素，并在规划中加以保留和突出。这不仅有助于保护历史遗产，还能为现代设计注入传统元素，使新旧建筑在视觉上和功能上实现无缝衔接。为了实现这一目标，规划者需要深入研究当地的历史文化脉络，确保每一个设计决策都能体现出地方文化的精髓。

在历史街区保护中，制定具体的政策与标准至关重要。这些政策应包括建筑高度限制、外立面材料选择和色彩控制等，以维护历史风貌的完整性和真实性。通过明确的法规和标准，可以有效地防止不当开发对历史街区造成的破坏。这些政策不仅应具有法律效力，还需在执行过程中保持灵活性，以适应不同历史街区的独特需求。此外，政策的制定过程应当透明，确保所有利益相关者能够理解和遵守这些规定，从而在保护与发展之间取得平衡。

引入社区参与机制是历史街区规划成功的重要因素。鼓励居民和利益相关者在历史街区规划中表达意见，不仅能增强保护意识与责任感，还能确保规划方案更贴近实际需求。社区参与可以通过座谈会、问卷调查和公众咨询等多种形式实现。这一机制的引入有助于提升居民对规划方案的认同感和支持度，也能为规划者提供宝贵的本地知识和见解。通过这种互动，历史街区的保护不仅是政府和专家的任务，还是整个社区共同的责任。

历史街区的功能多样化规划是提升地区活力与经济效益的有效途径。结合文化、商业与旅游等多种用途，可以为历史街区注入新的生机和活力。多样化的功能规划不仅能吸引游客，还能为当地居民提供更多的就业机会和生活便利。通过合理的功能布局，可以实现历史街区的可持续发展，使其成为文化传承与现代生活相结合的典范。这样的规划需要综合考虑当地的资源条件和市场需求，确保每一种功能都能与历史街区的整体氛围相协调。

建立历史街区的监测与评估机制是确保规划效果的重要手段。定期检查保护效果与居民满意度，可以帮助规划者及时发现问题并调整策略。这一机制应包括对建筑物状态、环境质量和社会经济指标的全面评估。通过对这些数据的分析，可以为历史街区的长期保护和发展提供科学依据。居民的反馈也是评估的重要组成部分，通过调查和访谈收集的意见，可以为规划调整提供具体的方向和建议。这种动态的评估机制确保了历史街区规划的持续改进和有效实施。

（三）传统工艺修复

传统工艺修复的基本原则与方法主要包括尊重原貌、注重细节和结合现代技术等。在修复过程中，修复者需对建筑的历史背景和文化内涵有深刻理解，确保修复后的建筑既保留传统特色，又能适应现代使用需求。这种修复不仅是对建筑物理形态的修缮，更是对其文化价值的再生，因而每一步都需谨慎对待，确保其历史与文化的延续性。

在传统工艺修复中，材料的选择与使用是关键环节之一。选择合适的材料不仅能确保修复效果的持久性，还能最大限度地保留建筑的原始风貌。通常，修复材料的选择会优先考虑使用与原建筑相同或相似的材料，以保持建筑的历史真实性。此外，现代科技的发展也为传统工艺修复提供了更多的可能性，环保材料和新型技术的引入，可以在尊重传统的同时提高修复效率和质量。这种材料的选择与使用策略，既是对传统工艺的尊重，也是对现代技术的合理应用。

传统工艺修复对地方经济的促进作用不容小觑。通过修复传统建筑和历史街区，可以吸引更多的游客，从而带动当地旅游业的繁荣发展。此外，这些修复项目还可以创造就业机会，推动相关产业链的发展。传统工艺修复不仅是文化的传承，更是经济发展的催化剂。通过合理的规划和实施，修复项目可以成为乡村经济发展的新动力，助力乡村振兴战略的实施。这种文化与经济的双重收益，正是传统工艺修复的重要价值所在。

传统工艺修复与旅游文化的结合，是实现乡村文化振兴的重要策略之一。通过将修复后的传统建筑融入旅游线路，能够吸引更多的游客体验当地的文化魅力。同时，结合旅游文化，开发出具有地方特色的文化产品，如手工艺品、文化展览等，可以丰富游客的体验，增加地方经济收入。这种结合不仅能够提升乡村的文化影响力，还能为传统工艺的保护和传承提供新的动力。因此，探索传统工艺修复与旅游文化结合的有效策略，是推动乡村文化振兴的重要途径。

在传统工艺修复过程中，社区的参与与恰当的合作模式是成功的关键。社区居民是乡村文化的直接承载者，他们的参与可以为修复工作提供宝贵的历史资料和文化背景信息。同时，通过社区参与，可以增强居民对传统文化的认同感和自豪感，促进社区的凝聚力。在合作模式上，可以通过设立社区参与机制，鼓励居民积极参与修复项目的规划与实施。此外，政府、企业与社区的多方合作，也能够为修复工作提供更多的资源和支持，确保修复项目的顺利进行和可持续发展。

三、乡土文化习俗与节庆活动传承

（一）习俗记录与整理

在乡村文化振兴与农业可持续发展的背景下，乡土文化习俗的分类与特征分析是进行有效记录的基础。通过对习俗的分类，可以更好地理解其在社会生活中的功能与作用。习俗通常可分为生活习俗、生产习俗和社会习俗等类别，每一类习俗都体现了特定的文化内涵和历史背景。深入分析这些习俗的特征，有助于揭示其在乡村社会中扮演的角色，以及它们在不同历史时期的演变过程。

习俗记录方法的多样化是确保文化传承的关键。传统的文字记录方法，虽然在信息传递上具有一定局限性，但仍是最为基础的记录形式，应予以保留。随着科技的发展，音频和视频记录已逐渐成为习俗记录的重要手段。这些多媒体记录方法不仅能够捕捉习俗的动态表现，还可以保存其声音、影像等细节，为后续的研究与传承提供了丰富的资料。这些方法的结合使用，能够更全面地展现乡土文化的多样性和丰富性。

传统节庆活动是乡土文化的重要组成部分，其时间节点与文化意义的整理对于文化保护至关重要。每一个节庆活动都有其独特的历史渊源和文化内涵，这些活动不仅是乡村社会生活的高潮，也是文化传承的重要载体。通过对节庆活动时间节点的整理，可以帮助人们更好地理解这些活动在农业生产周期中的作用，以及它们在增强社区凝聚力方面的意义。这种整理工作为文化研究提供了宝贵的资料，也为文化传承奠定了基础。

习俗传承中的社区参与机制与动员策略是确保文化活力和延续的重要因素。社区作为文化传承的主体，其参与程度直接影响到习俗的传承效果。通过动员社区成员参与习俗记录与整理工作，可以增强他们对本土文化的认同感和自豪感。同时，社区参与也有助于形成多元化的文化表达方式，激发文化创新。这种机制不仅促进了文化的活态传承，还为乡村振兴提供了精神动力。

习俗整理对地方文化认同与社会凝聚力的影响是多方面的。首先，习俗整理工作能够唤醒人们对本土文化的认知和认同，增强地方文化的影响力。其次，通过系统化的整理与传播，习俗成为促进社会凝聚力的重要纽带。社区成员在共同参与文化活动中，能够加深对彼此的理解和信任，形成更为紧密的社会关系网络。这种文化认同与社会凝聚力的增强，不仅有助于乡村文化的振兴，也为农业的可持续发展提供了良好的社会环境。

（二）节庆活动推广

在乡村文化振兴的过程中，通过精心设计节庆活动的主题，并深入挖掘其文化内涵，可以有效增强活动的吸引力与参与感。主题设计应当立足于乡村的独特文化资源，再结合当地的历史、传说和传统习俗，使每一个节庆活动都能够讲述一个动人的故事，吸引更多的游客和参与者。通过这样的方式，节庆活动不仅成为文化传承的平台，也成为提升乡村形象的载体。

将节庆活动与地方特色产业结合，是推动节庆活动经济效益与可持续发展的有效途径。乡村地区往往拥有独特的农产品或手工艺品，这些都可以成为节庆活动的一部分。通过在活动中展示和销售这些特色产品，不仅可以增加农民的收入，还可以提升地方产品的知名度和市场竞争力。这样的结合有助于形成“文化＋产业”的发展模式，使节庆活动不仅是文化的盛宴，也是经济的引擎，为乡村振兴注入持久的动力。

在现代信息技术的背景下，利用新媒体与社交平台进行节庆活动的宣传与推广，已成为扩大活动参与范围与影响力的重要手段。通过社交媒体平台，活动的组织者可以快速传递信息，吸引更多的年轻人参与其中。同时，新媒体的互动性和即时性也为活动的推广提供了新的可能性，参与者可以通过分享活动体验、上传照片和视频等方式，进一步扩大活动的影响力。这种线上线下结合的推广方式，不仅提升了节庆活动的知名度，也增强了乡村文化的传播力。

为了确保节庆活动的质量和效果，制定科学的评估标准与反馈机制是必不可少的。通过对活动的各个环节进行评估，可以发现其中的不足，并为后续活动的优化与改进提供依据。评估标准可以包括参与人数、活动的经济效益、文化传播效果等多个方面。同时，收集参与者的反馈意见，也是活动改进的重要参考。通过不断的评估与反馈，节庆活动才能够在实践中不断完善，真正成为乡村文化振兴的重要载体。

鼓励社区居民积极参与节庆活动的组织与策划，是增强文化认同感与归属感的重要途径。乡村节庆活动的成功，离不开社区居民的支持与参与。通过鼓励居民参与活动的策划、组织和实施，可以增强他们对本土文化的认同感和自豪感。同时，居民的参与也为活动注入了更多的本土元素，使活动更具地方特色和吸引力。这样的参与不仅有助于培养居民的主人翁意识，也为乡村文化的传承与发展奠定了坚实的群众基础。

四、乡村传统手工艺振兴

(一) 技艺传承培训

课程体系应包括基础技能与进阶技艺的分层教学，以满足不同水平学员的需求。在基础技能阶段，学员可以掌握必要的基本操作和工艺理论，为进一步学习奠定坚实基础。而在进阶技艺阶段，课程则聚焦于复杂技艺的掌握与创新能力的培养，使学员能够在传统工艺的基础上进行创造性发展。

实践环节的安排是技艺传承培训中不可或缺的一部分，旨在提高学员的动手能力与实际操作水平。通过模拟真实的生产环境，学员可以在实践中巩固所学知识，提升问题解决能力，并积累实际操作经验。此外，实践环节还可以帮助学员发现自身的兴趣与特长，为未来的职业发展提供明确的指引方向。通过定期的实践训练，学员不仅能提高技艺水平，还能增强自信心和成就感。

邀请优秀工艺大师进行现场指导是技艺传承培训的重要环节。工艺大师的经验和技巧是学员学习的宝贵资源，通过面对面的指导，学员可以更直观地理解技艺的精髓，与传承人之间的互动与经验交流，还能够激发学员的学习热情。工艺师的现场指导，不仅能帮助学员纠正操作中的错误，还能通过分享个人的学习与创作经历，为学员提供启发和借鉴。

建立培训成果的评估机制是提升学员学习积极性与成就感的有效手段。通过考核与展示，学员可以清晰地看到自己的进步与不足，进而激发进一步学习的动力。评估机制应包括定期考核与成果展示，通过多元化的评估方式，全面反映学员的学习成效。展示环节不仅是学员展示技艺的舞台，也是交流与反馈的平台，有助于学员在互相学习中不断进步。

推动技艺传承培训与地方特色产业相结合，是实现学员在实际生产中应用所学技能的关键。通过与地方产业合作，学员可以在真实的生产环境中实践所学技艺，增强职业适应能力。这种结合不仅提升了学员的就业竞争力，也为地方产业注入了新鲜血液，推动了地方经济的发展。通过技艺传承与产业结合，最终实现了文化保护与经济发展的双赢局面。

（二）文化品牌建设

建立乡村文化品牌的核心价值定位需要深入挖掘当地文化内涵与特色，这一过程不仅是对传统手工艺的保护，更是对其独特性的强调。明确品牌所代表的文化内涵与特色，能够有效提升其在市场中的辨识度与认可度。通过这种方式，乡村文化品牌既是产品的集合，又是文化的象征与传递者。

整合地方资源与文化元素是设计独特品牌形象与标识的基础。乡村文化品牌的成功在于其独特性与吸引力，这要求品牌在设计过程中充分利用地方特色，创造出具有鲜明辨识度的品牌形象。通过结合当地的自然风貌、历史背景以及文化符号，品牌能够在市场中脱颖而出。同时，这种整合也有助于提升品牌的附加值，使消费者在消费过程中感受到品牌文化的深度与厚重。

品牌故事的传播是增强消费者情感共鸣与品牌忠诚度的有效手段。通过多种媒介，讲述乡村文化的历史与传承，可以让消费者更深入地理解品牌背后的故事。这种情感上的连接不仅能提升消费者对品牌的忠诚度，还能在无形中扩大品牌的影响力。品牌故事的成功传播需要结合现代传播技术与传统文化元素，使其既具时代感又不失传统韵味。

市场推广活动是提升乡村文化品牌影响力的重要途径。通过结合节庆与社区活动，品牌能够吸引更多的游客与消费者参与其中。这种参与不仅是对品牌的支持，更是对乡村文化的认同与传播。通过这些活动，品牌能够在更广泛的范围内传播其文化价值与品牌理念，由此提升其市场地位与影响力。

建立反馈与评估机制是乡村文化品牌持续发展的保障。定期收集消费者意见与市场数据，可以为品牌策略与产品设计提供重要的参考依据。通过对这些信息的分析与应用，品牌能够不断优化自身策略，适应市场变化与消费者需求。这种动态的调整机制能进一步提升品牌的竞争力，并确保其在市场中的可持续发展。

第二节　乡村文化创新与发展

一、乡村文化产品开发与推广

（一）产品设计创新

乡村文化产品设计应注重地方特色，结合当地历史、习俗和自然资源，创造出具有地域文化代表性的产品。这不仅有助于保护和传承地方文化，还能为乡村经济注入新的活力。通过深挖地方文化内涵，设计出独具一格的文化产品，能够吸引更多的消费者关注乡村文化，促进文化交流与传播。产品设计创新不仅是形式上的创新，更是对文化内涵的深度挖掘和再创作。

在产品设计过程中，引入可持续材料是实现环境友好型产品的关键。通过使用可再生资源和环保材料，可以确保产品在生产和使用过程中对环境的影响降至最低，提升产品的生态价值。这种设计理念不仅符合现代社会对绿色环保的需求，也为乡村文化产品赋予了新的生命力和竞争优势。可持续材料的使用，不仅能降低生产成本，还能增强产品的市场吸引力，使其在激烈的市场竞争中脱颖而出。

与当地艺术家和手工艺人合作，融合传统技艺与现代设计理念，是提高乡村文化产品设计水平的重要途径。通过这种合作，能够将传统文化元素与现代审美观念有机结合，开发出既有文化深度又符合现代审美的产品。这种创新设计不仅能够吸引现代消费者的眼球，还能在全球化背景下，展示乡村文化的独特魅力和深厚底蕴。传统与现代的结合，为乡村文化产品开辟了新的发展空间。

现代科技手段的应用，如3D打印和数字化设计，为乡村文化产品的设计和生产提供了新的可能。利用这些创新技术，可以大幅提高产品的生产效率和设计灵活性，满足多样化的市场需求。科技的介入，不仅使产品设计更为精准，还能实现个性化定制，增强产品的附加值和市场竞争力。这种技术与文化的结合，是乡村文化产品创新发展的重要方向。

建立用户参与机制，收集消费者反馈与建议，是持续优化产品设计的重要手段。通过这种机制，可以及时了解市场需求和消费者偏好，调整产品设计方向，以增强产品的市场竞争力和消费者满意度。消费者的参与，不仅能提高产品的市场适应性，还能增强消费者对乡村文化产品的认同感和忠诚度。这种互动式设计模式，是实现乡村文化产品可持续发展的重要保障。

（二）市场推广策略

建立多渠道的市场推广网络是提升乡村文化产品可见性和可达性的关键。通过线上电商平台，乡村文化产品可以突破地域限制，触及更广泛的受众。同时，社交媒体的应用为乡村文化产品提供了一个展示和互动的平台，消费者可以通过社交媒体了解产品的特点和背后的文化故事，从而增强购买意愿。在线下市场，乡村集市和展览会则提供了一个直接与消费者互动的机会，消费者可以在亲身体验中感受产品的独特魅力，从而增强对产品的文化认同。这种线上线下结合的推广策略，不仅扩大了市场覆盖面，还提升了消费者的参与感与忠诚度。

通过举办乡村文化展览会和市集活动，乡村文化产品能够与消费者进行更直接的互动。展览会和市集不仅是产品展示的平台，更是文化交流的场所。消费者在参与这些活动的过程中，不仅能够购买产品，更能够深入了解产品背后的文化内涵和历史背景。这种直接的互动方式能够有效增强产品的体验感和消费者的文化认同感。此外，通过这些活动，乡村文化产品可以更好地传播其独特的文化价值，吸引更多的消费者关注和参与。这种体验式的市场推广策略，不仅有助于产品的销售，还能在潜移默化中提升乡村文化的影响力。

与旅游机构和地方政府合作，是乡村文化产品推广的重要策略之一。通过打造乡村文化旅游线路，可以将文化产品与旅游体验相结合，吸引游客的参与。游客在旅游过程中，不仅能够欣赏乡村的自然风光，还能深入体验当地的文化产品。这种旅游与文化产品相结合的方式，能够有效促进文化产品的销售与传播。同时，地方政府的参与能够提供政策支持和资源保障，为乡村文化产品的推广创造更有利的条件。通过这种多方合作的方式，乡村文化产品的市场推广能够达到更广泛和持久的效果。

利用故事营销策略是提升乡村文化产品吸引力的有效手段。通过讲述产品背后的文化故事和传承价值，可以增强消费者的情感共鸣和购买意愿。故事营销不仅是对产品的简单介绍，更是对产品文化内涵的深度挖掘和展示。消费者在了解这些故事的过程中，不仅能够感受到产品的独特魅力，更能够对产品产生情感上的认同。这种情感共鸣能够有效提升消费者的购买意愿，并在购买后形成良好的口碑，从而进一步扩大产品的市场影响力。

开展品牌宣传活动是提升乡村文化品牌知名度和影响力的重要策略。通过利用地方特色节庆和文化活动，可以将乡村文化产品与当地的文化氛围紧密结合，增强品牌的辨识度和吸引力。这些活动不仅能够吸引大量的消费者参与，还能为品牌提供一个展示和推广的平台。在活动中，消费者能够深入了解品牌的文化内涵和价值理念，从而增强对品牌的认同感。这种通过文化活动进行的品牌宣传，不仅能够提升品牌的知名度，还能在消费者心中树立良好的品牌形象。

二、乡村文化活动创新实践

（一）活动形式多样化

通过结合乡村文化特色，设计互动式体验活动，如传统手工艺工作坊，可以大大增强参与者的实际动手能力与文化认同感。参与者在这样的活动中，不仅可以亲身体验传统工艺的魅力，还能在动手实践中感受到乡村文化的深厚底蕴。这种形式的活动不仅有助于传统技艺的传承，也能激发参与者对乡村文化的兴趣和热情，从而促进乡村文化的传播与发展。

现代科技手段的引入为乡村文化活动带来了新的可能。利用虚拟现实（VR）和增强现实（AR）技术开发的文化体验项目，让参与者能够沉浸在乡村文化的氛围中。这种创新的体验方式打破了时间和空间的限制，使更多人能够以一种全新的方式接触和了解乡村文化。通过 VR 和 AR 技术，传统的乡村文化以更加生动和直观的方式呈现，吸引了更多年轻人的关注和参与，为乡村文化的传承和创新提供了新的动力。

跨界文化活动的举办，如音乐节、艺术展览等，为乡村文化活动注入了新的活力。这些活动吸引了来自不同领域的艺术家，与乡村文化相结合，极大丰富了文化活动的表现形式。在音乐节上，传统的乡村音乐与现代音乐相互碰撞，激发出新的火花；在艺术展览中，乡村题材的艺术作品与现代艺术形式交融，展示了乡村文化的多样性和包容性。这种跨界的文化活动不仅丰富了乡村文化的内容，也拓宽了乡村文化的传播渠道。

社区文化节通过结合当地特色美食、民间艺术和传统表演，营造出浓厚的节日氛围，促进了居民与游客之间的互动与交流。社区文化节不仅是乡村文化的展示平台，更是居民参与文化活动的重要载体。通过这种形式，居民不仅能够展示和分享自己的文化，也能在与游客的互动中感受到文化的价值和魅力。这种双向的交流与互动，有助于增强居民的文化自信心，提升乡村文化的影响力。

文化交流活动的组织，如乡村与城市的文化联谊活动，促进了不同地域文化的碰撞与融合。通过这种活动，乡村文化不仅能够走出乡村，向更广阔的城市空间传播，也能在与城市文化的交流中获得新的灵感和发展。文化联谊活动为乡村和城市之间架起了一座沟通的桥梁，促进了城乡之间的文化交流与合作，扩展了乡村文化的影响力，助力乡村文化的振兴与可持续发展。

（二）传统与现代结合

在乡村文化的振兴与发展中，传统文化元素与现代设计的融合，不仅能创造出符合当代审美的文化产品，还能在保留传统文化精髓的同时，赋予其新的生命力。这种结合的过程需要细致的考量与巧妙的设计，确保传统与现代之间的平衡。在国内外比较的视野下，这种融合的趋势愈加明显，各国都在探索如何通过现代设计语言，重新诠释并推广本土传统文化，以吸引更多的年青一代。

现代科技手段的运用，为提高传统工艺的生产效率与市场适应性提供了新的可能。通过引入先进的生产技术，传统手工艺不再仅仅依赖手工的复杂工序，而是可以借助机械化与自动化的力量，实现更大规模的生产。同时，科技的介入也使产品的质量得到了保障，市场竞争力得到显著提升。这不仅有助于传统工艺的传承与发展，也为乡村经济注入了新的活力。

品牌故事的传播在增强传统文化产品的情感价值与市场吸引力方面起到关键作用。通过讲述产品背后的故事，消费者能够更深入地理解产品的文化内涵与历史背景，从而产生情感共鸣。这种情感连接不仅提升了产品的附加值，也增强了消费者的购买欲望。在全球化的背景下，品牌故事成为传统文化产品走向国际市场的重要桥梁，帮助其在激烈的市场竞争中脱颖而出。

跨界合作是拓展文化活动表现形式的重要策略。结合艺术、科技与乡村文化，可以创造出全新的文化体验形式。例如，通过与艺术家、科技公司合作，乡村文化活动可以呈现出更为多样化和现代化的面貌。这种跨界的尝试，不仅丰富了文化活动的内容，也吸引了更多的观众参与，为乡村文化的推广开辟了新的途径。同时，这种合作也促进了不同领域之间的交流与创新，为乡村文化的持续发展提供了动力。

社区参与在增强居民对传统文化与现代创新结合的认同感和参与感中发挥着重要作用。在乡村文化活动中，鼓励社区成员积极参与，不仅能增强他们对自身文化的认同感，还能激发他们对文化创新的热情。这种自下而上的文化振兴路径，有助于提升社区的凝聚力与文化自信心。通过社区的广泛参与，乡村文化活动不再是单向度的展示，而是成了一个多元互动的平台，推动了乡村文化的可持续发展。

三、乡村文化数字化建设

（一）数字平台搭建

建立乡村文化数字化平台是首要任务，这个平台将集中展示乡村文化资源，包括非物质文化遗产、传统手工艺和地方习俗等。这种集中展示不仅有助于文化资源的保护与传承，还能为外界提供一个全面了解乡村文化的窗口。通过数字平台，乡村文化得以突破地域限制，吸引更多的关注和参与。

开发乡村文化数字化数据库是数字平台搭建的关键环节。此数据库的建立旨在对文化资源进行系统的整理、存储与检索，以提高信息共享的效率。通过数字化的方式，文化资源不再局限于纸质或实物的形式，而是能够以更灵活的方式进行传播和利用。这不仅有助于文化资源的保存，也为研究人员提供了便利，使他们能够更高效地进行学术研究和文化分析。

移动应用程序的开发为乡村文化体验提供了互动功能，极大地增强了用户的参与感与文化传播效果。通过这些应用程序，用户可以随时随地了解和体验乡村文化，并加深对其理解与认同。这种互动不仅局限于简单的信息获取，还包括互动式的文化体验，如在线手工艺制作课程和虚拟文化节日庆典等，进一步增加了文化传播的趣味性和参与度。

搭建线上社区交流平台则为乡村居民、文化传承人和外部参与者之间的互动与合作提供了便利。通过线上平台，各方能够分享经验、交流观点，并共同探讨乡村文化的创新与发展。这种交流不仅有助于文化的传承与发展，也为乡村文化注入了新的活力和创意，推动了乡村文化的现代化进程。

推动数字化技术在乡村文化保护中的应用，如虚拟现实和增强现实技术的结合，能够显著提升文化体验的沉浸感。通过这些技术，用户可以身临其境地感受乡村文化的魅力，无论是历史场景的重现，还是传统习俗的体验，都能通过数字化技术得到更真实的呈现。这种沉浸式的体验为文化的传播与保护开辟了新的途径，也为乡村文化的可持续发展提供了有力的支持。

（二）文化资源数字化

通过数字化技术，可以将音频、视频和图文资料进行系统化的收集与存储，确保这些珍贵的文化资源在数字时代得到妥善保存。数字化整理方法不仅延续了文化的生命力，还为后续的文化传播和创新提供了坚实的基础。在数字化过程中，注重数据的完整性和真实性是保证文化资源价值的重要前提。

在乡村传统手工艺的展示中，数字化技术的应用尤为重要。通过3D建模和虚拟展示，传统手工艺得以在数字空间中重现。这不仅为手工艺的传承提供了新的平台，也为观众提供了一种全新的体验方式。观众可以通过虚拟现实技术，近距离观察手工艺品的细节，甚至参与虚拟制作的过程。这种互动性和沉浸感极大地提升了传统手工艺的吸引力和影响力，为其在现代社会中的传播创造了新的可能。

利用数字平台进行乡村文化资源的在线共享与传播，有助于扩大受众群体。通过互联网，乡村文化可以突破地域限制，向全球观众展示其独特魅力。数字平台不仅是文化传播的工具，也是文化交流的桥梁。在数字平台上，用户可以随时随地访问乡村文化资源，参与讨论和互动，从而增强对乡村文化的理解和认同。这种在线共享模式为乡村文化的可持续发展提供了新的路径。

开发互动式文化体验应用是增强用户对乡村文化参与感与认同感的有效方式。这些应用通过游戏化的互动设计，吸引用户主动参与文化体验。用户不仅是乡村文化的受众，更是乡村文化的参与者和创造者。通过参与互动，用户可以更深入地了解乡村文化的内涵，增强对其情感连接。这种深度参与不仅提高了文化体验的质量，也为乡村文化的传播和创新注入了活力。

建立乡村文化数字化保护机制是确保数字资源长期保存与可持续利用的关键。数字化不仅是文化资源的再现，更是对文化遗产的保护和传承。保护机制需要从技术和管理两方面入手，以确保数字资源在技术上安全可靠，在管理上规范有序。通过制定标准化的保护措施，乡村文化资源可以在数字时代得到更好的保存和利用，为子孙后代留下宝贵的文化财富。

四、乡村文化国际交流与合作

（一）国际文化交流项目

通过建立国际文化交流平台，乡村文化得以与外部文化进行深度互动与融合。这种互动不仅增强了乡村居民的文化自信与认同感，还为乡村文化注入了新的活力与元素。国际文化交流平台的建立，能够有效地推动乡村文化的传播与发展，使其在国际舞台上获得更多的关注与认可。通过这种方式，乡村文化不仅保留了其独特的传统特色，还能够在全球化的背景下实现创新与变革。

开展国际文化节活动是提升乡村文化国际影响力的重要途径。通过展示乡村特色文化，国际文化节吸引了大量外国游客与文化爱好者的参与。这些活动不仅为乡村带来了经济收益，还促进了文化的多元化交流。外国游客的到来，为乡村居民提供了展示自身文化的机会，同时让他们接触不同的文化视角与理念。这种双向的文化交流，不仅丰富了乡村文化的内涵，还增强了其在国际上的影响力与竞争力。

与国际组织的合作，为乡村文化保护与可持续发展提供了新的动力。通过分享成功经验与最佳实践，乡村文化能够在全球范围内实现共同发展。这种合作模式，不仅有助于保护乡村文化遗产，还推动了其可持续发展。国际组织的参与，带来了先进的理念与技术，为乡村文化的发展提供了新的思路与方法。这种合作，不仅提升了乡村文化的国际地位，还为其未来的发展提供了广阔的空间与更多的机会。

吸引国际艺术家与文化工作者到乡村进行驻村创作与交流，是促进当地文化创新与发展的有效途径。这些艺术家与文化工作者的到来，为乡村带来了新的艺术视角与创作灵感。他们的驻村创作，不仅丰富了乡村的文化生活，还提升了乡村文化的多样性。这种文化交流，不仅激发了乡村居民的创作热情，还为乡村文化的发展注入了新的活力与动力。通过这种方式，乡村文化能够在保持传统特色的同时，实现创新与突破。

通过国际合作开展乡村文化研究，探索乡村文化在全球化背景下的适应与变革，是推动乡村文化国际传播与交流的重要手段。这种研究，不仅揭示了乡村文化在全球化进程中的挑战与机遇，还为其未来的发展提供了科学的指导与支持。国际合作的研究成果，不仅提升了乡村文化的国际影响力，还为其在全球范围内的传播与交流提供了坚实的基础。通过这种方式，乡村文化能够在全球化的背景下实现可持续发展与创新。

（二）跨文化合作模式

通过建立多方合作机制，乡村文化可以与国际文化机构展开深度合作，这不仅促进了共同项目的实施，还实现了资源的有效共享。多方合作机制的建立，需要明确各方的角色与责任，并通过协商达成共识，确保合作的顺利进行。在这样的合作框架下，乡村文化能够借助国际平台获得更多的资源与支持，从而实现更为广泛的文化传播与影响力的提升。

跨国文化交流活动的开展是跨文化合作的重要形式之一。通过邀请国际艺术家参与乡村文化节，丰富了乡村文化的表现形式，增强了文化的多样性与国际影响力。国际艺术家的参与能够为乡村文化带来新的视角与创意，促进本土文化与国际文化的融合与创新。这种交流活动不仅限于艺术领域，还可以扩展到其他文化领域，通过多样化的交流形式，可以提升乡村文化的全球影响力。

推动乡村文化产品的国际认证与推广，是提升其国际市场认可度与竞争力的关键。通过国际认证，乡村文化产品能够获得更高的市场信誉与消费者信任。在推广方面，需要制定有效的市场策略，利用国际展会、博览会等平台，扩大乡村文化产品的国际知名度。同时，结合现代营销手段，如社交媒体和电子商务平台，进一步拓展国际市场，提升乡村文化产品的全球竞争力。

数字平台的利用为跨文化交流提供了新的可能性。通过建立线上社区，国际参与者可以分享乡村文化体验与创作，打破地域限制，实现更加便捷的文化交流。数字平台不仅是文化展示的窗口，也是文化互动的桥梁，为乡村文化的国际传播提供了广阔的空间。通过线上线下相结合的方式，乡村文化能够更好地走向世界，吸引更多国际关注与参与。

构建国际文化合作网络是促进各国乡村文化相互学习与借鉴的重要途径。通过定期的交流与合作，各国可以分享乡村文化振兴的经验与成果，促进文化的共同发展。这样的国际合作网络不仅有助于乡村文化的创新与发展，也为全球文化多样性贡献了力量。在国际合作的背景下，各国乡村文化可以在交流中不断得到完善与提升，实现可持续发展目标。

第三节　乡村文化与乡村旅游融合

一、乡村文化资源旅游开发策略

（一）文化主题设计

通过精心设计的文化主题活动，不仅可以吸引游客，还能弘扬当地的传统文化，增强村民的文化自信。乡村文化主题活动的设计应围绕当地特有的民俗和传统，突出其独特性与吸引力。这种设计能够将乡村的历史与现代旅游需求相结合，形成具有地方特色的旅游品牌。在策划过程中，应深入挖掘乡村的文化资源，确保活动内容的真实性和独特性，以增强其吸引力。

结合乡村的自然景观，设计生态文化主题活动是乡村旅游的一种创新方式。这类活动不仅能展示乡村的自然美景，还能增强游客对乡村环境保护的意识。通过在活动中融入生态教育元素，游客不仅能享受旅游的乐趣，还能在潜移默化中学习到环境保护的重要性。这种体验式的学习方式，能够激发游客对乡村生态的关注和重视，从而推动乡村的可持续发展。

故事叙述和角色扮演等互动形式是增强游客对乡村文化参与感与体验感的有效手段。通过这些互动形式，游客不仅是观众，更是活动的参与者和体验者。这种深度参与的方式，使游客能够更深入地了解乡村的文化内涵，提高旅游体验的质量。同时，通过与当地居民的互动，游客可以感受到乡村生活的真实与质朴，增强对乡村文化的认同感。

设计与地方特色产业相结合的文化活动，如农耕文化节，是促进文化与经济融合发展的重要途径。通过这种活动，乡村不仅可以展示其独特的农耕文化，还能推动地方农产品的销售，增加村民的收入。这种文化与经济的双重收益模式，有助于提升乡村的经济活力，推动乡村的全面振兴。

利用现代科技手段，开发虚拟文化体验项目，是吸引年轻群体参与乡村文化活动的有效策略。通过虚拟现实技术，年轻游客可以在虚拟世界中体验乡村的文化与自然风光。这种创新的体验方式，不仅能够吸引更多的年轻游客，还能为乡村文化的传播开辟新的渠道。通过不断创新和优化，乡村文化旅游将迎来更加广阔的发展空间。

（二）旅游产品创新

通过开发融合地方文化的体验式旅游产品，游客能够亲身参与农耕体验和手工艺制作等活动，从而增强参与感与互动性。这种体验式旅游不仅有助于游客更深入地了解和感受当地文化，还能为乡村带来经济收益与文化传播的双重效益。特别是农耕体验项目，通过让游客参与传统农业活动，既传递了农耕文化的内涵，也让游客在亲身实践中感受到乡村生活的独特魅力。

设计乡村文化主题的节庆活动是吸引游客的重要策略之一。这些活动可以结合当地的传统习俗和节日，形成独具特色的文化盛宴。例如，举办与丰收相关的庆典活动，不仅可以展示当地的农业成果，还能通过传统舞蹈、音乐和手工艺品展览等形式，提升游客的文化认同感和参与意愿。通过这些活动，乡村文化得以活态传承，也为游客提供了独特的文化体验，增强了旅游产品的吸引力。

基于乡村自然资源的生态旅游产品是旅游产品创新的重要方向。通过开发如徒步旅行、观鸟和农田观光等活动，游客能够在享受自然风光的同时，体验到乡村的生态之美。这些生态旅游产品不仅促进了乡村的生态保护，还将文化体验与自然观光有机结合，为游客提供了全新的旅游体验。此外，这些活动还可以增强游客的环保意识，推动可持续旅游的发展。

结合乡村文化与美食的旅游线路设计，能够极大地提升游客的文化体验与消费意愿。通过推广地方特色美食，游客不仅能够品尝到地道的乡村风味，还能通过美食了解当地的文化背景与历史故事。这种结合了文化与美食的旅游体验，能够有效地满足游客的多样化需求，同时为乡村经济带来新的增长点，推动乡村的可持续发展。

数字技术的应用为乡村旅游产品创新提供了新的可能。通过开发虚拟旅游产品，游客可以通过线上平台体验乡村文化，扩大了乡村旅游的受众群体与市场影响力。这种数字化体验不仅突破了时间和空间的限制，还为那些无法亲临现场的游客提供了感受乡村文化的机会。通过虚拟现实技术，游客可以沉浸在乡村的自然风光与文化氛围中，从而激发他们的旅游兴趣与消费意愿。

二、乡村旅游市场营销策略

（一）目标市场定位

在乡村旅游市场营销策略中，明确目标市场的特征与需求，需要深入分析潜在游客的年龄、性别、收入水平及兴趣爱好，以制定精准的市场营销策略。通过对游客群体的细致划分，旅游经营者可以更好地识别出最具潜力的目标市场，从而提高营销活动的有效性和针对性。例如，针对年轻群体，可能需要更多的社交媒体推广和互动体验，而对于家庭游客，则需强调安全和教育性。

识别与乡村旅游相关的细分市场，是制定有效营销策略的关键步骤。由于生态旅游、文化体验旅游和家庭亲子游等细分市场各具特色，针对不同市场设计相应的产品与服务，可以大大提高市场竞争力。生态旅游可能需要强调环保和自然景观，而文化体验旅游则需突出历史和文化活动的独特性。通过细分市场的精准定位，乡村旅游业者可以更有效地吸引特定的游客群体，满足其多样化的需求。

评估目标市场的消费能力与消费习惯，对于优化产品定价与营销策略至关重要。了解游客在乡村旅游中的支出偏好，可以帮助旅游经营者制定合理的价格策略，进而提高游客的消费意愿。例如，高收入游客可能更倾向于选择高端住宿和定制化服务，而中低收入游客则更关注性价比和实惠的旅游套餐。通过对目标市场消费习惯的深入了解，旅游业者能够更好地设计产品和服务，满足不同层次游客的需求。

分析竞争对手的市场定位与营销策略，是确保自身在市场中脱颖而出的重要手段。通过对竞争对手的深入分析，识别自身的优势与差异化特点，可以帮助旅游经营者制定更具竞争力的市场策略。例如，如果竞争对手在价格上具有优势，那么自身就需要在服务质量和独特体验上进行差异化竞争。通过这种方式，乡村旅游业者可以在激烈的市场竞争中找到属于自己的独特定位。

利用市场调研工具，收集潜在游客的反馈与建议，是持续调整市场定位与推广策略的有效途径。通过定期的市场调研，旅游经营者可以及时了解市场需求的变化，确保产品和服务始终与市场需求保持高度匹配。游客的反馈不仅可以帮助其识别当前市场策略中的不足，还能为未来的产品开发和市场推广提供宝贵的参考意见。通过这种动态的市场定位调整，乡村旅游业者能够在不断变化的市场环境中保持竞争力。

（二）品牌形象塑造

乡村品牌形象的核心价值应围绕当地文化特色进行明确定位，以突出其独特性和吸引力。这种定位不仅是对乡村自然景观的简单展示，还深入挖掘地方文化的精髓，形成具有独特文化底蕴的品牌形象。在品牌塑造过程中，必须考虑如何通过文化特色来吸引游客，使其在旅游体验中感受到与众不同的文化氛围。这种文化特色的定位，有助于在同质化的市场中脱颖而出，形成独特的市场竞争优势。

品牌形象的塑造需要整合乡村的自然资源与人文历史，设计具有辨识度的品牌标识，以增强品牌在市场中的识别性。乡村的自然资源，如山川、湖泊、田园风光、传统手工艺、历史遗迹等，都是品牌形象的重要组成部分。通过将这些元素融入品牌标识设计中，可以使品牌在视觉上更具吸引力和辨识度，从而在消费者心中留下深刻印象。这种整合不仅提升了品牌的识别性，还能有效传达乡村的文化价值和旅游体验的独特性。

利用故事叙述的方式传播乡村品牌的文化背景与传承故事，是增强消费者情感共鸣与品牌忠诚度的有效途径。每一个乡村都有其独特的历史和传说故事，通过讲述这些故事，可以让消费者更深入地了解乡村的文化背景，进而产生情感共鸣。这种情感连接不仅能够增加消费者的品牌忠诚度，还能激发他们的口碑传播意愿，使品牌形象在更广泛的范围内得到传播。故事叙述的方式可以通过多种渠道实现，如社交媒体、品牌网站、宣传册等，应确保信息的广泛传播和有效影响。

结合地方特色节庆与文化活动，开展品牌推广活动，是提升品牌知名度与市场影响力的关键措施。地方特色节庆和文化活动是展示乡村文化的重要平台，通过与这些活动的结合，可以有效地将品牌信息传递给广大的消费者。这些活动不仅能够吸引大量游客参与，还能通过参与者的体验和分享，进一步扩大品牌的影响力。在活动策划中，应注重品牌与活动主题的契合度，以确保品牌信息的有效传达和游客的良好体验，从而提升品牌的知名度和市场影响力。

应建立品牌反馈机制，定期收集消费者的意见与建议，以优化品牌形象与市场策略，确保品牌的持续发展。消费者的反馈是品牌改进的重要依据，通过建立有效的反馈机制，可以及时了解消费者的需求和期望，从而进行有针对性的品牌优化。这种机制不仅有助于品牌形象的不断完善，还能为市场策略的调整提供科学依据，确保品牌在激烈的市场竞争中保持活力。通过不断的反馈与优化，乡村旅游品牌能够实现可持续发展，为乡村文化振兴与农业可持续发展贡献力量。

（三）营销渠道拓宽

在乡村旅游市场的激烈竞争中，建立与旅游平台的合作关系，如通过OTA（在线旅行代理商）等渠道，能够有效提升乡村旅游产品的曝光率和销售量。这些平台不仅能提供展示产品的窗口，还能通过大数据分析帮助乡村旅游企业精准定位目标客户群体，优化营销策略。此外，OTA平台的用户评价系统也为潜在游客提供了重要的参考信息，增加了游客的信任度和购买欲望。

社交媒体的兴起为乡村旅游的精准营销提供了新的契机。通过发布吸引人的内容和活动信息，乡村旅游企业可以增强与潜在游客的互动和参与感。社交媒体平台的分享和传播特性，使优质内容能够迅速扩散，形成口碑效应。同时，通过社交媒体的精准广告投放，企业可以根据用户的兴趣和行为习惯，进行定向推广，提高营销的有效性和转化率。利用社交媒体进行营销，不仅能够提升品牌的知名度，还能建立与客户之间的情感连接，提高用户的忠诚度。

联合营销活动是提升乡村旅游吸引力的有效手段之一。通过与地方企业的合作，乡村旅游可以将自身的特色产品和服务与地方的品牌形象相结合，打造出独特的旅游体验。这种合作不仅能够提升整体旅游产品的吸引力，还能通过资源共享和优势互补，降低营销成本，提高市场竞争力。此外，联合营销活动还可以通过跨界合作，吸引更多的游客群体，扩大市场份额，实现双赢的局面。

参与旅游展会和行业交流活动是直接向目标客户群体推广乡村旅游产品的重要途径。在这些活动中，乡村旅游企业可以通过面对面的交流，展示自身的产品和服务，建立品牌形象与市场认知度。同时，展会和交流活动也是了解行业动态和市场需求的重要渠道，为企业调整和优化营销策略提供了宝贵的参考。此外，通过与行业内其他企业的交流与合作，乡村旅游企业还可以拓展人脉资源，寻找更多的合作机会。

开发乡村旅游专属 App 是提升游客便利性和满意度的创新举措。通过 App，游客可以实现在线预订、活动安排和用户反馈等功能，极大地方便了旅游计划的制订和实施。App 的开发不仅提升了游客的旅游体验，还为企业提供了一个直接与游客沟通的平台，通过数据分析，可以更好地理解游客的需求和偏好，优化产品和服务。同时，App 还可以通过推送功能，及时向用户传递最新的活动和优惠信息，提高用户的参与度和忠诚度。

三、乡村旅游社区参与模式

（一）社区合作机制

在乡村旅游的发展过程中，社区参与的决策机制是重要环节，通过这一机制，居民能够在乡村旅游项目的规划与实施中表达意见。这不仅增强了居民的参与感，也提升了他们的归属感。决策机制的有效运行需要透明的流程和开放的沟通渠道，以确保居民的声音能够被听到和重视。通过这种方式，社区能够更好地调动自身的资源和智慧，为乡村旅游的发展提供切实可行的建议和方案。

为了提高居民在乡村旅游中的竞争力，社区培训项目的开展显得尤为重要。这些培训项目旨在提高居民的旅游服务技能和文化素养，使他们能够更好地适应旅游业的发展需求。通过系统的培训，居民不仅可以提高自身的服务水平，还能增强对本地文化的理解和传播能力。这种能力的提升，不仅有助于个人的职业发展，也为整个社区的旅游服务质量提供了保障，使乡村旅游能够在激烈的市场竞争中脱颖而出。

社区文化基金的设立，为居民提供了一个自主发起文化活动与项目的平台。这一基金的存在，鼓励了多样化的文化表达与创新，使乡村旅游不仅停留在观光层面，还深入文化体验的层次。通过支持居民的文化创意和活动，社区能够展示自身独特的文化魅力，吸引更多的游客前来体验。这种自主性和多样化的文化活动，不仅丰富了乡村旅游的内容，也增强了社区的凝聚力和文化自信。

推动社区与地方政府及旅游企业的合作，是实现资源共享与利益共赢的有效途径。通过建立紧密的合作关系，社区可以更好地利用地方政府和企业的资源，如资金、技术和市场渠道等。这种合作模式，不仅提升了乡村旅游的整体效益，还促进了社区的经济发展和社会进步。在合作过程中，各方需要明确各自的权责和利益分配，以确保合作的顺利进行和可持续发展。

建立社区反馈机制，定期收集居民对旅游活动的意见与建议，是持续优化乡村旅游服务与活动内容的重要手段。通过反馈机制，社区能够及时了解居民和游客的需求和期望，从而在旅游项目的设计和实施中进行相应的调整和改进。这种持续的优化过程，不仅提升了游客的满意度，也增强了居民对旅游活动的认同感和参与度，最终实现乡村旅游的可持续发展。

（二）居民培训与发展

制订针对乡村居民的培训计划，涵盖旅游服务、文化传承与手工艺技能，是提升居民专业素养与服务能力的基础。在现代乡村旅游中，服务质量和文化体验是游客关注的重点。通过系统的培训，居民能够掌握必要的接待技巧和文化讲解能力，从而为游客提供更优质的服务。此外，手工艺技能的培训不仅有助于传统文化的传承，还能成为吸引游客的重要因素，使乡村旅游更具吸引力。

为了确保培训的有效性，引入外部专家和培训机构开展定期的技能培训与工作坊是必要的。外部专家能够带来最新的旅游服务标准与文化传播技巧，帮助居民不断更新知识和技能。通过这种方式，乡村居民不仅能够学习到先进的服务理念，还能在实践中不断提升自身的能力。这种持续的学习和更新，不仅提高了居民的服务水平，也为乡村旅游注入了新的活力和动力，促进了乡村经济的发展。

建立居民培训成果评估机制是确保培训效果的重要手段。通过考核与反馈，培训的内容和方式可以得到持续优化，居民的参与感与学习效果也会有所提升。评估机制能够帮助识别培训中的不足，并及时进行调整，以确保培训的针对性和实效性。此外，居民的反馈也能为未来的培训计划提供宝贵的参考，使培训更贴合实际需求，从而更好地服务于乡村旅游的发展目标。

鼓励居民参与旅游项目的策划与实施，是提升其对乡村旅游发展的认同感与归属感的重要措施。通过参与实际项目，居民能够更深入地理解乡村旅游的运作模式和发展方向，增强社区凝聚力。居民的积极参与不仅有助于项目的顺利实施，也能为乡村旅游的发展提供更多的创意和灵感。社区的团结和协作，是乡村旅游可持续发展的重要保障，也为乡村文化的振兴提供了坚实的基础。

推动乡村居民与外部市场的对接，为他们提供创业指导与资源支持，是实现经济自给自足与可持续发展的重要途径。通过市场对接，居民可以将自身的产品和服务推广到更广阔的市场，获得更多的经济收益。创业指导和资源支持，则为居民提供了必要的知识和工具，帮助他们在乡村旅游中找到自己的发展路径。这不仅提升了居民的经济水平，也为乡村旅游的长远发展奠定了基础，推动了乡村的整体振兴。

四、乡村旅游可持续发展保障措施

（一）环境保护策略

建立乡村生态保护区是首要任务，通过限制开发活动来确保当地生态环境的完整性与生物多样性。这样的保护区不仅为动植物提供了栖息地，还能为游客提供一个欣赏自然之美的场所，从而推动生态旅游的发展。与此同时，推广农业技术也是不可或缺的环节。通过减少化肥和农药的使用，可以有效保护土壤与水源，提高农产品的生态安全性。这不仅有助于维护当地的生态平衡，还能为游客提供健康的农产品体验，进一步提升乡村旅游的吸引力。

水资源管理措施的实施对于乡村旅游的可持续发展也具有重要意义。优化水资源的使用效率是关键，通过合理的管理措施能防止水体污染，保护农村水生态环境。水资源的有效管理不仅能满足当地居民和游客的用水需求，还能维持乡村自然景观的美观与生态功能。此外，开展环境教育与宣传活动，提升村民的环保意识是实现环境保护的基础。应当通过教育与宣传，鼓励村民积极参与乡村环境保护与可持续发展实践，形成全民参与的良好氛围，为乡村旅游的可持续发展奠定坚实的社会基础。

建立乡村环境监测体系是确保乡村可持续发展目标实现的重要手段。定期评估生态环境状况，及时调整保护措施，可以有效应对环境变化带来的挑战。

通过科学的监测与评估，能够及时发现问题并采取相应措施，确保乡村生态环境的健康发展。这一体系不仅能为政府和管理者提供决策依据，还能增强村民和游客对乡村旅游可持续发展的信心。综上所述，环境保护策略的实施是乡村旅游可持续发展的重要保障，通过多方面的措施，能够有效维护乡村生态环境，促进乡村旅游的健康发展。

（二）社会责任落实

在乡村文化振兴与农业可持续发展的背景下，建立社会责任意识，鼓励企业和个人在乡村发展中承担起相应的社会责任，可以有效促进乡村经济与社会的协调发展。企业在乡村旅游项目中不仅要追求经济效益，还需关注社会效益，通过支持当地教育、医疗等公共服务，能够增强社区的整体福祉。此外，个人也应积极参与志愿活动，支持乡村社区的建设与发展，从而形成企业与个人共同推动乡村可持续发展的良好氛围。

推动社区参与是确保乡村振兴项目成功的重要措施。鼓励居民在乡村振兴项目中积极发声，确保其利益和需求得到充分考虑与尊重，是实现乡村旅游可持续发展的基础。通过建立有效的沟通机制，政府和企业可以更好地了解社区的实际需求，并在项目规划和实施过程中充分考虑居民的意见和建议。这不仅有助于提高项目的可行性和接受度，还能增强社区居民的参与感和责任感，促进乡村旅游的长远发展。

加强对乡村文化和生态环境的保护是实现乡村旅游可持续发展的重要前提。在发展经济的同时，必须维护乡村的自然资源和文化遗产，以确保乡村旅游的长期吸引力。地方政府和相关部门应制定并实施严格的环境保护政策，限制过度开发和资源浪费。同时，鼓励企业和社区共同参与生态保护活动，通过教育和宣传增强公众的环保意识，形成全社会共同保护乡村环境的良好氛围。

建立透明的利益分配机制是确保乡村旅游和农业发展的收益能够公平地惠及当地居民的重要措施。通过合理的利益分配，可以增强当地居民的参与动力，使其在乡村旅游发展中获得实实在在的收益。政府和企业应制定明确的分配政策，确保项目收益的合理分配，并通过公开透明的方式进行监督和管理，以防止利益分配不公导致的社会矛盾和冲突。

开展社会责任培训，提高企业和社区对可持续发展理念的认知，是促进其在实际操作中落实与执行的有效途径。通过培训，企业和社区可以更好地理解可持续发展的重要性，并掌握相应的实践方法和工具。这不仅有助于提高乡村旅游项目的可持续性，还能增强企业和社区在应对未来挑战时的适应能力和创新能力，为实现乡村振兴的长期目标奠定坚实基础。

第四节　乡村文化建设与农民精神文明提升

一、乡村公共文化服务体系构建

（一）服务体系框架设计

服务体系框架设计的核心在于合理规划文化设施的布局与功能。建立包括文化活动中心、图书馆、文化站等在内的设施网络，是满足乡村居民文化需求的基础。文化活动中心不仅是文化活动的主要场所，还应具备多种功能，能够承载教育培训、文艺演出和社区活动等多种功能。图书馆则应考虑到信息化时代的需求，能够提供电子阅览、文化讲座等服务，促进居民的知识获取与文化素养提升。文化站作为基层文化传播的前沿阵地，应积极开展各类文化活动，以丰富乡村居民的精神生活。通过这些设施的合理布局与功能规划，能够有效扩大乡村文化服务的覆盖面和影响力。

乡村公共文化服务体系的设计还应明确其目标群体，以便更有针对性地开展文化服务项目。乡村居民因年龄、性别、兴趣等的不同，其文化需求也呈现多样化特点。因此，文化服务体系需根据不同群体的特征，设计相应的服务项目。例如，为儿童和青少年群体提供课外阅读、艺术培训等活动；为中老年群体设置健康讲座、传统手工艺学习等项目；同时，针对女性群体，可以开展家庭教育、职业技能培训等活动。这种多样化的服务项目设计，能够更好地满足乡村居民的文化需求，提升其参与文化活动的积极性和获得感。

在乡村公共文化服务体系的构建过程中，资源整合机制的制定至关重要。政府、社区、企业和社会组织是文化服务的主要资源提供者，通过整合这些多元化资源，可以形成合力，共同推动文化服务的实施与发展。政府应发挥主导作用，提供政策支持和资金保障；社区则可以发挥其组织和协调优势，动员居民参与文化活动；企业可以通过赞助或合作，提供物质支持；社会组织则能以其专业性和灵活性，设计和实施创新的文化服务项目。通过资源整合，乡村公共文化服务体系能够获得更为坚实的保障和广泛的支持。

为了确保乡村公共文化服务的有效性与可持续性，建立评估与反馈机制是必不可少的。定期收集居民对文化服务的意见与建议，能够帮助识别服务中的不足，并进行及时调整和优化。评估机制应包括定量和定性两个方面：定量评估通过数据分析，了解服务的覆盖率、参与度等指标；定性评估则通过问卷调查、访谈等方式，获取居民对服务内容和质量的主观评价。反馈机制的设立，不仅有助于提升服务的针对性和有效性，也能增强居民对文化服务的认同感和参与感，从而推动乡村文化繁荣的持续发展。

（二）资源配置与管理

乡村文化资源的合理配置与高效管理，不仅能够提高文化服务的质量与可及性，还能促进乡村居民的精神文明建设。当前，许多乡村地区面临着资源配置不均、文化服务供给不足的问题，这对乡村文化振兴与农业可持续发展形成了制约。因此，必须通过科学的资源配置与管理策略，优化资源的分布与使用。通过合理配置文化资源，可以更好地满足乡村居民的文化需求，提高他们的生活质量与幸福感。

建立乡村公共文化服务资源的动态管理机制，是确保文化资源合理配置与高效利用的关键。动态管理机制能够根据乡村居民的实际需求和文化资源的使用情况，及时调整资源的配置方案，提高资源的使用效率。这一机制的建立需要依托现代信息技术，通过数据的实时采集与分析，掌握文化资源的使用情况与居民需求的变化趋势。通过动态管理，可以实现文化资源的精准投放，避免资源的浪费与闲置，以确保文化服务的高效性与可持续性。

制定资源配置的优先级原则，是资源管理的重要策略之一。在资源有限的情况下，合理确定资源配置的优先级，有助于将资源集中到最需要的领域与项目上。优先支持符合乡村文化特色与居民需求的项目与活动，能够更好地发挥文化资源的作用，实现文化服务的最大化效益。资源配置的优先级应基于对乡村文化现状与居民需求的深入调研与分析，确保决策的科学性与合理性。

推动多方合作，整合政府、企业及社会组织的资源，是形成乡村文化服务合力与协同效应的有效途径。乡村文化振兴与农业可持续发展需要多方力量的共同参与与支持。通过建立多方合作机制，可以将政府的政策支持、企业的资金与技术、社会组织的服务与资源有效结合，形成合力，提高文化服务的质量与覆盖面。多方合作不仅能够弥补单一主体资源与能力的不足，还能促进资源的共享与互补，实现文化服务的协同效应。

建立乡村文化资源的共享平台，能够促进信息透明与资源互通，提高文化服务的可及性与参与度。共享平台通过信息技术的应用，将各类文化资源进行数字化整合与展示，方便乡村居民获取与参与文化活动。这种资源共享模式，不仅能够提高文化资源的利用率，还能激发乡村居民的文化参与热情，增强他们的文化认同感与归属感。通过共享平台，乡村文化资源的流动性与可及性将大大提高，为乡村文化振兴与农业可持续发展提供有力支持。

二、乡村文化活动丰富与品质提升

（一）活动类型多样化

通过多样化的活动，乡村不仅能够吸引更多的游客，还可以增强本地居民的文化认同感。乡村文化艺术节正是其中的一种，它通过展示地方艺术与民俗风情，吸引了大批游客的参与与互动。这些活动不仅仅是简单的文化展示，更是一种文化认同的增强过程。游客在参与这些活动的过程中，能够更深入地理解当地的文化特色，同时为当地居民提供了一个展示自我的平台。这种双向互动的模式，不仅提升了乡村文化活动的品质，还增强了居民与游客之间的文化共鸣。

在乡村文化振兴的过程中，传统手工艺的传承与传播也是不可忽视的一环。通过组织传统手工艺体验工作坊，乡村能够在吸引游客的同时，鼓励当地居民参与其中。这种活动不仅能够让游客体验到传统技艺的魅力，还能激发当地居民对传统文化的自豪感与责任感。手工艺不仅是一种技艺，更是一种文化的象征，通过这种方式，传统技艺得以传承，而文化也得以传播。这种互动式的体验活动，能够有效促进技艺的传承与文化的传播，为乡村文化振兴注入新的活力。

乡村生态文化活动的策划，将自然景观与环境保护有机结合，增强了游客对乡村生态的认知与责任感。这类活动不仅是对自然风光的欣赏，更是一种对环境保护意识的提升。在活动中，游客能够亲身体验到乡村生态的独特魅力，同时能够更深刻地认识到环境保护的重要性。这种活动的开展，不仅能够提升乡村文化活动的品质，还能够有效促进游客的环保意识，为乡村的可持续发展奠定基础。

举办乡村美食节，通过推广地方特色美食，吸引了大量游客前来体验乡土风味。这种活动不仅能够促进地方经济的发展，还能为文化交流提供一个良好的平台。游客在品尝美食的过程中，能够更深入地了解当地的文化背景，而地方美食也得以在更广的范围内传播。这种活动形式，不仅丰富了乡村文化活动的类型，还提升了活动的品质，为乡村文化振兴提供了新的方向。通过这种多样化的活动形式，乡村不仅能够实现文化的振兴，还能够促进农业的可持续发展。

（二）活动质量提高策略

在乡村文化活动的质量提高中，在活动策划初期，应充分考虑乡村的文化传统与现代发展需求，设定具体的活动目标，并通过科学的评估标准进行衡量。这种方法能够确保活动在实施过程中保持方向性和一致性，从而增强活动的文化内涵和吸引力。此外，评估标准的制定还应包括参与者的反馈和满意度调查，以便及时调整活动策略，确保活动的成功举办。

引入专业的活动策划团队是提高乡村文化活动质量的关键策略。专业团队的介入，能够通过市场调研和居民需求分析，设计出符合目标受众兴趣的高质量文化活动。策划团队应深入了解乡村的文化背景和居民的兴趣偏好，再结合现代文化活动的趋势，创新活动形式与内容。这不仅能吸引更多的居民参与，还能为乡村带来新的文化活力。通过专业策划，活动能够更好地体现乡村的独特文化魅力，同时满足居民的精神文化需求。

加强活动的宣传推广是提升乡村文化活动影响力的重要手段。利用多种渠道和媒介，如社交媒体、传统媒体和社区公告板等，可以有效提高活动的知名度和参与度。宣传策略应注重活动的特色亮点，以便吸引更多的游客和社区居民参与其中。通过各种宣传手段的综合运用，活动信息能够广泛传播，形成良好的口碑效应，进而吸引更多居民的关注和参与。这不仅能提升活动的现场氛围，还能为乡村文化建设带来更大的社会效益。

建立活动反馈机制是确保乡村文化活动持续具备吸引力和影响力的有效方式。通过及时收集参与者的意见与建议，活动组织者可以对活动进行评估和改进。反馈机制应包括多种形式，如问卷调查、座谈会和在线评论等，以便全面了解参与者的体验和期望。根据反馈信息，活动组织者可以对活动内容、形式和组织方式进行调整和优化，确保活动能够持续满足参与者的需求，保持其吸引力和影响力。这一机制不仅有助于提高活动的质量，还能增强居民对乡村文化活动的认同感和归属感。

三、乡村文化教育与农民素质培养

（一）文化教育内容设计

乡村文化教育课程的设计应全面涵盖传统手工艺、民俗习惯与地方历史等内容，以此增强居民对本土文化的理解与认同感。通过深入挖掘和传承这些文化元素，不仅可以丰富乡村文化的内涵，还能为乡村居民提供一种文化归属感和自豪感。这种文化认同是乡村文化振兴的基础，它能有效地推动居民积极参与文化保护与发展的实践。

课程设计的实践性是提升乡村文化教育效果的关键。通过互动式学习和现场体验，居民不仅能够更好地掌握理论知识，还能在实践中提高动手能力与文化传承意识。这种教学方式强调学以致用，能够激发居民的学习热情和创新能力。在课程中加入动手实践环节，例如传统手工艺制作或民俗活动参与，可以让居民更直观地感受到乡村文化的魅力，从而增强他们对文化传承的责任感和使命感。

为了满足不同学习者的需求，乡村文化教育应建立多样化的教学方法。讲座、工作坊与实地考察等形式可以提供多样化的学习体验，提升课程的趣味性和吸引力。讲座可以帮助居民系统地了解文化知识，工作坊则为居民提供了动手实践的机会，而实地考察能够让居民切身感受到文化遗产的独特魅力。通过这种多元化的教育方式，居民能够在轻松愉快的氛围中学习和成长。

推动乡村文化教育与社区活动的结合是增强社区凝聚力与文化自豪感的重要途径。通过鼓励居民参与文化传播与交流活动，可以有效地提升社区成员之间的互动和合作。社区活动不仅是文化教育的一部分，也是一种生活方式的体现，它能够促进居民之间的情感交流，增强社区的凝聚力和向心力。

（二）农民综合素质提升路径

通过建立完善的农民技能培训体系，可以有效提高农民的专业素养和竞争能力。定期组织农业技术、市场营销和管理等方面的培训，使农民能够掌握现代农业生产技术和市场运作规律，从而在激烈的市场竞争中立于不败之地。这种系统化的培训不仅提升了农民的专业技能，还促进了农业生产方式的现代化，推动了农业的可持续发展。

推动农民参与乡村文化活动是提升农民综合素质的重要路径。乡村文化活动不仅是农民休闲娱乐的重要方式，更是增强其对本土文化认同感和自豪感的有效途径。通过参与各类文化活动，农民能够更深入地理解和传承乡村的传统文化，从而增强其社会参与意识和责任感。这种文化认同和社会责任感的提升，不仅有助于乡村社会的和谐稳定，还能激发农民积极参与乡村建设的热情，推动乡村的全面振兴。

现代科技的普及为农民综合素质的提升提供了新的契机。鼓励农民利用互联网和智能农业设备，不仅可以提高生产效率和管理水平，还能促进农业的可持续发展。现代科技手段的应用，使农民能够及时获取市场信息，优化生产决策，提高资源利用效率。此外，智能设备的使用也使农业生产更加精准和高效，减少了资源浪费和环境污染。这种科技与农业的深度融合，正在改变传统农业的生产方式，推动农业向现代化、智能化方向不断发展。

开展农民心理素质和团队合作能力的培养活动，对于提升其应对市场变化和社会挑战的能力具有重要意义。在市场经济条件下，农民面临的挑战不仅来自自然环境，还来自市场的变化和社会的转型。通过心理素质和团队合作能力的培养，农民能够更好地适应市场变化，增强集体凝聚力。这种能力的提升，不仅有助于农民个人的发展，也为乡村集体经济的壮大提供了坚实的人才基础。通过这些路径的综合实施，农民综合素质的全面提升将为乡村振兴与农业可持续发展注入新的活力。

四、乡村道德建设与文明风尚培育

（一）道德教育实施

道德教育应结合乡村文化特色，开展以地方传统美德为主题的教育活动，以增强居民的文化认同与道德自觉。乡村地区拥有丰富的文化传统和独特的历史背景，这为道德教育提供了深厚的土壤。通过挖掘地方传统美德，如勤劳、诚信、孝顺等，教育活动内容可以更好地与居民的日常生活相结合，使道德观念深入人心。在实践中，可以通过组织乡村文化节、传统技艺展示等活动，将道德教育融入其中，使居民在参与文化活动的同时，潜移默化地接受道德教育。

通过组织道德模范评选与表彰活动，可以有效激励居民践行社会公德与家庭美德，从而形成良好的社会风尚。道德模范评选不仅是对个人道德行为的肯定，更能对整个社区道德水平的提升起到促进作用。在评选过程中，通过媒体宣传、社区公告等方式，广泛传播模范事迹，树立学习榜样，激励更多的人参与道德实践。同时，表彰活动的举办也为社区居民提供了一个交流和学习的平台，进一步增强了居民之间的凝聚力和向心力。

在学校和社区中设立道德教育课程，利用故事、戏剧等生动形式，可以有效提高居民的道德意识与参与感。传统的道德教育往往局限于说教，而通过运用生动的表现形式，如故事会、戏剧表演等，可以使道德教育更加贴近生活，更容易被居民接受和理解。这些形式不仅能够激发居民的兴趣，还能通过情景再现的方式加深他们对道德观念的理解和记忆。在学校中，道德教育课程可以与其他学科结合，形成跨学科的学习体验；在社区中，可以通过举办道德教育讲座、工作坊等活动，鼓励居民积极参与。

鼓励社区居民共同参与道德实践活动，如志愿服务与公益项目，是增强邻里关系与社会责任感的重要途径。道德实践活动不仅是道德教育的延伸，更是居民将道德观念付诸实践的有效方式。通过参与志愿服务，居民可以在帮助他人的过程中感受到道德行为带来的满足感和成就感，进而增强对社会的责任感和对社区的归属感。此外，公益项目的开展也为居民提供了一个共同合作的平台，促进了邻里之间的交流与合作，提高了社区的整体道德水平和文明程度。

（二）文明风尚引导策略

在乡村振兴的过程中，通过多种媒介开展乡村文明宣传活动，可以有效增强居民对文明风尚的认知与接受度。利用海报、展板和社区广播等媒介，不仅能够广泛传播文明理念，还能在潜移默化中影响居民的日常行为习惯。这些宣传活动需要结合乡村实际情况，采用通俗易懂的语言和生动活泼的图像，使文明风尚的概念更加贴近居民生活，鼓励他们自觉践行文明行为。在此过程中，社区领导和村委会成员应积极参与，发挥示范作用，带动全体村民共同营造文明和谐的乡村环境。

建立乡村文明风尚评比机制是提升居民参与文明建设积极性的重要手段。通过定期评选文明家庭、文明村庄等活动，能够在社区内形成良好的竞争氛围，激励居民积极参与文明建设。评比机制的设立需要公平、公正、公开，评选标准应明确且易于操作，确保每位参与者都能感受到过程的透明和结果的公正。这样的机制不仅能激发村民的参与热情，还能在村庄内形成积极向上的风气，推动文明风尚的持续发展。

社区志愿服务活动是提升居民社会责任感与道德自觉的重要途径。通过组织居民参与环境保护、邻里互助等公益项目，可以在实践中培养他们的社会责任感。志愿服务活动的组织需要充分考虑居民的兴趣和特长，提供多样化的参与方式，使每位居民都能找到适合自己的贡献途径。这不仅能增强社区凝聚力，还能帮助居民在服务他人的过程中实现个人价值，提高自我道德水平。

推动乡村文化活动与文明风尚相结合，是培育居民文化自豪感与参与感的有效策略。通过传统节庆、文化展演等形式展示文明行为与传统美德，可以在潜移默化中影响居民的价值观念。文化活动的设计应注重传统与现代的结合，使传统美德在现代生活中焕发新的活力。同时，通过这些活动，居民不仅能感受到文化的魅力，还能在参与中提升自我修养，增强对本土文化的认同感和自豪感。这种文化自豪感的提升，将成为推动乡村文明风尚建设的内在动力。

第六章　乡村科技振兴与农业可持续发展

我们要“藏粮于地”，更要“藏粮于技”。这是乡村振兴战略实施过程中的重要任务，只有通过盘活乡村有效资源，才能够将科技研究成果应用于农业生产过程之中，让有限的耕地和资源供给于更加广大的市场，将中国人的饭碗牢牢端在自己手里。因此，坚持科技兴农发展路线，首先要摒弃传统的小农经济发展思路，建立“大农业观”和“大食物观”，将粮食生产与国计民生牢牢联系在一起，从各个角度出发投入更多科技力量进入现代农业生产，让农业成为农村产业振兴的重要抓手，通过农业的发展让广大农村重新焕发生机与活力。这就需要国家通过农业类院校、农业类科研院所与农村、农业的紧密结合，让新技术、新成果能够在产学研相结合的过程中以最快速度投入到农业生产进程中，实现更高效、更优质的农业生产活动。其次，在推动科技兴农的过程中，让农业科技发展成果惠及广大人民，只有这样才能够有源源不断的人才和资源进入农业发展和乡村振兴战略之中。在农业发展基础之上，利用农业带来的丰富农产品这一优势，延长农产品生产加工等上下游产业链，形成具有良好原材料基础和广大市场的第二产业集群，让第二产业建立在第一产业的牢固基础之上，通过发掘区域特色资源，再引进第三产业，实现一、二、三产业之间的合理衔接和配套，推动产业有序发展。

第一节　农业科技创新体系建设

一、农业科研机构的布局与功能

（一）机构布局优化

优化布局的核心在于根据不同地区的地理和气候条件，合理配置科研资源，以满足各地的农业需求。我国幅员辽阔，气候多样，不同区域的农业生产条件差异显著。因此，农业科研机构应根据区域特点进行布局调整，以便更好地开展有针对性的研究。这样的优化布局不仅能提高科研的针对性和有效性，还能促进区域农业的协调发展。

加强农业科研机构与地方政府和农民的合作，是确保研究成果能够有效转化为实际生产力的关键。科研机构的研究成果只有在实际应用中才能体现其价值。因此，科研机构需要与地方政府和农民建立紧密的合作关系，了解实际需求，将研究成果与生产实践相结合。通过合作机制，科研人员可以获得第一手的农业生产信息，从而更有针对性地进行研究。同时，地方政府和农民也能够通过科研机构的支持，提高农业生产技术水平，实现增产增收。

建立多学科交叉的农业科研团队，对于促进技术创新与应用的多样化具有重要意义。现代农业生产涉及多个学科领域，如生物技术、信息技术、环境科学等。通过组建多学科交叉的科研团队，可以充分发挥各学科的优势，推动农业技术的创新与应用。这样的团队不仅能在基础研究中取得突破，还能在应用研究中实现技术的快速转化，从而为农业可持续发展提供强有力的科技支撑。

引入现代信息技术，提升农业科研机构的数据管理与分析能力，是提高科研效率的重要手段。随着信息技术的快速发展，大数据、人工智能等技术在农业科研中的应用日益广泛。通过引入这些现代信息技术，科研机构可以实现对农业数据的高效管理与分析，进而提高科研效率和成果的准确性。信息技术的应用还可以促进科研机构之间的信息共享与合作，为农业科技创新体系建设提供新的动力。

（二）功能定位分析

农业科研机构应明确其在技术研发、成果转化、人才培养等方面的多重功能。通过加强技术研发，科研机构能够不断推出创新性技术和产品，这不仅有助于提高农业生产效率，还能推动农业的现代化进程。同时，科研机构应积极开展成果转化工作，将实验室中的技术应用到实际生产中，以此提升整体服务能力。此外，人才培养也是科研机构的重要职能，通过培养高素质的农业科技人才，为农业科技的持续发展提供坚实的人力资源保障。

为了发挥农业科研机构的最大效能，必须建立与产业链各环节的紧密联系。通过与农业生产、加工和销售环节的合作，科研机构可以确保科研成果能够顺利应用于实际生产中，从而提高农业生产的整体效率和市场竞争力。这种紧密的联系不仅有助于科研成果的快速转化，还能促进农业产业链的协同发展。此外，与产业链的合作还可以为科研机构提供更多的实践反馈，从而指导后续的科研工作，使其更加贴近实际需求。

农业科研机构还需要强化其公共服务功能，以更好地服务于广大农民。通过提供技术咨询、培训和信息支持，科研机构可以帮助农民提升自主创新能力，增强其在市场中的竞争力。技术咨询服务可以为农民解决生产中遇到的技术难题，而培训和信息支持则可以帮助农民掌握最新的农业科技动态和市场信息。这种公共服务功能的强化，不仅有助于提升农民的生产技能和创新能力，还能推动农业的整体发展。

推动农业科研机构在生态保护和资源利用效率等方面的研究，是实现可持续发展目标的重要途径。通过研究和推广生态友好型技术，科研机构可以帮助农业生产减少对环境的负面影响，实现资源的高效利用。这不仅符合全球可持续发展的趋势，也为我国农业的长远发展提供了科学依据。农业科研机构应当在这些领域投入更多的资源和精力，以确保农业发展与生态保护之间的平衡，从而实现农业的可持续发展目标。

二、高等院校在农业科技创新中的作用

（一）科研成果转化

高校应积极建立与农业企业的合作机制，这种合作不仅有助于推动科研成果的市场化应用，还能显著提升农业科技的实际效益。通过紧密的校企合作，科研人员能够更好地了解市场需求，从而将科研成果转化为符合市场需求的产品和技术。这一过程不仅促进了农业产业的升级，还为农业企业提供了新的增长点和竞争优势。

为了进一步推动科研成果的转化，高等院校可以通过设立科技成果转化基金来支持科研团队。此类基金的设立旨在为高校科研团队提供必要的资金支持，使他们能够将实验室的研究成果转化为实际产品。通过这种方式，不仅能够加快科研成果的产业化进程，还能推动整个农业产业的升级和转型。这一举措也有助于激发高校科研人员的创业热情，鼓励他们将更多精力投入创新应用研究中。

此外，高等院校在农业科技创新中还肩负着人才培养的重要使命。高校应注重培养具备实践能力和创新思维的农业科技人才，这些人才不仅能推动科技成果的转化，还能在未来的农业科技创新中发挥关键作用。通过优化课程设置和加强实践教学，高校学生能够更好地掌握农业科技的前沿知识和技术，从而在毕业后迅速投入科研成果的转化工作中，为农业科技创新注入新的活力。

现代信息技术的快速发展为高校科研成果的传播和应用提供了新的途径。

高等院校可以利用这些技术构建农业科技成果共享平台，通过这一平台，科研成果能够得到更广泛的传播和应用。这不仅有助于提高农民的技术接受度，还能促进农业生产效率的提高。共享平台的建设也为高校、企业和农民之间搭建了沟通的桥梁，进一步推动了科研成果的有效转化和应用。

（二）人才培养机制

高等院校通过多层次、多元化的人才培养体系，满足不同层次农民和农业从业者的学习需求，为农业科技创新提供了源源不断的人才支持。职业教育、继续教育和高等教育的有机结合，不仅能够提升农业从业者的专业技能，还能增强其适应现代农业生产方式的能力。尤其是在现代农业技术迅速发展的背景下，这种多元化的人才培养模式显得尤为重要。

校企合作是高等院校促进农业科技创新的重要途径之一。通过与农业企业联合开展实习和实践项目，学生能够更好地将理论知识与实际操作结合起来，提升实践能力和就业竞争力。这种合作模式不仅为学生提供了宝贵的实践机会，也为企业带来了新鲜的技术和思维方法，形成了双赢的局面。此外，校企合作还能促进高校课程设置的更新，使其更贴近行业实际需求，为农业科技创新输入新鲜血液。

农业科技教育的课程设置是培养创新思维和实践能力的关键。高等院校应注重课程的科学性和前瞻性，结合现代农业技术的发展趋势，设计出具有创新性和实用性的课程体系。通过引入现代农业技术的最新成果和发展动态，学生不仅能掌握扎实的基础知识，还能培养出敏锐的创新意识和实践能力。这将为农业科技创新注入新的活力，推动农业的可持续发展。

建立农业科技人才评价机制是提升科研人员和学生在农业科技创新中贡献和影响力的重要手段。通过科学合理的评价体系，鼓励科研人员和学生积极参与科研项目和社会服务，不仅能提升其科研能力和社会责任感，还能增强其在农业科技创新中的地位和作用。这种激励机制将有助于形成良好的学术氛围，推动农业科技的进步和创新，为乡村振兴和农业可持续发展提供有力的人才支持。

三、企业在农业科技创新中的主体地位培育

（一）创新能力提升

企业应加大研发投入，建立专门的创新团队，以提升农业科技产品的研发

能力和市场竞争力。通过持续的资金投入，企业能够在技术开发和产品创新上保持领先地位。此外，创新团队的建立应注重多学科交叉与融合，以应对农业科技领域日益复杂的挑战。企业应通过科学管理和有效激励机制，吸引和留住高素质的科技人才，为持续创新提供智力支持。

为了加速农业科技创新成果的落地，企业需积极与科研机构和高等院校建立战略合作关系。这种合作不仅能够实现资源与技术的共享，还可以将前沿的研究成果迅速转化为市场需求的产品和服务。通过建立长期稳定的合作机制，企业能够在技术创新链条中占据有利位置，增强在市场中的竞争力。同时，企业应积极参与国家和地方政府组织的产学研合作项目，借助政策支持和资金扶持，进一步推动科技成果的产业化应用。

知识产权保护和管理是企业在农业科技创新中保持竞争优势的关键。企业应重视专利的申请与布局，通过系统化的知识产权管理，提升核心技术的市场价值。企业在研发过程中应注重技术创新的独特性和先进性，以确保申请的专利具有较高的技术含量和商业价值。此外，企业还需建立健全知识产权保护机制，防止技术泄露和侵权行为，以维护自身的合法权益和市场地位。

在农业科技创新领域，企业不仅是技术开发的主体，也应积极参与政策制定与行业标准的制定。通过参与政策和标准的制定，企业能够更好地了解行业发展方向和政策动向，从而在技术创新和市场竞争中占得先机。此外，企业在参与政策和标准制定过程中，还可以提出自身的技术需求和发展建议，推动行业技术水平的整体提高。通过这种方式，企业不仅增强了在农业科技领域的主动性和影响力，也为行业的可持续发展贡献了力量。

（二）产学研合作模式

产学研合作模式通过搭建一个开放的合作平台，可以促进农业企业、高等院校与科研机构之间的资源共享与信息交流，从而推动技术创新与应用的协同发展。这样的模式不仅能够有效整合各方的优势资源，还能在技术研发和推广应用之间架起桥梁，确保科技成果能够更快、更好地服务于农业生产实践。通过这种合作，企业可以获得最新的科研成果和技术支持，而高校和科研机构则能将理论研究付诸实践，验证其实际应用价值。

建立产学研合作平台需要探索多样化的合作模式，以增强各方在农业科技创新中的主动性与参与度。联合研发、技术转让和成果共享等模式为各参与方提供了不同的合作路径。联合研发可以集结各方的科研力量，共同攻克农业技术难题；技术转让则为企业提供了直接获取新技术的机会，加速了科技成果的市场化进程；成果共享不仅能提高各方的收益，还能激励更多的创新投入。这些多样化的合作模式，使产学研合作能够灵活适应不同的需求和条件，促进农业科技的持续创新。

为了进一步提升产学研合作的积极性与效果，制定政策激励措施显得尤为重要。政府可以通过提供资金支持、税收优惠等方式，鼓励企业、高校与科研机构共同承担科研项目。这种激励机制不仅能提高各方的合作积极性，还能确保合作项目的顺利推进和高效实施。通过政策的引导和支持，产学研合作可以形成良性循环，持续推动农业科技创新的进步，并最终带动整个农业产业的升级与发展。

在产学研合作中，加强对合作成果的评估与反馈机制是确保科技创新成果能够快速转化为实际生产力的关键。通过及时总结经验教训，优化合作模式，可以提高合作的质量和效率。评估机制不仅要关注科研成果的数量和质量，还要重视其实际应用效果和经济社会效益。反馈机制的建立，可以帮助各参与方及时调整合作策略，解决合作过程中出现的问题，从而不断提高产学研合作的整体水平，实现农业科技创新的可持续发展。

四、农业科技创新服务平台建设

（一）信息服务体系

建立一个有效的农业信息服务平台，可以为农民提供实时的市场信息、天气预报和农业技术咨询，帮助他们作出科学决策。这种平台不仅是信息的集散地，更是农业生产者与市场之间沟通的桥梁。通过实时更新的市场信息，农民可以更好地把握市场动向，调整种植结构和销售策略，从而提高经济效益。同时，及时的天气预报能够帮助农民合理安排农业生产活动，减少自然灾害带来的损失。此外，农业技术咨询服务则为农民提供了一个获取农业科技知识和解决生产问题的渠道，提高农业生产的科技含量和效率。

开发农业科技知识库是信息服务体系建设的重要方面。一个全面而系统的农业科技知识库，可以整合各类农业技术资料和研究成果，为农民和农业从业者提供便捷的学习资源。这些知识库信息不仅涵盖了传统的农业种植和养殖技术，还包括现代农业科技的发展趋势和最新研究成果。通过知识库的运用，农民可以学习到先进的农业技术，提高自身的技术水平和生产能力。同时，知识库还可以作为农业科研人员和技术推广人员的参考资料，促进农业科技的推广和应用。

构建农业数据共享平台是推动精准农业发展的关键。通过鼓励各类主体参与数据的收集与分析，农业数据共享平台可以为科学决策提供有力支持。数据的收集和共享能够帮助农民更准确地了解土壤、气候和作物生长情况，从而实施精准的农业生产管理。此外，数据共享平台还可以促进农业科研机构、政府部门和农民之间的合作，提高农业生产的整体效率和效益。通过数据的整合和分析，农业生产者可以更好地进行资源配置和风险管理，进一步推动农业可持续发展。

利用移动互联网技术推广农业信息服务的移动应用，是提升农民获取信息便利性和及时性的有效手段。移动应用不仅可以提供即时的市场信息和天气预报，还可以通过推送通知的方式提醒农民及时查看重要的农业活动和技术指导。这种便捷的获取信息方式，使农民能够随时随地获取所需的信息，提高生产决策的科学性和及时性。此外，移动应用还可以集成多种功能，如在线咨询、技术培训和社区交流，增强农民之间的互动和经验分享，提高农业生产的整体水平和效益。通过移动互联网技术的应用，农业信息服务可以更加贴近农民的实际需求，推动农业科技的普及和应用。

（二）技术支持网络

建立一个高效的农业科技支持网络，意味着整合各类技术专家和服务机构，为农民提供量身定制的技术指导与支持。这是科技资源的优化配置，更是提升农业生产力的关键。通过这种网络，农民可以获得最新的农业技术信息和实践指导，从而在生产过程中作出更明智的决策。这种网络的建立需要政府、科研机构和企业的通力合作，以确保技术支持的广泛性和针对性。

构建农业技术推广团队是技术支持网络的重要组成部分。这些团队的任务是定期组织现场培训和技术交流活动，以提升农民的技术应用能力和创新意识。通过面对面的培训和交流，农民不仅能够掌握先进的农业技术，还能在与专家和同行的互动中激发创新思维。这种培训活动的频率和内容通常需要根据农民的需求和农业生产的季节性进行调整，以确保其有效性和实用性。

信息化手段的应用为农业技术支持网络的建设提供了新的可能性。开发农业技术咨询热线和在线服务平台，使农民能够随时获取技术支持和解决方案。这些平台不仅可以提供即时的技术咨询服务，还可以作为农民之间、农民与专家之间的交流平台。通过在线平台，农民可以分享经验、提出问题，并获得专家的专业指导，这大大提高了技术支持的效率并扩大了覆盖面。

建立区域性农业技术服务站是技术支持网络的重要环节。这些服务站能够提供本地化的技术支持与服务，确保技术方案与当地农业生产实际相结合。通过在不同地区设立服务站，可以更好地了解当地农业生产的特点和需求，从而提供更具针对性的技术解决方案。这种本地化的服务模式不仅提高了服务的有效性，还增强了农民对新技术的接受度和应用效果。

第二节　关键农业技术创新与应用

一、生物技术在农业育种与生产中的应用

（一）转基因作物开发

转基因作物的核心在于通过基因工程手段，赋予作物新的特性以应对当前环境带来的挑战。转基因作物的开发可以显著提高作物的抗逆性，使其在不良环境条件下仍能正常生长。例如，通过基因改良，作物能够获得抗旱、抗盐碱等特性，这对于全球气候变化背景下的农业生产具有重要意义。抗逆性作物的培育不仅能保障粮食安全，还能有效缓解气候变化带来的农业生产风险。

此外，转基因技术在提升作物营养成分方面也展现出巨大潜力。通过基因改良，能够显著提高作物的营养价值，如增加维生素、矿物质和其他重要营养素的含量。这一技术进步满足了人们对健康饮食日益增长的需求，尤其是在发展中国家，转基因作物的推广可以帮助解决营养不良问题，使更多人获得均衡的营养摄入，从而提高整体公共健康水平。

转基因作物的推广还在推动可持续农业发展方面起到积极作用。通过减少对农药和化肥的依赖，转基因作物能够降低农业生产对环境的负面影响。这不仅有助于保护生态系统，还能减少农业对自然资源的消耗，促进农业的可持续发展。然而，转基因作物的研发和推广需要严格的安全评估和监管，以确保其对生态环境和人类健康的安全性。这一过程需要科学界、政府和公众的共同参与，以建立全面的安全标准和评估体系。

在转基因作物的市场化应用方面，建立合理的政策框架和有效的公众沟通机

制至关重要。这不仅有助于提高消费者对转基因食品的接受度和信任，还能为转基因技术的进一步发展创造良好的社会环境。通过透明的信息交流和科学普及，消除公众对转基因作物的误解和偏见，使其成为推动农业现代化和乡村振兴的重要力量。在政策支持下，转基因作物将为未来农业发展提供新的动力和方向。

（二）生物育种技术

生物育种技术的核心在于利用基因编辑、转基因等先进方法，精准地改良作物的基因组，使其更能抵御病虫害、干旱等不利环境因素。这不仅提高了作物的产量，还在一定程度上减少了化学农药的使用，降低了对环境的负面影响。通过这些技术手段，农民能够在同样的土地上获得更高的产出，进而提高农业的整体效率和可持续发展能力。

采用生物育种技术可以显著加速作物的育种周期，缩短新品种的研发时间。传统育种方法往往需要数十年的时间才能培育出一个稳定的新品种，而生物育种技术则可以将这一过程缩短至几年。通过分子标记辅助选择等技术手段，研究人员能够更快地筛选出具有优良性状的个体，并加以繁育。这种快速育种的能力不仅能够满足市场对新品种的迫切需求，还能帮助农民及时应对市场变化，获取更高的经济效益。

生物育种技术还能够优化作物的营养成分，提高食品的健康价值，以满足消费者对营养和健康的需求。通过基因改良，科研人员可以增加作物中维生素、矿物质等营养成分的含量，或减少不利于健康的成分，如抗营养因子。这种技术的应用不仅提升了食品的营养价值，还能帮助解决全球范围内的营养不良问题，促进人类健康的可持续发展。

通过生物育种技术，还可以开发出适应不同气候条件的作物，增强农业系统对气候变化的适应能力。随着全球气候的不断变化，极端天气事件频发，对农业生产造成了严重威胁。生物育种技术通过引入耐旱、耐盐碱等抗逆性基因，培育出能够在恶劣环境下生长的作物品种，从而保障粮食安全和农业的稳定发展。这种技术的应用不仅有助于提高农业的韧性，还能为全球粮食安全提供保障。

然而，生物育种技术的应用需要建立相应的知识产权保护机制，以鼓励创新和研发，确保技术的可持续发展。知识产权保护能够为技术开发者提供必要的法律保障，激励他们投入更多资源进行创新。此外，合理的知识产权制度还能促进技术的推广和应用，使更多的农民能够受益于生物育种技术的成果。在推动农业科技进步的同时，必须平衡创新与共享之间的关系，以实现农业的可持续发展。

二、信息技术在智慧农业中的应用

（一）物联网技术

通过传感器网络，物联网能够实时监测农业生产环境，包括土壤湿度、温度和气候条件。这种实时监测能力使灌溉和施肥管理更加精准和高效。农民可以根据实时数据调整灌溉频率和施肥量，从而优化资源的使用，减少浪费，同时能最大限度地提高作物产量。这种技术的应用不仅提高了农业生产的效率，还为实现农业的可持续发展提供了技术支持。

物联网技术的应用极大地推动了农业设备的智能化管理。通过物联网，农业机械设备能够实现自动化操作，减少了对人力的依赖，降低了人力成本。智能化的设备管理不仅提高了生产效率，也减少了人为操作可能带来的误差和风险。这种自动化的生产模式为农业现代化提供了新的发展方向，并有助于提升农业的整体竞争力。

物联网技术还使农民能够通过移动设备远程监控和管理农田。通过智能手机或平板电脑，农民可以随时获取农田的实时数据，作出及时、科学的决策。这种远程管理能力提高了农业生产的灵活性和适应性，降低了农业生产过程中可能面临的风险。尤其在面对极端天气或突发事件时，农民能够迅速调整生产策略，保障农业生产的稳定性。

物联网技术在农业数据的收集与分析方面也具有重要意义。通过对大量数据的分析，农民可以制定精准的种植策略，提高作物的产量和质量。这种数据驱动的农业生产方式不仅提高了生产效率，也为农业生产的科学化和智能化提供了基础。精准农业的实现，依赖于物联网技术的数据支持，使农业生产更加符合现代可持续发展的要求。

物联网技术的应用还增强了农业生产的可追溯性。通过物联网，农产品从生产到销售的全过程都可以被记录和追踪。这种可追溯性增强了消费者对食品安全的信任，推动了可持续农业的发展。消费者能够通过追溯系统了解农产品的生产过程，增强了对产品质量的信心，也促进了农业生产者对生产过程的严格管理和控制。物联网技术的广泛应用，为实现农业的可持续发展提供了有力的技术支持。

（二）大数据分析

具体而言，大数据分析能够帮助农民识别最佳播种时间和施肥策略，从而最大化地利用自然资源，减少浪费。这种基于数据的决策过程，有助于农民在面对气候变化和极端天气时，降低农业生产的风险，确保粮食安全。

农业企业同样受益于大数据分析，特别是在市场需求的识别和产品定位上。通过对市场趋势的精准分析，企业可以开发出更符合消费者需求的产品，并进行有效的市场营销。这种精准的市场定位不仅提高了销售效率，还提升了客户满意度。此外，大数据分析还能帮助企业预测市场变化，调整生产策略，以应对不断变化的市场环境。这种灵活性使农业企业在竞争激烈的市场中保持竞争优势。

在农业生产过程中，大数据技术提供了实时监测的能力。通过对生产过程中的各类数据进行分析，农民能够获得及时的决策支持。这种实时的数据反馈机制，能够帮助农民在发现问题后迅速采取行动，降低生产风险。农业管理水平也因此得以提高，农民能够更有效地管理生产过程中的每一个环节，从而提高整体生产效率。这种提高不仅体现在产量上，也体现在资源利用效率上。

大数据分析还为农业管理者提供了评估不同农业技术应用效果的工具。通过对技术应用结果的分析，管理者可以作出更为科学的决策，为政策制定提供坚实的数据支持。这种数据驱动的政策制定过程，促进了农业科技创新的有效实施。大数据分析不仅是技术评估的工具，更是推动农业科技进步的重要引擎，为农业的可持续发展提供了新的可能。

大数据分析在农业资源的高效配置中也发挥着重要作用。通过优化水、肥、药等资源的使用，农民能够实现资源的合理分配，减少浪费，减轻环境负担。这种资源的优化配置，不仅提升了农业生产的可持续性，也为生态环境的保护作出了贡献。在大数据技术的支持下，农业生产者可以实现更高的资源利用效率，从而在追求经济效益的同时，兼顾生态效益，为未来的农业可持续发展奠定基础。

（三）农业传感器应用

农业传感器能够实时监测土壤湿度、温度、pH 等关键参数，为农民提供精准的数据支持。这些传感器通过无线网络传输数据，帮助农民及时调整灌溉和施肥策略，最大限度地提高水肥利用效率，从而节约资源，降低生产成本。在此过程中，农业传感器不仅提高了农业生产的精确度，还为农业可持续发展提供了技术支撑。

通过农业传感器收集的环境数据，农民能够获得精准的作物生长建议。这些数据经过分析，可以预测病虫害的发生率，帮助农民提前采取预防措施，从而降低病虫害的发生率，促进作物的健康生长。这种基于数据的精准管理方式，不仅提高了作物产量和质量，也减少了化学农药的使用，对环境保护起到了积极作用。农业传感器的应用，正逐渐成为推动现代农业发展的重要力量。

农业传感器的显著优势是实现了对农田的远程监控。农民可以通过移动设备随时获取田间信息，无须亲临现场即可了解作物生长状况和土地条件。这种远程监控能力提升了农民决策的灵活性和科学性，使农业生产更加高效、便捷。同时，远程监控还为农民节省了大量的时间和精力，使农业生产管理更加智能化。

集成农业传感器与物联网技术，构建智能农业系统是未来农业发展的重要方向。通过智能系统，农民可以实现设备自动化管理，如自动灌溉、自动施肥等，大大降低了人力成本，提高了生产效率。这种智能化的管理方式，不仅提升了农业生产的效益，还为农业的可持续发展提供了新的路径。农业传感器与物联网的结合，正在为现代农业开辟新的发展空间。

农业传感器的数据分析能力在精准农业规划中发挥着重要作用。通过对收集到的数据进行深入分析，农业管理者可以进行精准的农业规划，优化资源配置，减少资源浪费，从而推动农业的可持续发展。这种基于数据分析的管理模式，为农业生产提供了科学依据，使农业资源的利用更加合理、高效。农业传感器的应用，正在为全球农业的可持续发展贡献力量。

三、农业机械化与智能化技术的发展

（一）自动化农机设备

自动化农机设备的核心功能在于提高农业生产效率，通过机械化操作有效减少人力成本，并显著提升作业速度。传统农业依赖大量人力，而自动化设备的引入则极大地解放了劳动力，使农业生产不再受限于人力资源的短缺。此外，自动化农机设备的应用还可以显著提升作业的精确性和一致性，减少因人为误差导致的生产损失，从而提高整体农业生产的效益。

智能化农机设备的出现进一步推动了农业的现代化进程。这些设备配备了先进的传感器和控制系统，能够实现精准作业，极大地减少了资源浪费。通过智能化的管理，农民可以更好地控制水、肥料和农药的使用量，减少不必要的投入，保护环境的同时降低了生产成本。这种技术不仅优化了农业管理流程，还促进了农业的可持续发展，使得资源的利用更加高效和环保。

自动化农机设备的使用对环境保护也具有积极的影响。通过精准的施肥和喷药技术，这些设备能够有效减少化肥和农药的使用量，降低对土壤和水源的污染风险。这种环保效益使自动化农机设备成为实现可持续农业发展的重要工具。同时，通过减少化学品的使用，农产品的安全性也得到了提升，为消费者提供了更健康的食品选择。

数据采集与分析是自动化农机设备的一大优势。通过实时监控作物生长情况，这些设备能够为农民提供科学的决策支持。传感器收集的数据可以帮助农民了解土壤湿度、温度、作物生长状态等重要信息，进而作出更为精准的农业管理决策。这种数据驱动的农业生产方式提高了农业生产的科学性和精准性，帮助农民在提高产量的同时，确保作物的质量。

自动化农机设备的普及不仅带来了生产技术的革新，也推动了农业产业结构的调整。随着科技含量的提高，农业生产的附加值得以提升。农民通过使用高科技设备，可以生产出更高质量的农产品，获取更高的市场价值。这种转变不仅提高了农业生产的经济效益，也为农村经济的发展注入了新的活力。通过技术创新，农业逐渐从传统的劳动密集型产业转向技术密集型产业，实现了农业的现代化转型。

（二）无人机在农业中的应用

通过搭载多种传感器，无人机能够实时收集土壤和作物的生长数据，为农民提供精确的信息。这些数据帮助农民了解农田的实际状况，从而及时调整管理策略，以应对不同的农业挑战。无人机的实时监测能力不仅提高了农作物的产量和质量，还显著减少了资源的浪费，推动了农业的可持续发展。通过这种高效的监测手段，农民能够更好地适应环境变化，确保农业生产的稳定性和持续性。

在农业喷洒领域，无人机的应用同样表现出色。无人机可以精确控制施药量和施药区域，确保药物的高效利用。这种精准施药技术不仅减少了农药的使用量，还降低了对环境的污染，同时提高了作物的健康水平和产量。此外，精准的喷洒技术也减少了作业时间，提高了农业生产的效率。通过无人机进行喷洒作业，农民可以在短时间内完成大面积的施药任务，从而节约人力和时间成本。这种技术的应用，为农业生产提供了新的解决方案，促进了农业的现代化进程。

无人机技术还支持精细化农业管理，利用高清摄像头对作物生长状态进行可视化监测。通过这种方式，农民可以及时识别作物的病虫害和营养缺乏问题，采取相应的措施进行防治。这种可视化监测不仅提高了作物的健康水平，还增强了农民对作物生长状况的掌控能力。此外，高清摄像头的应用，使农民能够对作物的生长周期进行更为精细的管理，优化作物的生长环境，从而提高农业生产的整体效率。这种技术在农业管理中的应用，标志着农业生产进入了一个全新的精细化管理时代。

无人机还能进行大范围的土壤分析和地形测绘，为农民提供精准的土地利用和作物布局建议。通过分析土壤的肥力和水分含量，无人机能够帮助农民制订科学的种植计划，优化作物的布局，提高土地的利用率。这种精准的土地管理技术，不仅提高了农作物的产量，还促进了土地资源的可持续利用。此外，地形测绘技术的应用，使农民能够更好地规划农田的灌溉和排水系统，提高农业生产的整体效率。这种技术的广泛应用，推动了农业生产向智能化和精准化方向的转型。

无人机的使用大幅提高了农业作业的效率，缩短了农作物监测和管理的时间，降低了人力成本。通过无人机进行农田管理，农民可以在短时间内完成大面积的监测和管理任务，极大地提高了农业生产的效率。这种高效的作业方式，不仅节省了人力资源，还促进了农业生产的智能化转型。无人机技术的应用，为农业生产提供了新的发展方向，推动了农业生产的现代化和智能化进程。在未来的农业发展中，无人机技术将发挥更加重要的作用，助力农业的可持续发展和乡村振兴。

四、农产品加工与保鲜技术创新

（一）低温保鲜技术

低温保鲜技术的核心原理在于通过降低温度来有效延缓农产品的呼吸作用，

从而抑制其生理活动。这一过程能够显著延长农产品的货架期和保鲜期，为农产品在市场中的流通提供了更多的时间和机会。低温保鲜技术的应用不仅是简单的降温处理，还通过科学的温度与湿度控制，减少微生物的生长，降低腐败和变质的风险。这一技术的实施确保了农产品的质量和安全性，使消费者能够获得更加新鲜和健康的食品。

低温保鲜技术的适用范围非常广泛，涵盖了水果、蔬菜、肉类和乳制品等多种农产品。这种技术不仅在延长保质期方面表现出色，也为不同种类的农产品提供了适宜的保存条件。通过对温度和湿度的精确控制，低温保鲜技术能够最大限度地保留农产品的营养成分和风味特性。随着人们对食品安全和质量要求的不断提高，低温保鲜技术的应用前景愈加广阔，并成为现代农业生产和流通中不可或缺的一部分。

然而，低温保鲜技术的实施并非易事。它需要配备专业的冷链物流系统，以确保在运输和储存过程中保持适宜的低温环境。冷链物流系统的建设和维护是一项复杂而又昂贵的工程，但它是低温保鲜技术得以成功应用的基础。通过冷链物流的支持，农产品能够在从生产到消费者手中的整个过程中保持高质量的保鲜状态，减少损耗，提高市场竞争力。

低温保鲜技术的应用还需要考虑到不同农产品的特性，制订相应的保鲜方案。不同种类的农产品对温度和湿度的要求各不相同，因此，在应用低温保鲜技术时，需要进行细致的研究和分析，以实现最佳的保鲜效果。这种技术的成功应用不仅依赖先进的设备和技术，还需要农业生产者具备专业的知识和技能，能够根据实际情况灵活调整保鲜方案，以满足市场需求和消费者期望。

（二）食品加工新工艺

新型食品加工技术如超高压处理（HPP）在不使用热量的情况下，能够显著延长食品的保质期，同时保持其营养成分和口感。这一技术的核心在于利用高压破坏微生物细胞结构，从而抑制其生长繁殖。与传统热处理方法相比，HPP技术不仅减少了营养成分的损失，还保持了食品的天然风味和质地。此外，HPP技术在保持食品安全的同时，满足了消费者对高品质食品的需求，为食品加工行业带来了新的机遇和挑战。

采用冷冻干燥技术（Lyophilization）是另一项在食品加工中具有重大意义的创新。通过在低温下去除食品中的水分，这一技术能够有效保持食品的原有风味和营养成分，特别适合长时间储存和运输。冷冻干燥的过程避免了高温对食品的破坏，因而保留了食品的色、香、味和营养价值。由于其能够大幅延长食品的货架期，冷冻干燥技术在应对食品浪费和满足远程运输需求方面具有显著优势。该技术的应用不仅推动了食品加工行业的发展，也为农业可持续发展提供了有力支持。

膜分离技术在食品加工中的应用日益广泛。通过选择性透过膜分离不同成分，这一技术能够提高食品的纯度和质量，同时降低生产成本。膜分离技术利用不同物质在膜上的透过性差异，能够高效分离、浓缩和净化食品中的目标成分。其应用范围涵盖了乳制品、果汁、饮料等多种食品加工领域。该技术的推广和应用，不仅提高了食品加工的效率和产品质量，还为实现绿色生产和环境保护提供了技术支持。

酶解技术在食品加工中也展现出巨大的潜力。通过添加特定的酶类，酶解技术能够提高食品的消化吸收率和营养价值，特别是在蛋白质和纤维素的处理上表现突出。酶解过程可以将大分子物质分解为更易吸收的小分子，提高了食品的生物利用度。这一技术在改善食品的口感和功能性方面具有重要作用，满足了消费者对健康食品的需求。酶解技术的创新应用，为食品加工行业的可持续发展提供了新的思路和方向。

3D食品打印技术为食品加工带来了创新。通过精确控制材料的组合和结构，这一技术能够满足个性化和多样化的消费需求。3D食品打印不仅可以实现复杂形状的食品制作，还能根据消费者的营养需求定制食品的成分和比例。这一技术的应用，不仅提升了食品加工的灵活性和创意性，还为食品安全、营养和可持续发展提供了新的解决方案。3D食品打印技术的不断发展，将为未来的食品加工行业带来更多的可能性和创新空间。

第三节　农业科技成果转化与推广

一、农业科技推广体系的构建与完善

（一）推广体系的基本框架

一个完善的推广体系需要建立在多层次的网络基础之上，涵盖政府、科研机构、高校和农业企业等多方参与。政府在其中发挥着政策指导和资源调配的作用，

科研机构和高校则提供技术支持和创新成果，而农业企业负责将科技成果转化为实际生产力。通过这种多方协作的模式，科技成果不仅能够在实验室中得到验证，还能够在田间地头得到实际应用，从而实现科技与生产的无缝对接。

为了进一步提高农业科技推广的效率，建立多层次的农业科技推广网络是必不可少的。这个网络不仅要包括传统的线下推广渠道，还要结合现代信息技术，构建一个集成化的推广平台。通过这种方式，科技成果可以迅速传播到各个角落，确保每一个有需求的农户都能及时获取最新的科技信息。政府、科研机构、高校和农业企业等多方的紧密合作，是构建这一网络的基础，也是确保科技成果能够有效转化为生产力的关键。

在推广过程中，制定针对不同地区和作物的推广策略是必要的。由于我国地域辽阔，各地的气候、土壤条件以及种植习惯均有所不同。因此，推广策略必须结合地方特色与需求，才能提升其针对性和有效性。通过对不同地区的深入调研，了解当地的农业生产现状和科技需求，制订出符合实际情况的推广方案，才能确保科技成果在不同地区都能得到有效应用，推动农业生产的整体提升。

加强农业科技推广人员的培训与能力建设，是提高推广体系整体水平的重要环节。推广人员是科技成果与农民之间的桥梁，其专业素质和服务能力直接影响到科技成果的转化效率。因此，必须通过系统的培训和实践，提高推广人员的技术水平和服务意识，使其能够更好地支持农民的技术需求。同时，推广人员还需具备一定的沟通能力和问题解决能力，以便在实际推广过程中，能够及时应对各种突发情况，为农民提供切实可行的技术解决方案。

现代信息技术的广泛应用，为农业科技推广提供了新的契机。利用现代信息技术，构建农业科技推广信息平台，可以实现科技成果的在线展示与互动交流。这不仅提高了科技推广的效率，也提高了农民的参与感与接受度。通过信息平台，农民可以随时随地获取最新的科技信息，还可以与专家进行在线交流，解决生产中遇到的问题。这种互动式的推广方式，不仅提升了农民的科技素养，也促进了科技成果的快速转化与应用。

（二）体系建设的关键要素

体系建设的关键要素在于建立一个多层次、多维度的支持框架，以确保科技推广活动的有效性和可持续性。建立农业科技推广的政策支持体系至关重要。各级政府需要在资金、政策和资源上提供充分的支持和保障，以激励科技人员和农民积极参与科技推广活动。这不仅有助于扩大科技推广的覆盖面，还能确保推广活动的长期可持续性。政策支持体系应包括财政补贴、税收优惠以及创新激励措施，以吸引更多的科技资源和人力资源投入农业科技推广中。

强化农业科技推广人员的专业培训与能力提升是体系建设的关键要素。农业科技推广人员是连接科技成果与农民的重要桥梁，他们的专业素养直接影响推广活动的效果。因此，需要建立系统的培训机制，定期更新推广人员的知识储备，使其掌握最新的农业科技动态和推广技能。通过与科研机构、高校合作，推广人员可以获得更为前沿的科技信息和实践经验，从而提高其服务农民的能力和水平。此外，推广人员的职业发展通道和激励机制也应得到重视，以增强其职业认同感和工作积极性。

推动农业科技推广与地方农业发展规划的紧密结合，是提高推广实效性的关键。各地的农业发展状况和需求差异较大，因此，科技推广活动应根据地方实际需求进行调整和优化。通过与地方政府、农业企业和农民的密切合作，科技推广活动可以更好地融入地方农业发展规划，实现资源的合理配置和高效利用。这种协同效应不仅能够提高科技推广的针对性和实效性，还能促进地方农业的整体发展和现代化进程。

利用现代信息技术构建农业科技推广的数字化平台，是提高推广活动效率和农民参与度的重要手段。数字化平台可以实现信息的高效共享和互动交流，打破传统推广模式的时空限制。通过在线培训、远程咨询和虚拟示范等方式，农民可以随时随地获取最新的科技信息和技术指导，从而增强其对科技推广活动的参与感和接受度。此外，数字化平台还可以通过数据分析和反馈机制，及时调整推广策略和内容，以更好地满足农民的实际需求和期望。

二、多元化农业科技推广模式与机制

（一）传统推广模式分析

政府通过设立农业技术推广站和服务中心，能够为农民提供科技信息和技术支持。这种模式的实施依赖政府的政策支持和资源投入，以确保科技成果能够有效地传递到农村地区。农业技术推广站作为政府与农民之间的桥梁，不仅提供了技术支持，还为农民提供了一个获取最新农业科技信息的平台。这种模式提高了农民获取科技信息的效率，为农业生产力的提升奠定了基础。

面对面的技术培训和现场指导是传统推广模式的关键要素。农业专家和技术人员通过直接与农民互动，能够迅速了解农民在技术应用中的实际困难，并提供有针对性的解决方案。这种互动方式不仅增强了农民对新技术的接受度和应用能力，还培养了农民的自信心和创新意识。通过亲身示范和指导，农民能够更直观地理解和掌握新技术的应用方法，从而更有效地将科技成果转化为生产力。

此外，传统推广模式还注重通过地方农业协会和合作社等组织发挥集体力量，促进农民之间的信息交流与技术共享。农业协会和合作社作为农民的自发组织，能够更好地调动农民的积极性和参与热情。这些组织通过组织培训、技术交流会等活动，增强了农民之间的互动与合作，形成了良好的信息传播和技术共享氛围。这不仅提高了科技推广的效率，也增强了农民的凝聚力和集体意识，对农村经济的可持续发展起到了积极的推动作用。

传统推广模式虽然在农业科技推广中取得了一定的成效，但也面临着一些挑战。随着科技的快速发展和农民需求的多样化，传统模式在灵活性和响应速度上显得相对滞后。为了应对这些挑战，需要在保留传统模式优势的基础上，探索多元化的推广模式，以适应现代农业发展的新需求。这就要求政府、科研机构和农民组织之间建立更加紧密的合作关系，共同构建一个高效、灵活的农业科技推广体系。通过不断创新和优化推广机制，才能更好地服务于农业可持续发展和乡村振兴的宏伟目标。

（二）创新推广机制探索

建立农民培训与示范基地是创新推广机制的重要组成部分。通过在农村地区设立培训和示范基地，可以为农民提供面对面的技术指导和实地演示。这不仅能够提升农民对新技术的理解和应用能力，还能通过互动交流的方式，增强农民对技术的信任和接受度。在这些基地中，农民可以亲身体验新技术的优势，并观察其在实际生产中的效果，从而更积极地在自己的生产中尝试应用。

在信息技术飞速发展的今天，利用社交媒体和移动应用推广农业科技信息，是提升农民获取信息便利性和及时性的有效手段。社交媒体平台和移动应用的普及，使得信息的传播不再受时间和空间的限制。通过这些平台，农业科技信息可以快速传达到农民手中，农民也可以通过这些渠道与专家进行实时互动，解决生产中遇到的问题。这种即时性和互动性，极大地提高了科技推广的效率。

鼓励农业合作社和农民组织参与科技推广，有助于形成自下而上的技术传播网络。在这种网络中，农民不仅是技术的接受者，更是技术的传播者和分享者。通过合作社和农民组织，农民可以分享各自的经验和技术应用效果，促进技术的交流与传播。这种基层组织的参与，不仅能增强农民的主体意识，还能扩大科技推广的覆盖面和提高实效性，推动农业的持续创新和发展。

开发农业科技推广的奖励机制，是激励农民积极参与新技术应用与推广的有效方式。通过建立合理的奖励机制，可以调动农民学习和应用新技术的积极性。奖励机制可以包括经济奖励、荣誉奖励等形式，以满足不同农民的需求和期望。这种机制不仅能提升农民的参与热情，还能通过示范效应，带动更多的农民加入新技术应用的行列中，从而增强整体的推广效果。

三、农业科技成果转化的金融支持

（一）金融支持的主要形式

金融支持的主要形式多种多样，主要包括政府专项补贴与贷款支持、农业保险产品的创新、金融机构与农业企业的合作模式，以及农业科技投资基金的设立。通过政府专项补贴与贷款支持，农业经营主体能够有效降低资金压力，从而更专注于科技成果的应用与转化。这种形式的支持不仅能缓解农民短期的资金紧缺，还能为其长期的科技创新提供稳定的财务保障。此外，农业保险产品的创新为农民提供了风险保障，鼓励他们投资于新技术和设备。这种创新保险产品的设计，旨在降低农业生产的风险，确保农民在面对自然灾害或市场波动时能够得到有效的赔偿，进而支持农业科技的持续发展。

政府专项补贴与贷款支持是农业科技成果转化的重要金融工具。通过这些政策措施，政府能够在一定程度上减轻农业经营主体的资金压力，使其有更多的资源投入科技成果的应用与转化中。政府专项补贴通常针对特定的农业科技项目或创新活动，旨在激励农业企业和农民积极参与科技创新。此外，贷款支持则通过优惠利率和灵活的还款方式，帮助农业经营主体获得必要的资金。这些金融支持措施不仅增强了农业企业的资金流动性，还促进了农业科技创新的推广与应用。

农业保险产品的创新是金融支持的重要组成部分。传统的农业保险往往只覆盖自然灾害等风险，而现代农业保险产品则更加多样化，能够为农民提供更全面的风险保障。这些创新的保险产品不仅涵盖了自然灾害的风险，还包括市场价格波动和技术投资失败等多种风险。通过提供这样的风险保障，农民可以更加放心地投资于新技术和设备，从而推动农业科技的持续发展。保险公司与政府的合作，也在不断优化保险产品的设计，以更好地适应农业科技创新的需求。

金融机构与农业企业的合作模式是推动金融服务与农业科技创新相结合的重要途径。这种合作模式不仅提高了资金使用效率，还促进了农业科技成果的转化。金融机构通过与农业企业建立紧密的合作关系，能够更好地了解农业科技创新的需求，从而提供更具针对性的金融服务。这种合作模式还包括金融机构为农业企业提供的咨询服务和技术支持，帮助农业企业更有效地利用资金进行科技创新。通过这种合作，金融机构与农业企业实现了双赢，不仅推动了农业科技的进步，也提高了金融服务的水平。

农业科技投资基金的设立为农业科技研发与成果转化提供了重要的资金支持。这些基金专门用于支持农业科技项目，以激励更多投资者参与农业创新领域。农业科技投资基金通常由政府、金融机构和私人投资者共同设立，旨在为农业科技创新提供长期的资金支持。这些基金不仅为农业科技项目提供了必要的启动资金，还通过风险投资的方式，吸引更多的社会资本参与农业科技创新。通过这些投资基金，农业科技创新项目能够获得更为充足的资金支持，从而加速科技成果的转化与应用。

（二）金融支持的实施路径

建立农业科技成果转化专项基金是一条重要的实施路径。此类基金专门用于支持科技创新项目的融资需求，旨在降低农业经营主体面临的资金障碍。农业经营主体通常缺乏足够的自有资金来进行科技创新，而专项基金的设立则能够提供必要的资金支持，使其能够更好地开展创新活动。这不仅有助于提高农业科技的整体水平，也为农业经营者提供了更大的发展空间和动力。

推动金融机构与农业科研机构的合作，也是金融支持实施路径中的关键环节。通过这种合作，可以开发出针对农业科技成果的贷款产品。这些产品应当具有低利率和灵活的还款方式，以降低投资者的财务压力。金融机构在此过程中扮演着重要角色，它们不仅提供资金支持，还可以通过金融产品的设计来激励更多的投资者参与农业科技成果的转化。灵活的金融产品能够吸引更多的农业经营主体和投资者，进而推动农业科技的快速发展。

地方政府在农业科技成果转化过程中也扮演着重要角色。鼓励地方政府设立农业科技创新奖励机制，可以对成功转化科技成果的企业和合作社给予财政奖励。这种奖励机制不仅能够激励更多的企业和合作社参与科技创新，还能够引导社会资源向农业科技领域倾斜。通过财政奖励，地方政府可以有效地促进科技成果的市场化应用，提高农业科技的整体水平，并为农业的可持续发展提供强有力的支持。

促进农业科技成果转化的风险投资环境同样不可或缺。引入风险投资机构，可以为早期科技项目提供必要的融资支持。这些机构通常具备丰富的投资经验和广泛的行业资源，能够为农业科技创新提供全方位的支持。通过风险投资的引入，不仅能够为科技项目提供资金支持，还能够引导更多的社会资本进入农业领域，推动农业科技的创新与发展。这种多元化的金融支持体系，有助于打造一个良好的农业科技创新生态环境，促进农业的可持续发展。

四、提高农业科技成果转化率的策略与措施

（一）转化率提高的技术手段

为了提高转化率，需要建立标准化的农业科技成果转化流程。标准化流程的建立，有助于科研成果从研发到实际应用的各个环节进行有效评估和实施，从而提高转化率。通过统一的标准和规范，科研人员、农业从业者和政策制定者能够在同一框架下协作，减少因信息不对称和流程不一致导致的效率损失。这种标准化流程不仅有助于提高科技成果的转化率，还能为农业科技创新提供更为清晰的路径和方向。

信息化手段在提高农业科技成果转化率方面发挥着重要作用。构建农业科技成果转化数据库，可以有效促进信息共享和交流。通过信息化平台，各方可以便捷地获取和共享最新的科研成果和技术信息，从而提升对科技成果的认知与接受度。这种信息化的方式，不仅能加速科技成果的传播，还能为农业从业者提供一个学习和交流的空间，使他们能够更快地掌握和应用新技术。此外，信息化手段还能帮助政府和相关机构更好地监测和评估科技成果的转化进程，及时发现和解决转化过程中存在的问题。

农业科技成果的有效转化离不开农业从业者对新技术的理解和应用能力。因此，发展农业科技成果转化的培训体系显得尤为重要。通过系统化的培训，农业从业者可以更深入地了解和掌握新技术的应用方法和操作流程。这种培训不仅能提高从业者的技术水平，还能增强其在科技成果转化实践中的主动性和积极性。通过培训，农业从业者能够更好地适应科技进步带来的变化，提高生

产效率和产品质量，从而为农业的可持续发展奠定坚实的基础。

在农业科技成果转化过程中，推动科技成果与市场需求的对接至关重要。建立产销对接机制，可以确保科技成果能够满足市场的实际需求，提高转化成功率。这一机制的核心在于准确把握市场动向和消费者需求，将科研成果与市场需求紧密结合。通过产销对接，科研人员可以根据市场反馈不断调整和优化技术方案，确保科技成果的实用性和市场竞争力。这不仅能提高科技成果的商业价值，还能促进农业产业链的健康发展，实现科技与经济效益的双赢。

（二）政策支持与保障措施

为促进科技成果的有效转化，政策制定者应着力建立健全相应的激励机制。通过财政补贴、税收优惠等手段，降低企业和科研机构在科技成果应用与推广过程中的成本压力，从而激励更多主体参与农业科技成果的转化。这种政策激励不仅有助于提高转化率，还能推动整个农业科技创新链条的良性循环。尤其是在当前全球农业竞争日益激烈的背景下，政策支持能有效提升国内农业科技的国际竞争力。

推动地方政府设立专门的农业科技成果转化基金，是提高农业科技成果转化率的重要措施。通过设立专项基金，地方政府可以为农业经营主体提供必要的资金支持，以便进行技术改造和设备更新。这不仅能加速新技术的实际应用，还能帮助农业企业和农户克服资金短缺的困难，提升其在市场中的竞争力。地方政府在这一过程中应扮演积极的角色，应确保资金的合理分配和高效使用，以实现科技成果转化的最大化效益。

强化农业科技成果转化的法规体系，确保知识产权的保护，是激励科研人员和企业创新积极性的关键。完善的知识产权保护制度不仅能保障科研人员的合法权益，还能提升成果转化的安全性与有效性。通过建立健全法规体系，政府可以为农业科技成果的转化提供一个稳定的法律环境，从而吸引更多的科研机构和企业投身于农业科技创新。这种法律保障不仅能提高科技成果的市场化程度，还能促进农业科技的可持续发展。

建立农业科技成果转化的评估与反馈机制，是确保科技成果能够持续适应市场需求的重要举措。通过定期对转化效果进行评估，政策制定者可以及时了解科技成果在市场中的表现，并根据反馈信息调整相关政策。这种动态调整机制能有效避免政策的滞后性，并确保农业科技成果能够持续满足市场需求。同时，评估与反馈机制还能为政府和企业提供决策依据，推动农业科技创新的持续进步。

第四节　农业科技创新与农村创新创业

一、科技创新引领农村创新创业

（一）创新技术应用

智能农业设备的应用是现代农业技术革新的重要体现。自动化和精准化管理技术的引入，使农业生产过程变得更加高效和精确。通过使用无人机、自动化拖拉机等智能设备，农民可以实现土地的精确耕作和管理，大幅提高生产效率。与此同时，这些设备的应用也显著降低了农业生产中的人力成本，使农业生产变得更加经济和可持续。智能农业设备不仅提高了生产效率，还为农业生产提供了全新的管理模式，推动了农业的现代化进程。

基因编辑技术的应用为作物育种带来了革命性的变化。通过基因编辑技术，科学家们可以精确地修改作物的基因组，从而提升作物的抗逆性和营养价值。这一技术的应用，不仅提高了作物的产量和质量，还增强了作物对环境变化的适应能力，推动了可持续农业的发展。基因编辑技术的突破，使农民能够种植出更具市场竞争力的作物，也为全球粮食安全提供了新的解决方案。该技术的广泛应用，将在未来的农业生产中发挥越来越重要的作用。

物联网技术的整合为农业生产提供了全新的视角和工具。通过物联网设备，农民可以实时监测农业环境数据，包括土壤湿度、温度、光照等，从而实现精准灌溉和施肥。这不仅优化了资源的利用，还有效减少了农业生产中的浪费和环境污染。物联网技术的应用，帮助农民更加科学地管理农业生产，提高了资源利用效率，为实现农业的可持续发展提供了技术支持。物联网技术的广泛应用，将进一步推动农业的数字化和智能化进程。

大数据分析技术在农业决策中的应用，为农民提供了科学的种植指导。通过对大量农业数据的分析，农民可以制订更加精准的种植计划，从而提高作物的产量和质量。大数据分析不仅帮助农民优化种植策略，还可以预测市场需求，调整生产计划，降低市场风险。大数据技术的应用，使农业生产决策更加科学和高效，为农民带来了新的发展机遇。随着大数据技术的不断发展，其在农业中的应用将更加广泛，为农业的可持续发展提供强大的数据支持。

（二）创新模式探索

在现代农业发展中，建立基于社区的农业创新平台已成为一种有效的模式。这种平台通过鼓励农民和创业者共同参与农业技术的研发与应用，形成了良好的互动与合作关系。社区农业创新平台不仅提供了一个集思广益的空间，还为农民和创业者提供了一个展示和交流的舞台。在这种模式下，农民不仅是技术的使用者，更是技术的开发者和创新者，这极大地激发了他们的积极性和创造力。同时，社区农业创新平台有助于提高农业生产效率和产品质量，推动农业的可持续发展。

推广农业众创空间是促进农业创业者创新项目孵化的重要措施。农业众创空间通过提供设备、技术和市场支持，为农业创业者创造了一个良好的创业环境。这些空间不仅降低了创业者的初始投入成本，还通过提供专业的技术指导和市场分析，帮助创业者更好地理解市场需求和技术趋势。在农业众创空间中，创业者可以进行产品的试验和改进，从而提高产品的市场竞争力。此外，众创空间的共享资源和合作机制，促进了创业者之间的交流与合作，提高了创业项目的成功率。

利用区块链技术实现农业产品的全程追溯，是提升农产品市场透明度与公平性的重要手段。区块链技术以其去中心化和不可篡改的特点，为农产品的生产、加工、运输和销售的每一个环节提供了可信的记录。消费者可以通过扫描产品上的二维码，了解产品的全部生产过程，从而增强对产品质量的信任。这种透明的追溯机制，不仅提高了消费者的购买信心，还对生产者形成了有效的监督，促使他们提高产品质量，遵循更高的生产标准。

发展农业合作社模式是整合小农户资源、提升集体采购、销售和技术服务能力的有效途径。农业合作社通过集体的力量，增强了农民在市场中的议价能力。在合作社的框架下，小农户可以共同采购生产资料，降低成本；共同销售农产品，提高市场竞争力；共同分享先进的农业技术，提高生产效率。合作社还为农民提供了一个互助的平台，通过经验分享和技术培训，提升了农民的生产技能和管理能力，从而实现了农业的可持续发展和农民收入的稳定增长。

二、农业科技园区与创新创业平台建设

（一）园区功能定位

作为农业科技创新的核心基地，农业科技园区集聚了丰富的资源和优秀的人才，成为农业技术研发与应用的前沿阵地。园区通过整合各类科技资源，推动农业技术的研发，提高农业生产效率和产品质量，从而促进科技成果的有效转化。这种资源的集中与人才的会聚，不仅加速了农业科技的进步，也为农业的现代化发展提供了强大的技术支撑。

园区在支持农业创业方面，搭建了多元化的服务平台，为农业创业者提供了全方位的支持。通过提供技术支持、市场信息和融资服务，园区为农业创业项目的孵化与发展创造了良好的条件。技术支持帮助创业者解决技术难题，市场信息使他们更好地把握市场动态，而融资服务则解决了创业初期的资金“瓶颈”。这些服务的提供，大大提高了农业创业项目的成功率，推动了农村经济的多元化发展。

农业科技园区还应致力于构建产学研结合的合作机制。通过促进高等院校、科研机构与企业之间的深度合作，园区实现了资源共享与协同创新。高等院校和科研机构提供前沿的科技成果和创新思维，而企业则带来市场需求和应用场景。这样的合作模式，不仅提高了科技成果的转化率，还推动了农业科技的持续创新，形成了良性循环的创新生态系统。

在可持续发展方面，农业科技园区应注重生态环境保护。通过引入绿色技术和循环经济模式，园区在提高农业生产效率的同时，也注重减少对环境的负面影响。绿色技术的应用，如节水灌溉、无土栽培和生物防治等，不仅提高了资源利用效率，还降低了环境污染。循环经济模式则通过资源的循环利用，减少了农业生产中的废弃物排放。这些实践不仅符合可持续发展的理念，也提升了农业生产的环境友好性，为实现生态文明和美丽乡村建设贡献了力量。

（二）平台资源整合

通过整合政府、科研机构、高校与企业资源，可以形成协同创新网络。这种网络不仅能够有效推动农业科技成果的高效转化与应用，还能加强各主体之间的合作与沟通，避免资源的浪费和重复投入。政府在这一过程中扮演着政策

引导和资金支持的角色，而科研机构和高校则提供技术和人才支持，企业则负责市场化运作和产品推广。通过这种多方协作，农业科技创新的效率和效果将得到显著提高。

农业科技服务平台的搭建是提升农业创业者创新能力与市场竞争力的重要途径。平台旨在通过信息共享、技术支持和市场对接，为农业创业者提供全方位的服务。在信息共享方面，平台可以收集和发布最新的农业科技动态和市场需求信息，使创业者能够及时掌握行业趋势。在技术支持方面，平台可以组织专家团队为创业者提供技术咨询和培训，提高他们的专业水平。在市场对接方面，平台可以帮助创业者寻找合作伙伴和销售渠道，拓宽产品的市场覆盖面。通过这些服务，农业创业者的创新能力和市场竞争力将得到显著增强。

农业科技园区与地方经济发展的紧密联系是实现地方特色农业与科技创新结合的关键。通过建立这种联系，地方政府可以根据本地的农业资源和发展需求，制定相应的科技创新政策和措施，推动地方特色农业的发展。同时，农业科技园区可以为地方经济发展提供技术支持和产业升级的动力，促进资源的优化配置。例如，通过引进先进的农业技术和设备，可以提高农业生产效率和产品质量，从而增强地方农产品的市场竞争力。

推动农业科技成果转化的多元化融资渠道，是增强农业科技园区可持续发展能力的重要手段。在这一过程中，吸引社会资本参与农业创新项目是关键。通过设立专项基金、提供税收优惠和贷款支持等措施，可以调动社会资本的积极性，增加对农业科技创新的投入。这不仅能够缓解农业科技园区的资金压力，还能为农业科技成果的转化和推广提供有力的资金保障。此外，多元化的融资渠道还可以为农业科技园区的长期发展提供稳定的资金来源，增强其可持续发展能力。

三、投融资机制与农村创新创业

（一）融资渠道拓宽

在乡村科技振兴与农业可持续发展的背景下，为有效支持农业科技创新项目的启动和发展，建立专门的农业科技创新基金显得尤为重要。该基金旨在降低初创企业的资金压力，为农村创新创业提供必要的金融支持。通过设立专项基金，可以集中资源支持具有潜力的农业科技项目，推动农村经济的转型与升级。这种基金不仅为创业者提供了启动资金，还能通过资金引导，促进技术研发和市场开发的有机结合。

推动政府与金融机构的合作，是进一步拓宽融资渠道的重要举措。开发针对农业领域的贷款产品，提供低利率和灵活的还款方案，将有效降低农业科技企业的融资成本。政府可以通过政策引导和财政补贴，激励金融机构开发适合农业科技发展的金融产品。这种合作模式不仅为农业企业提供了更为便利的融资途径，还能增强金融机构在农业领域的业务能力，形成互利共赢的局面，从而鼓励更多的资金流向农业科技领域。

社会资本的利用也为农业科技创新提供了新的融资渠道。引入风险投资和天使投资，是支持农业科技创新项目的重要方式。风险投资和天使投资者通常具有较高的风险承受能力和专业的项目评估能力，他们的进入可以为新兴农业企业提供资金支持和管理经验。这种资本的注入，不仅能够促进新兴农业企业的快速成长，还能提升其市场竞争力，推动农业科技的创新与应用。

农业合作社和农民组织在融资渠道拓展中扮演着重要角色。通过探索集体融资模式，农业合作社可以利用众筹平台或建立合作社内部资金池，为成员提供项目融资支持。这种模式不仅能够增强合作社及其成员的集体经济实力，还能提高农民的金融素养和自主发展能力。通过集体融资，农民能够更好地应对市场风险，实现资源的合理配置和效益的最大化，为农村经济的发展注入新的活力。

（二）投资风险管理

风险评估机制应当涵盖农业项目的市场需求、气候变化、技术可行性等多方面因素。通过对这些因素的全面分析，可以识别出潜在的风险，并制定相应的应对策略。这不仅有助于降低投资失败的概率，还能提高项目的成功率和经济效益。特别是在市场需求分析中，准确的市场预测和消费者行为研究能够帮助投资者作出明智的决策，减少因市场波动带来的不确定性。

推动农业保险产品的创新是投资风险管理的重要方面。农业保险可以为农民和农业企业提供风险保障，尤其是在自然灾害和市场波动频繁发生的背景下。设计符合农业特性的保险方案，需要深入了解农业生产的周期性和不确定性。创新的农业保险产品应当能够覆盖作物从种植到收获的各个阶段，为农业生产提供全方位的保障。通过合理的保险赔付机制，农民和农业企业可以在遭遇自然灾害或市场价格剧烈波动时，减少经济损失，维持生产的稳定性和持续性。

这不仅有助于保障农民的收入，还能增强农业企业的抗风险能力。

在投资风险管理中，加强对投资项目的动态监测也是不可或缺的。利用现代数据分析技术，可以实时跟踪农业项目的运营状况，及时发现并解决潜在问题。动态监测系统应当包括对项目资金流、生产进度、市场反馈等多方面的实时数据分析。通过对这些数据的综合分析，投资者可以更好地掌握项目的实际运行情况，及时调整策略以应对可能出现的各种风险。此外，动态监测系统还可以为项目的长期发展提供数据支持，帮助投资者优化资源配置，提高投资的安全性和有效性。

鼓励多方合作，形成政府、金融机构、科研单位和农业经营主体之间的风险共担机制，是提高投资风险管理水平的重要手段。通过多方合作，可以分散投资风险，提升整体抗风险能力。政府可以通过政策支持和财政补贴，降低农业投资的门槛，吸引更多的社会资本进入农业领域。金融机构可以提供多样化的金融产品，满足不同类型农业项目的融资需求。科研单位则可以通过技术支持和创新成果转化，提高农业项目的技术水平和市场竞争力。农业经营主体作为项目的直接参与者，可以在项目实施过程中提供第一手的生产和市场信息，帮助投资者作出更准确的决策。通过多方合作，形成一个利益共享、风险共担的投资生态系统，可以有效降低农业投资的风险，提高整体投资效益。

第七章　乡村振兴与农业可持续发展成果支持

第一节　基于中国式现代化的农业强国内涵解析与实现路径研究

强国必须做到强农，对于我国这一农业大国而言更应如此。近年来，我国农业农村现代化建设取得不俗成绩，但相较于世界上其他农业强国而言，我国的农业强国建设仍有许多困难需要解决。我国的基本国情是“大国小农”和“人多地少”，农业资源的有限性、基础设施的不完善性、生产经营方式的落后性加深了矛盾，严重制约着农业的可持续发展。现阶段，抓好农业农村工作，解决“三农”问题，推动农业可持续发展成为农业强国建设的重要使命，也成为实现中国式现代化的重要方式。

一、中国式现代化与农业强国的关系

（一）实现农业强国目标要始终坚持中国式现代化发展方向

走中国特色农业发展之路、实现农业强国目标，必然离不开中国式现代化的指引。首先，农业强国建设必须坚持中国共产党的领导，坚持社会主义现代化发展方向，这是农业强国建设必须坚持的两个方面。实现农业强国的宏大目标，直接关系到中国式现代化的命运与成败。无论是历史还是实践都能够证明中国共产党领导的正确性和中国式现代化发展方向的正确性，正因如此，农业强国建设必须严格遵循中国共产党的领导、走上中国式现代化发展道路，这是历史的必然，也是实践的必然。其次，国际形势复杂多变，农产品国际贸易竞争日趋激烈，我国身处复杂难测的国际大环境之中，面临百年未有之大变局，在这一特殊的历史节点，我国农业强国建设既存在机遇又存在挑战，人多地少的现实情况、起步较晚的农业现代建设、相对薄弱的农业基础、落后的农业生产经营格局等“内忧”及国际农业市场冲击带来的“外患”，都加大了我国农业强国目标实现的难度，农业强国建设之路荆棘丛生、任重道远，而只有坚持中国式现代化发展方向，才能集中力量发展现代农业，突破农业强国建设路途中

的重重阻碍，革新农业生产经营模式，推动我国农业完成结构性调整、整体性重构和历史性突破。

（二）实现农业强国目标必须将中国式现代化理论作为遵循

实现农业强国目标必须以中国式现代化理论为基本遵循，将中国式现代化理论的内涵贯穿农业强国建设的始终。中国式现代化理论，即马克思主义中国化的重要理论成果，也是中国特色社会主义发展到新阶段凝练出的重要理论内容，其中包含的农村农业现代化理论，更是对我国农业强国建设具有重要的指导作用。农村农业现代化理论中关于“三农”工作的重点论述，集中体现了中国特色农业强国建设的逻辑理论和思想智慧，可为我国农业强国建设提供原则、思路、方法等层面的指导。以中国式现代化理论为农业强国建设的遵循，是中国特色社会主义新阶段我国农业强国建设的现实要求，也是加速实现中国式现代化的必然路径。因而，将中国式现代化理论融入农业强国建设之中，是坚持中国式现代化发展方向的根本保障。从农村农业现代化建设的现实情况而言，自党的十八大以来，“三农”工作愈发受到重视，而农业强国建设关乎“三农”工作的全局性、战略性，关乎“三农”问题从根源上的解决，用中国式现代化理论指导农业强国建设、统筹开展“三农”工作，能够确保中国特色社会主义新阶段我国“三农”工作有条不紊地进行，也能够确保农业强国目标能够在正确的思想理论指引下科学推进。可以说，中国式现代化理论是实现农业强国目标的重要思想武器。

（三）实现农业强国目标要自觉走上中国式现代化道路

中国式现代化是适合中国国情的现代化发展模式，在实现农业强国目标的过程中，要坚持中国式现代化发展方向、遵循中国式现代化发展理论，让农业强国建设富有中国特色，展现中国式现代化的魅力与风格；要坚持走中国特色农业强国之路，用符合中国式现代化精神、体现中国式现代化内涵、彰显中国式现代化特色的方式推动农业强国建设。一方面，农业强国建设需要中国式现代化的涵养，农业在逐渐发展过程中，会形成既定的发展模式和发展体系，同时也需要符合国情、农情的战略规划为农业强国实践提供行动指南，中国式现代化道路是实现农业强国目标的重要牵引，有利于农业强、农民富、农村美的实现，基于中国式现代化发展上的农业发展，会为农业现代化提供丰富的技术经验、现代化理念和发展思路等，进而在农业强国目标实现中发挥重要作用。农业强国与中国式现代化相辅相成，作为实现中国式现代化的必要条件，农业强国建设必须拥有中国视野、中国定位，并与中国特色社会主义发展命运紧密联系起来。随着农村农业现代化建设的深入，实现农业强国目标已成为中国式现代化发展目标之一，农业强国建设应当更为自觉地服务于中国式现代化并积极促进中国式现代化建设。

二、基于中国式现代化的农业强国内涵解析

（一）以实现农业“五强”为目标导向

农业强国的“五强”主要体现在农业供给能力强、创新能力强、生产经营强、产业韧性强和竞争能力强五个方面。中国特色农业强国建设以实现农业“五强”为具体目标导向。在农业供给方面，要保障农业粮食供给充分，这是基于我国人口大国的国情考虑，只有将饭碗牢牢握在自己手中，才能确保我国社会的稳定和国家的长远发展。粮食生产是农业生产的首要任务，当前世界范围内普遍存在的粮食供应不足问题让我国意识到必须保证粮食自给自足，才能打消人民心中的不安，为14亿多人的生计提供根本性保障。因此，将提高粮食供给率、加快粮食生产速度作为农业强国建设的“五强”目标之一，是我国建设农业强国的基本要求。在农业创新能力方面，创新是实现农业现代化不可或缺的推动力量，是实现农业科技“自立自强”的根本保障。作为农业强国的重要检验标准，农业科技创新能力的强弱关乎我国能否成功跻身世界农业强国行列。与发达国家相比，我国农业现代化建设还存在生产流程数字化水平偏低、农业数字基础设施薄弱、物联网设施设备不足、农业废弃物治理技术不强等问题，严重阻碍了我国迈向农业强国的步伐，因而，我国必须全面提高农业创新能力，加速先进科技成果在农业生产活动中的转化，不断实现农业结构的优化升级。在农业生产经营方面，农业生产经营贯彻农业强国建设的始终，为农业强国建设提供有力支撑。立体式、复合式的现代农业经营体系能够优化农业经营方式、扩宽农业经营渠道、丰富农业经营主体，加快农业强国的建设速度。在农村产业方面，增强农业韧性是实现农业强国目标的基本前提，所谓农业韧性，就是我国农业在面对内外部风险冲击时表现出的生命力，这种生命力的强弱关乎我国农业系统是否稳定，可以说，增强农业韧性是保障国家粮食安全、推动农业

农村振兴的务实之举。在农业竞争力方面，农业竞争力是衡量农业强国建设水平的基本指标，建设农业强国必须着力提高我国农业竞争力，将农村土地、资本、劳动力等各类生产要素充分整合、高效利用，提高农业全要素生产率，进而提高我国农业在国际农业市场的竞争优势。

（二）以建设“四个现代化”为重要特征

我国农业强国建设依据中国式现代化建设思路，以中国式现代化中提倡的“四个现代化”为重要特征。第一，农业强国与我国14亿多人的生存问题息息相关，粮食生产始终在农业生产中占据主要位置，保障粮食安全是中国式现代化建设的关注重点，农业强国建设必须着眼于我国庞大的人口规模，着眼于我国14亿多人的口粮问题，保障粮食安全、加快实现农业强国目标、推进中国式现代化是党和国家基于全国人民生存发展利益作出的最佳战略选择。第二，农业强国建设能够夯实我国脱贫攻坚成果，使广大人民共同迈向富裕小康之路，有利于实现全体人民共同富裕的中国式现代化。城乡差距过大是困扰我国社会主义现代化建设的一大难题，虽然我国在统筹城乡发展、缩小城乡居民收入差距、推动农业产业发展方面取得了较大的成绩，但城乡差距仍然存在，实现共同富裕及中国式现代化最艰巨最繁重的任务依旧与农业发展相关，建设农业强国作为中国特色社会主义新阶段的重要战略部署，对优化农业产业结构、帮助农民实现增收、推动农村全面振兴具有不可替代的作用。第三，农业强国建设不仅涉及物质层面的建设，还涉及精神层面的建设，这与中国式现代化中的“物质富足”“精神富有”一脉相传，只有在传承和保护农耕文明与农业文化前提下推进农业强国建设，才能保证农业多重功能价值的发挥，才能把我国建设成真正的农业强国。第四，农业强国建设始终遵循“人与自然和谐共生”的理念，这也是中国式现代化对农业现代化提出的内在要求，营造良好的生态环境氛围和注重农业资源的保护性利用是农业可持续发展的基础，对我国农业健康发展具有深刻的现实意义。农业的高质量发展必然离不开绿色发展，也唯有绿色发展，才能把我国建设成人与自然和谐共生的农业强国。

（三）以实现乡村全面振兴为价值指向

乡村振兴与农业强国之间密不可分，实现乡村全面振兴是农业强国的重要目标和价值指向，而农业强国建设同样离不开乡村振兴的人力、物力、财力保障，正确把握两者关系，是推动两者协同发展、共同进步的基本前提。农业强国建设依托乡村全面振兴并服务于乡村全面振兴，农村产业优化、农民发家致富、农业转型升级是乡村全面振兴的第一要务，而乡村全面振兴又能够促进我国农业经济的稳定健康发展、巩固脱贫攻坚成果、提高农村治理水平、提高农民生活质量，这为我国经济社会的稳定创造了良好的条件，也为农业强国目标的实现奠定了坚实基础。农业强国离不开乡村全面振兴，当前，乡村全面振兴的总体目标是实现农村农业的现代化，而农村农业现代化建设又会在很大程度上助力农业强国建设，可以说，农业强国与乡村全面振兴是通过农村农业的现代化搭建起联系的，因此，农业强国建设要牢牢把握乡村全面振兴的有利条件，以中国式现代化为核心要义，加速农村农业现代化建设，实现强国强农。农业强国以乡村全面振兴为价值归宿，致力于实现农业大发展大繁荣的美好蓝图，农业强国目标是乡村全面振兴目标的细化和深化，把我国建设成农业强国是乡村全面振兴的价值指向，这不仅是基于我国人口大国和农业大国的现实情况作出的统筹安排，而且还是在考虑了其他国家农业强国建设经验和共同特征基础上作出的战略部署。

三、基于中国式现代化的农业强国实现路径

（一）产业兴农，实现农业提质增效

产业兴旺是农业强国的题中应有之义。从宏观层面看，只有发展农业产业，实现粮食安全、保证物价稳定，才能稳步实现中国式现代化；从微观层面看，我国农业强国目标实现的主要障碍在于农业现代化水平低、生产效率低、经济效益低、市场竞争力低，而解决这些问题的主要方式是产业兴农。为此，我国农村地区应当根据当地产业发展的实际情况，以“产业兴农”为主线，依托地域农业资源优势，大力发展特色农业产业，增强产业核心竞争力，同时，健全农业生产经营体系、特色农业发展体系，为实现农业强国目标提供强有力的保障。政府等相关部门应重视农业产业结构的转型升级问题，可联合金融机构、社会力量共同扶持农业优势产业发展、支持新型农业主体的生产经营行为，形成农户、企业、政府、社会力量多方合作，共同推进农业产业结构调整优化的良好局面。要建立健全特色农业发展体系，推动农业产业高质量发展，农村地区应当把握国家提供的有利条件，科学合理布局农业产业，借助政策红利不断

推动特色农业发展，助力农业强国建设。

（二）改革创新，加快核心技术研发

作为国民经济发展的基础性和关键性产业，农业发展必须以改革创新为推动力量，运用现代农业科技手段保证我国农业强国建设的稳步高效推进。首先，应当加大农业科技成果的研发力度，农村地区可与当地农业院校、科研机构等主体合作，联合培养一批优质的农业科技研发类人才，研发出适合当地农业的优质农作物种子和农作物种植设备等，为当地农业发展提供科技支撑。其次，要提高农业科研成果的转化率，降低农业科研成果的使用成本，鼓励农民在日常生产经营活动中充分应用农业科研成果，并为农民提供农业科研成果的使用指导及农业先进技术的操作培训，加速农业科研成果在农业生产活动中的转化。最后，应当完善农业核心技术研发支持政策和农业科研成果转化支持政策，为研发出农业核心技术的农业人才、农业企业、科研院所提供资金、项目、场地等方面的奖励，为积极运用农业核心技术的农民提供专业培训、技术服务等方面的支持，推动农业科研成果的高效转化，让科技为农业强国目标的实现注入源源不竭的动力。

（三）城乡共进，促进城乡融合发展

农业强国建设应当统筹推进城乡发展、促进城乡一体化建设。一方面，要持续推动户籍制度改革，取消农民进城落户限制，健全户籍政务管理机制体制和数字化服务网络，为农民登记户籍和进城落户提供便利；要为农民工入城就业提供服务保障，也要为返乡创业的农民提供资金、税收、场地等方面的支持，鼓励农民的就业创业行为；要鼓励城市人才流入乡村，也要鼓励乡村人才留驻乡村，丰富农村人才储备库，通过人才振兴赋能乡村振兴，进一步推动农业强国建设，实现城乡协同发展。另一方面，要补齐农村基础设施，尤其是农业基础设施落后的短板，提高国家财政资金向农村农业现代化建设的倾斜力度，积极推进农业智能化、机械化、现代化发展，引导城市资本、产业等要素流入农村，投入农业现代化之中，培育农村特色农业产业，深化城乡产业间的合作关系，发挥城乡产业协同效应，加快城乡融合步伐。

因此，建设农业强国是中国式现代化的重大战略部署。基于实现农业供给能力强、创新能力强、生产经营强、产业韧性强和竞争能力强的现实需要，以

及保障粮食安全、实现共同富裕目标、传承农耕文明和农业文化、促进人与自然和谐共生的深刻思考，我国农业强国目标的实现应当在充分汲取世界农业强国建设经验的基础上，立足人口大国和农业大国的实际国情，加快农业产业建设、推动农业科技成果的转化应用、促进城乡融合发展，走出一条具有中国式特色的农业强国之路。

第二节　“一道路两精神”融入思想政治理论课教学研究

“一道路两精神”（太行山道路、太行山精神、李保国精神），是社会主义核心价值观的生动诠释，是河北农业大学的宝贵精神财富，亦具有融入高校思想政治教育的普遍意义和推广价值。高校思政课教学应深入挖掘“一道路两精神”的独特精神价值，将之融贯于具体教学实践当中，培养造就同心聚力实现中国式现代化伟业的新时代中国大学生。

河北农业大学贯彻落实党的十一届三中全会精神，弘扬改革创新精神，践行群众路线，与山区人民一道运用现代农业科学技术综合开发太行山区。1986年这一做法被国家教委肯定为社会主义的办学方向；被国家科委命名为“太行山道路”。其后河北农业大学不断与时俱进，将“太行山道路”由一开始的单项技术向多学科、综合化、全方位开发转变，由单一山区环境向广大平原地区、黄淮海地区和坝上高原延展，在长期实践探索中，涌现出以全国优秀共产党员李保国等为典型的强农富农助农兴农先进模范群体，并由此提炼升华出“太行山精神”和“李保国精神”。本文将通过对“一道路两精神”内在核心价值的分析，探索将其融入思想政治教育理论课教学实践的机理与路径。

一、“一道路两精神”的核心价值

中国历代先贤以“士”这一价值标尺为依归，创造出若干可歌可泣、名垂青史的感人事迹，塑造出华夏文明的独特精神气质和文化品格。近代以来，面对民族危急存亡的“三千年未有之大变局”，无数仁人志士也正是秉持“士”的文化、“士”的精神，前赴后继、死不旋踵，抛头颅、洒热血，艰辛探求救国救民的真理道路。直到十月革命一声炮响，给中国送来马克思列宁主义，以中国早期共产党人为代表的中国之“士”，逐渐探索到将马克思主义普遍原理与中国革命实际相结合、马克思主义思想与中华优秀传统文化相结合的正确路径，实现马克思主义中国化理论和实践的伟大创新。在此过程中，传统的“士”的文化、“士”的精神，也被赋予新的时代化内涵，融入“为中国人民谋幸福”“为中华民族谋复兴”这一中国共产党人的初心使命之中。

河北农业大学师生，进一步发扬“士”精神，赓续文化血脉，强化使命担当，知行合一、身体力行，把论文写在祖国的大地上，把科研成果转化为实实在在的生产力，助推农业增效、农民增收。李保国教授，主动走出校园，扎根太行山区，35 年如一日奋斗在科技富农的第一线，先后主持“太行山石质山地爆破整地造林技术”“太行山高效益绿化配套技术研究”“太行山板栗集约栽培”“优质无公害红富士苹果配套栽培技术研究”“太行山核桃优良品种选育及产业化技术开发”等国家、省部级科研课题 10 余项，培训“农民技术把式”9 万余人，为帮扶山区农民群众脱贫致富鞠躬尽瘁，直到生命最后一息。在他的精神感召下，河北农业大学先后组建 122 支科技助农团队，践行历史责任，深入田间地头开展科学研究，推动成果转化，直接和间接带动农民脱贫。河北农业大学在不断开拓“太行山道路”的长期实践中所凝聚的文化内核和精神实质，被提炼为“艰苦奋斗、甘于奉献、求真务实、爱国为民”的“太行山精神”及“科技报国、扎根基层、埋头实干、奋斗不息”的“李保国精神”，指引一代代农大师生接续奋力，战斗在报效祖国、服务人民的最前沿，谱写出壮丽的人生篇章，奏响激昂的青春之歌。

二、“一道路两精神”的时代坐标

（一）在科技创新上坚持实事求是——“一道路两精神”的现实载体

“一道路两精神”是河北农业大学几代师生经由长期的科学试验和社会实践过程凝练而成。“一道路两精神”的主要任务和方法是聚焦新质生产力的形成和发展，大兴调查研究，找准“瓶颈”问题，出实招求实效，更加注重农业科技创新和成果转化，满足农民群众日益增长的生产需要。一是坚持问题导向，服务到群众心坎上。紧紧围绕制约农业增效、阻碍农民增收的“瓶颈”问题，明确科技创新的主攻方向和科技服务的重点领域，不求洋贪大，不为学术而学术，而是把解决实际问题作为治学做事的根本。二是坚持“国”“民”结合，把好钢用在刀刃上。将国家关于农业科技现代化的战略部署与农民需求结合起来，发挥社会主义集中力量办大事的制度优越性，整合各方面资源开展科技攻关，实现资源利用效率的最大化和资源配置的最优化。三是坚持与时俱进，创新永无止境。根据形势发展变化，不断研究创新实用农业科技和服务农民的方式，在农业信息化、智能化、物联网化的方向上持续发力，在运用新媒体课堂开发面向农民的简易标准化课程的方向上不断开拓，促进农业现代化、农民知识化。

（二）在价值遵循上坚持人民中心——“一道路两精神”的根脉魂魄

全心全意为人民服务是中国共产党的根本宗旨，坚持以人民为中心是共产党人的最高价值遵循。新时代以人民为中心的发展思想，概括起来就是“不断促进人的全面发展、全体人民共同富裕”。这就决定了在新时期弘扬“一道路两精神”的基本原则是更加注重农民群众的素质提升，通过培养新型农民，变“输血”为“造血”，增强农民的致富能力，并且帮助农民找到更有利于实现共同富裕的机制办法。同时，以人民为中心也要求更加注重尊重人民的主体地位和首创精神，更加注重充分发挥农民群众的主动性和创造性。因此其策略选择就应由单一的科技帮扶，转变为三位一体式帮扶，在继续坚持并不断深化科技助农的基础上，一方面更加注意收集整理一切有利于农民群众发展生产、增收致富的政策信息、市场信息，与农民一道分析研判，并提出对策建议，同时帮助农民协调各方关系和资源解决难题，当好农民的“耳目”“参谋”和“助手”，但要注意不能越俎代庖，不能代替群众作主，而要把决策权交给群众，辅佐他们当好主人翁；另一方面通过政策解读和宣讲，以及组织考察学习先进经验等方式，引导支持农民群众结合本地实际，帮助农民自己组织起来，发展农民专业合作组织，走符合当前发展阶段特点的合作化、组织化、规模化路子，放大规模效应、集群效应，帮助提高农民的经济抗风险能力。

（三）在学风作风上坚持知行合一——“一道路两精神”的达成路径

马克思主义是科学性与实践性的有机统一。马克思在《关于费尔巴哈的提纲》中指出“哲学家们只是用不同的方式解释世界，问题在于改变世界”。中国传统文化亦具有强调学以致用、知行合一的传统，荀子提出“知之而不行，虽敦必困”，朱熹提出“知行常相须，如目无足不行，足无目不见”，王阳明提出“知者行之始，行者知之成”。中国共产党始终重视理论与实践相统一、知与行相一致，毛泽东在《实践论》中指出：“实践、认识、再实践、再认识，这种形式，循环往复以至无穷，而实践和认识之每一循环的内容，都比较地进到了高一级的程度。”进入新发展阶段，习近平总书记多次强调党员干部要做到知行合一，明确要求“从知行合一的角度审视自己、要求自己、检查自己”。因此新的历史方位就决定了弘扬“一道路两精神”需要新的历史自觉，即知识分子应进一步深化对认识和实践的关系——知和行的关系的认识，在培养新型农民、促进劳动人民知识化的同时，进一步改进学风和作风，走出象牙塔，走到地头上，愈加贴近生产、贴近实际、扎根基层、扎根一线，在“实践、认识、再实践、再认识”的往复循环中，不断提高实际科研能力和工作水平，真正实现知识分子的劳动化，实现科学试验与生产实践的有机统一、紧密结合，

三、“一道路两精神”融入思想政治理论课教学的路径探析

如上所述，新时代赋予“一道路两精神”新的内涵，“一道路两精神”则为习近平新时代中国特色社会主义思想提供了鲜活素材，是这一思想的生动体现。习近平新时代中国特色社会主义思想是当前思想政治教育的关键内容，而将“一道路两精神”融入这一思想的思政教学之中，对于当代大学生加深理解并鼓舞他们积极投身于理论的实践之中，具有重大的引导和感召作用。全社会尤其是各级党委、教育主管部门和高校应各负其责，形成合力，采取有力有效措施，使得“一道路两精神”在思政教育中、在培养造就全面发展的高素质大学生的事业中，焕发勃勃生机，发挥更大作用。

（一）将“一道路两精神”融入校园文化，增强大学生的感性认识

校园文化是大学生日常身临其境、心在其中的文化氛围，具有潜移默化、润物无声地影响人、感染人、教育人、塑造人的独特作用。各高校应创新育人方式、工作思路和具体做法，更多地运用新媒体手段，更新语境风格，以通俗易懂、简洁明快、学生喜闻乐见的形式加强育人实效。学生辅导员和学生党员、学生干部应做好第一线的先锋、主力和模范，以身作则、统筹谋划，团结引导大学生发挥自己作为校园文化创造者的主体作用，探索创新将“一道路两精神”融入校园文化的“新文化景观”“新文化现象”。同时，各级党委应发挥总揽全局、统筹各方的作用，建立完善全社会常态化联动共建优质校园文化的机制，社会各界应在此机制安排下分工负责、密切配合，持续优化社会风气和网络风气，为营造健康向上的校园文化创造良好外部环境。

（二）将“一道路两精神”融入课程思政，加深大学生的理性认识

新时代中国的高等教育，进一步明晰“课程思政”的理念，不仅仅要在思政课上对大学生进行思想政治教育，更要将思政教育融入大学生求学期间的全学科、全领域、全过程。因此，各课程授课教师“要当先生、先当学生”，自身应首先提高思想政治水平，加深对“一道路两精神”新时代新内涵的理解和认同，研究探索将其融入专业课程教学中的方式方法。各级教育行政主管部门和组织人事部门则应将这方面工作开展情况纳入对院校领导班子和教师的考核体系之中，科学设置指标，合理量化权重，明确落实奖惩，树立正确导向，为之提供强有力的制度化保障。

（三）以人民为师，引导大学生走好“一道路两精神”新时代的长征路

人民是历史的创造者，是真正的英雄。劳动人民在长期的社会生产实践之中，创造出数不尽的宝贵物质和精神财富，亦积累大量极富价值的知识、技能和经验，其中有很多一代代口耳相传的“隐性知识”，甚至在书本上都无法得到。“一道路两精神”永不过时，新的长征未有穷期。面临“百年未有之大变局”，肩负实现中华民族伟大复兴和中国式现代化的历史重任，新时代的知识分子包括广大大学生应始终牢固树立人民史观，坚持人民立场，践行群众路线，从群众中来，到群众中去，拜人民为师，向人民学习。一方面，将广泛散落在民间、湮没在历史长河里的“隐性知识”收集“打捞”出来，并运用现代科研方法，将之科学化、理论化、系统化，充实祖国的知识宝库；另一方面，在积极投身社会实践、与人民一道奋斗的“劳动人民知识化、知识分子劳动化”互动过程中，不断创新探索发现新知识，用于指导生产、服务社会。

参考文献

［1］谢晓峰．乡村振兴与乡村治理［M］．长春：吉林人民出版社，2023．

［2］左停．乡村振兴与民生保障［M］．长沙：湖南人民出版社，2023．

［3］何阳．乡村振兴新视域［M］．开封：河南大学出版社，2023．

［4］杨文凤．地域乡村振兴实践研究［M］．南京：东南大学出版社，2024．

［5］赵云．乡村振兴的多维度研究［M］．上海：上海交通大学出版社，2024．

［6］赵鸭桥．乡村振兴与乡村人才建设［M］．长沙：湖南人民出版社，2023．

［7］杜晓燕，王刚．走进乡村振兴［M］．北京：中国纺织出版社，2022．

［8］赵晓峰，李卓．乡村振兴与城乡融合发展［M］．长沙：湖南人民出版社，2023．

［9］赵政．乡村振兴战略研究［M］．西安：西北工业大学出版社，2021．

［10］蒲实，袁威．乡村振兴战略导读［M］．北京：国家行政管理出版社，2021．

［11］王光娟，刘彦昌，张红．农业现代化和农业经济可持续发展研究［M］．北京：中国商务出版社，2024．

［12］蔡弘．农业劳动力结构变迁与农业可持续发展研究［M］．北京：新华出版社，2021．

［13］任国莉，谷烨，鞠鑫．东北地区土壤生态环境保护与生态农业可持续发展［M］．长春：吉林出版集团股份有限公司，2020．

［14］徐西利，王雄雄，李艳丽．农业经济管理与可持续发展研究［M］．北京：中国商务出版社，2024．

［15］贺茉莉．“双循环”格局下生态农业经济可持续发展路径研究［M］．天津：天津古籍出版社，2024．

责任编辑：王　彦
封面设计：张田田

ISBN 978-7-5208-3476-6
9 787520 834766 >
定价：45.00元